爱的7种对话

建立持续一生的亲密关系

［加］苏·约翰逊（Sue Johnson）著

蔺秀云 周兆霆 姜赛 韦晓莹 译

Hold Me Tight

Seven
Conversations
for a Lifetime of Love

机械工业出版社
CHINA MACHINE PRESS

图书在版编目（CIP）数据

爱的 7 种对话 : 建立持续一生的亲密关系 / (加) 苏·约翰逊 (Sue Johnson) 著 ; 蔺秀云等译 . -- 北京 : 机械工业出版社, 2024. 9. -- ISBN 978-7-111-76372-7

I. C913.13

中国国家版本馆 CIP 数据核字第 2024D61K13 号

机械工业出版社（北京市百万庄大街 22 号　邮政编码 100037）
策划编辑：刘利英　　　　　　责任编辑：刘利英　　曹　颖
责任校对：肖　琳　　李　杉　　责任印制：常天培
北京铭成印刷有限公司印刷
2024 年 10 月第 1 版第 1 次印刷
147mm × 210mm · 8.75 印张 · 195 千字
标准书号：ISBN 978-7-111-76372-7
定价：69.00 元

电话服务　　　　　　　　　　网络服务

客服电话：010-88361066　　机 工 官 网：www.cmpbook.com
　　　　　010-88379833　　机 工 官 博：weibo.com/cmp1952
　　　　　010-68326294　　金 书 网：www.golden-book.com
封底无防伪标均为盗版　　机工教育服务网：www.cmpedu.com

献给我的同事们，他们帮助我理解了爱。

献给我的先生约翰
以及我的孩子蒂姆、埃玛和萨拉，
他们教会我如何感受和付出爱。

伴着火热的小提琴声，
带我舞向你的美丽。
带我舞过恐慌，
直至我心无恙。
把我当作橄榄枝举起，
你是引我回家的白鸽。
与我共舞吧，直至爱的尽头。

——莱昂纳德·科恩

　　"小吵天天有，大吵三六九"是许多人婚姻的常态。在这样的婚姻中，伴侣双方明明仍在乎着彼此，却因为无尽的冲突和争执，逐渐对关系失去了信心，深陷于痛苦挣扎之中。他们也曾尝试过一些方法，却似乎怎么努力也无法挽回对方，只能无奈地选择分开。相爱的人为何一步步失去了联结？我们又该如何找回失去的爱？本书也许能够帮助人们走出困境，找到重建关系的曙光。

　　本书由情绪聚焦疗法（emotion ally focused therapy，EFT）的创始人之一苏·约翰逊（Sue Johnson）博士撰写，全书共包括三个部分。在第一部分"爱情新见解"中，作者回答了"爱是什么"这个古老的问题，为如何相爱提供了依恋视角的解释。在第二部分"7种转变关系的对话"中，作者结合案例逐一介绍了EFT的7种代表性对话，这些对话捕捉了爱情关系中的关键时刻，并提供了塑造这些时刻的方法。对话1"识别魔鬼式对话"带领我们看见那些咄咄逼人的对话是从何开始，又是如何发展的；对话2"寻找伤痛之处"鼓励伴侣向彼此展示那些潜藏在心底的伤口，例如某个迫切需要伴侣支持却没能得到回应的时刻；对话3"重返崎岖处"引领伴侣重新回到关系中的艰难时刻，为伴侣提供识别与转变这些时刻的方式；在使用前3种对话建立起安全的情感联结后，对话4"请抱紧我"象征着对爱的呼唤，我们袒露自己柔软而脆弱的情绪，向伴侣表达对重建关系的渴望；对话5"创伤与宽恕"教会我们对自己所造成的伤害负责，承认伴侣的痛苦并真诚地表达悔意；对话6"借由性与抚触建立联结"揭示了不同性关系模式背后的心理因素，引导伴侣形成和谐且同频的性关系；对话7"让爱情永葆生机"支持伴侣在生活中不断发展爱，共同创作一个未来式的爱情故事。在最后一部分"抱紧我的力量"中，作者阐述了爱对于个体、关系和社会的深远价值。本书不仅用生动易懂的语言阐述了EFT的核心理论，还结合了丰富的实践案例，相信读者们能从其中获益多多。

苏·约翰逊博士在婚姻和家庭治疗领域深耕多年，一直致力于发展和传播EFT在临床实践中的应用。EFT是以依恋理论为基础的治疗方法，被公认为当今治疗效果显著的心理治疗取向之一。众多实证研究发现，经过8～20次的EFT会谈，90%的伴侣来访者之间的关系明显改善，且治疗效果能长久保持，甚至在治疗结束5年后，其伴侣关系变得更加融洽。EFT之所以能在伴侣工作中起到如此显著的疗效，是因为它能够深入到人们较少关注的深层情绪、依恋需求和内在工作模式中，揭示出人们在互动中因何而陷入困境。进而，EFT采用有效共情来访者的方法，以改变互动模式为目标，以较为清楚易行的步骤来循序渐进地推进治疗，对咨询师来说易于掌握，对来访者来说成效可观。我作为家庭咨询师，很多疑难个案就是在 EFT 的指导帮助下迎刃而解的。

本书是一本为所有想要拥有幸福关系的人设计的心理自助书，书中在每种对话中都列出了一些互动练习，供读者在日常生活中尝试这些对话，用新的互动方式带来更多的积极体验，建立更安全、亲密的关系。在翻译的过程中，我们常常被书中的伴侣们打动，他们的爱、勇气和那些重建联结的瞬间让我们相信：人们可以敞开心扉，努力去理解和感受彼此，也可以与伴侣、家人一起学习如何去爱，并将爱带给更多的人。

本书由我的研究生们共同翻译完成，翻译的分工如下：第二部分的对话 1、6 由韦晓莹翻译，对话 2、5 由姜赛翻译，对话 3、4、7 由周兆霆翻译，第一、三部分由这三位学生合作翻译。我非常感谢我的学生们，他们认真的工作态度让我为他们感到骄傲。我和徐慧、李欣霏对全书内容进行了一一审校。我们在翻译的过程中有很多的收获和成长，也希望本书为读者们带来思考和启迪。

虽然我们尽可能追求完美，但由于翻译水平及时间有限，仍不免会有疏漏之处，还希望同行朋友们多多包涵，不吝指正。

蔺秀云

于北京师范大学

2024 年 3 月 10 日

|引　言|

　　我一直对人与人之间的关系着迷。我在英国长大，我爸爸经营着一家酒吧，我在酒吧里花了很多时间观察人们聚会、聊天、喝酒、打斗、跳舞。然而，对我童年生活影响最大的是我父母的婚姻。看着他们毁掉自己的婚姻，也毁掉他们自己，我真的束手无策。但我知道他们依然深爱着对方。尽管他们已经分开了 20 多年，我父亲仍在弥留之际，为我母亲潸然泪下。

　　因为父母痛苦的婚姻，我发誓永远不结婚。我断定，浪漫的爱情是某种幻觉和陷阱，我自己一个人能过得更好，自由自在、无拘无束。但后来，显而易见，我坠入爱河并结婚了。即使我努力推开他，爱依然将我拉回他的身边。

　　这种神秘而强大的情感是什么？它击溃了我的父母，使我的人生变得复杂，而且似乎是许多人快乐和痛苦的主要来源。有没有一条路能够穿过迷宫，通向永恒的爱？

由于对"爱"和"情感联结"的痴迷，我进入了咨询与心理学领域。作为受训内容的一部分，我研究了诗人和科学家们描述的这种戏剧性的情感；我为因被剥夺爱而心理失常的孩子提供指导；为因失去爱而陷入挣扎的成年人提供咨询；我还为彼此相爱，却无法一起生活又无法分开的家庭成员提供帮助。但"爱"仍是一个谜团。

然后，在温哥华攻读英属哥伦比亚大学咨询心理学博士学位的最后阶段，我开始从事伴侣咨询。伴侣之间挣扎的激烈程度和他们常常以生死来谈论关系的方式立即引起了我的注意。

我曾在许多个体与家庭咨询中取得成功，却难以为彼此敌对的伴侣提供咨询。图书馆里的书籍和我学过的咨询技术似乎都帮不上忙。前来咨询的伴侣并不想洞悉他们童年时的关系，不想讲道理，也不想学习协商。当然，他们也不想学习吵赢的法则。

爱，似乎是不容妥协的。你无法通过讨价还价来获取同情或与他人建立联结。这些不是理智上的反应，而是情感上的回应。因此，我开始单纯地停留在伴侣的经历中，让他们教授我浪漫爱情之舞中的情感律动和模式。我开始录下伴侣咨询的过程，一遍又一遍地回放。

当我看到伴侣们歇斯底里、大声喊叫、哭泣，争吵后一言不发，我开始理解，一些关键的消极和积极的情绪时刻定义了一段关系。在我的导师莱斯利·格林伯格（Leslie Greenberg）的帮助下，我开始发展出一种基于这些时刻的、全新的伴侣疗法。我们称之为情绪聚焦疗法（emotionally focused therapy），简称 EFT。

我们开展了一个研究项目：对第一组伴侣使用正在研发中的EFT；对第二组伴侣使用行为疗法，教授他们沟通和协商的技巧；

X

对第三组伴侣则不使用任何一种疗法。使用 EFT 带来了惊人的正面效果，比没有使用任何疗法或使用行为疗法的效果更好。伴侣们争吵的次数变少了，感觉更加亲密了，对婚姻的满意度也大幅上升了。这项研究的成功使我在渥太华大学获得了一个学术岗位。多年来，我在大学的咨询室、培训中心和医院门诊对许多不同类型的夫妇进行了更多的研究，结果仍然是惊人地好。

尽管取得了这样的成功，但我意识到我仍然不理解纠缠着伴侣们的那些情感戏剧。我在爱的迷雾中航行，但还没有到达它的中心。我有许许多多的疑惑：为什么在我的咨询中，痛苦的伴侣们会有如此强烈的情绪？为什么人们如此努力地想要得到所爱之人的回应？为什么 EFT 有效，以及我们怎样才能让它变得更好？

后来，在我最初开始学习人际关系的酒吧里，在与同事争论的过程中，我产生了那种在书里读到的"突然冒出一些灵感与领悟"的感觉。那时我和同事讨论到，为什么那么多咨询师认为健康的爱情关系只是理性的交易，以及人们总是想以最小的代价获得尽可能多的利益。

我说，在我进行的伴侣咨询中，内容远不止如此。"好吧，"我的同事质疑道，"如果爱情关系不是交易，那是什么？"然后我听到自己随口说："哦，爱情是情感纽带，与人类对安全情感联结的本能需求有关。就像约翰·鲍尔比（John Bowlby，英国精神病学家）在他的依恋理论中谈到的母亲与孩子的关系那样，相同的情况也会发生在成人之间。"

我激动不已地离开了那场讨论。突然间，我明白了我的伴侣来访者们在激烈抱怨和绝望防御背后的精妙逻辑。我理解了他们需要什么，也明白了 EFT 是如何改变关系的。浪漫爱情的一切都与依恋和情感联结有关，而依恋和情感联结的一切都与我们天生的需要有关，即有一个人可以依赖——一个能够提供可靠情感联结与安慰的爱人。

我相信我已经发现，或是重新发现了爱的真谛，以及如何修复爱并让它延续下去的方法。一旦开始使用依恋和联结的框架，我就能更清楚地看到围绕着痛苦伴侣的戏剧，也能更清楚地看到自己的婚姻。我理解了，在这些戏剧中，我们陷入的情绪是人类在数百万年进化过程中习得的生存机制的一部分。当人们想要避开这些情绪和需求时，就会造成自我的扭曲和混乱。我也明白了，伴侣治疗和教育一直以来所缺乏的都是清晰科学的爱情观。

然而，当我试图发表我的观点时，我的大多数同事都不赞同。首先，他们认为情绪是成年人应该控制的东西。而且，过度情绪化是大多数婚姻的基本问题，因此情绪应该被克服，而不是被倾听或放纵。但最主要的质疑是，他们认为健康的成年人是自立的，只有功能失调的人才会需要或依赖他人。人们为这类人的表现取了名字：他们是"被绊住的""相互依赖的""失去自我的""融合的"。换句话说，他们的关系一团糟。伴侣之间的过度依赖导致了婚姻破裂！

我的同事们称，咨询师应该鼓励人们独立自主。这就像斯波克博士（Dr. Spock）关于父母应该如何养育孩子的建议一样——他警告说，如果在孩子哭泣时抱起他，将来他就会成为一个懦弱无能的人。问题是，涉及孩子时，斯波克博士的看法是完全错误的；而涉及成人时，我的同事们同样如此。

EFT的内容其实很简单——不需要学习如何提升争辩的技巧，不需要分析早期的童年经历，也不需要做出大量浪漫的举动。相反，你只需要认识到并承认你在情感上依恋和依赖你的伴侣，就像孩子依赖父母的养育、安慰和保护一样。成人的依恋可能更加对等互惠，更少以身体接触为中心，但其情感联结的本质是一样的。EFT通过识别并转化那些"能够促进成人爱情关系"的关键时刻，聚焦于创建和强化伴侣之间的情感联结。在这些关键时刻，伴侣们敞开心扉、互相调解和彼此回应。

如今，EFT正在彻底地改变伴侣治疗。过去15年严谨的研究表明，有70%～75%的伴侣在接受EFT治疗后从痛苦中恢复过来，并在关系中感受到幸福。即使对那些处于离婚边缘的伴侣，治疗的效果也是持久的。EFT已被美国心理学会（American Psychological Association，APA）认可为一种有实证依据的伴侣疗法。

在北美洲，有数千名咨询师接受过EFT训练，英国等欧洲国家、澳大利亚和新西兰也有数百名这样的咨询师。中国大陆、中国台湾地区和韩国也有EFT课程。包括美国和加拿大的军方、纽约市消防局在内的主要组织机构也寻求过我的协助，将EFT介绍给陷入痛苦的队员及其伴侣。

随着EFT的接受和应用范围不断被扩大，社会大众对EFT的认识也逐渐提高。有越来越多的人请我提供一个简单、通俗的EFT版本，让普通人也可以自行阅读和应用。本书的作用就在于此。

本书是为所有伴侣设计的，不论年轻还是年长，处于已婚、订婚还是同居的状态，现在幸福还是痛苦。简而言之，本书适用于所有追寻终生爱情的伴侣。这本书既是为女人写的，也是为男人写的，面向各行各业及各种文化背景的读者——这个星球上的每个人都有对情感联结的基本需求。但本书不适合处在虐待或暴力关系中的人，也不适合有严重成瘾症状或长期婚外情的人——这些情况削弱了与伴侣积极互动的能力。对于这些情况，治疗师是最好的资源。

我把这本书分为三个部分。第一部分回答了"爱是什么"这个古老的问题。它解释了我们为何经常陷入关系断裂、痛失所爱的境地，哪怕我们拥有最好的意图和最深刻的洞察力。它还记录并综合了最近关于亲密关系的大量研究。正如丹佛大学婚姻与家庭研究中心的霍华德·马尔克曼（Howard Markman）所说："现在正是伴侣治疗和教育的登月时刻。"

最终，我们建立起了一门关于亲密关系的科学。我们揭示了人们的对话和行为如何反映内心深处的需求和恐惧，如何建立或破坏我们与他人最宝贵的联结。这本书为相爱的人描绘了一个新的世界，为如何去爱且好好去爱提供了新的见解。

第二部分是 EFT 的精简版。它呈现了 7 种对话，这些对话捕捉了爱情关系中的关键时刻，并指导读者如何塑造这些时刻，以创造安全持久的联结。每种对话中的案例背景和"扮演与练习"都能让 EFT 课程在你自己的关系中鲜活起来。

第三部分讲述了爱的力量。爱有一种强大的力量，能够帮助我们治愈人生中遭遇的毁灭性创伤。爱也能增强我们与周围更广阔世界的联结感。对爱的回应性是一个真正具有同情心的文明社会的基础。

为了帮助你理解这本书，我在书的末尾附上了对重要名词的解释。

我将 EFT 的发展归功于这些年来我见过的所有伴侣，我在书中需要的地方使用了他们的故事，为了保护隐私，我对他们的名字和经历的细节进行了一些修改。所有的故事都由许多案例组合而成，并经过简化，以反映我从成千上万对伴侣身上学到的普遍真理。这些内容会启发你，就像它们曾经启发我一样。而这本书正是我为了传播这些知识所做的努力。

我从 20 世纪 80 年代初期开始从事伴侣咨询。令我惊讶的是，25 年后，当我坐在咨询室里准备和一对伴侣一起工作时，我仍然感到激动与兴奋。当伴侣们突然明白彼此的心声，并冒险主动向对方靠近时，我仍旧感到振奋。他们的努力和决心每天都在启发和激励着我，让我维系与他人之间的宝贵联结。

我们都生活在与他人联结和分离的人生戏剧中，现在我们可以理解其中的曲折并将其继续下去了。我希望这本书能帮助你把你的关系转变为一次光荣的探险，书中所描绘的旅程对我来说就是如此。

"爱情就是人们所说的一切……"埃丽卡·容（Erica Jong）写道，"它真的值得我们为之奋斗，为之勇敢，为之冒一切风险。而真正的问题是，如果你不冒任何风险，你其实在冒更大的风险。"我完全同意她的话。

|目　录|

第三部分
抱紧我的力量 213

第一部分

爱情新见解

第1章

爱：革命性的新视角

> 我们生活在彼此的庇护之下。
>
> ——凯尔特族人谚语

"Love"（爱），很可能是英语中最常用的、最有力度的词。我们著书立说谈论爱，吟诗诵词描述爱，歌唱祈祷得到爱。我们为爱而战（例如为了争夺海伦的特洛伊之战），为爱立碑（例如泰姬陵）。我们在爱的表白中（"我爱你"）心醉神迷，却也在爱的瓦解中（"我不爱你了"）坠入谷底。我们永无止境地思考和谈论着有关爱的话题。

然而，爱究竟是什么？

几个世纪以来，学者和实践者们一直在为如何定义和理解"爱"而争论。对于"冷血的"观察者而言，爱是以利益交换为基础的互惠联盟；对于倾向于从历史角度进行观察的人而言，爱是13世纪法国吟游诗人创造的一种多愁善感的社会风俗；对于生物学家和人类学家而言，爱则是一种确保基因传递和后代养育的策略。

但是，对大多数人来说，爱始终是一种神秘而难以捉摸的情感，可以描述，却难以定义。早在 19 世纪，博学多才的本杰明·富兰克林（Benjamin Franklin），也只能称爱是"善变的、短暂的和偶然的"。玛丽莲·亚隆（Marilyn Yalom）在她的学术著作《太太的历史》（*A History of the Wife*）一书中也坦承了失败，并称爱是"无人能定义的一种令人陶醉的性与情感交织的混合物"。而我那曾在酒吧做招待员的英国母亲，将爱描述为"有趣的 5 分钟"，虽然这个描述有点儿愤世嫉俗，但同样很贴切。

然而，如今我们不能再将爱定义为一种无法理解的神秘力量了。它变得十分重要，无论如何，在 21 世纪，爱情已成为大多数人生活中的核心情感关系。

其中一个原因是我们的社交生活正变得越来越孤立。正如罗伯特·帕特南（Robert Putnam）在他的著作《独自打保龄》（*Bowling Alone*）中指出的那样，我们正遭受着"社会资本"（social capital）流失的危机。（这一术语在 1916 年由弗吉尼亚州的一位教育家提出，指的是邻里之间持续提供的帮助、同情和友谊。）我们大多数人已不再生活在身边有家族血亲或儿时玩伴提供支持的社区中。我们的工作时间越来越长，通勤距离越来越远，因此能够发展亲密关系的机会也越来越少。

在我提供咨询服务的伴侣中，最常见的情况是伴侣分居两地。美国国家科学基金会（National Science Foundation）于 2006 年进行的一项调查表明：大多数受访者都表示自己生活圈子里的知心朋友越来越少，并且越来越多的人坦言自己连一个可以吐露心事的朋友都没有。正如爱尔兰诗人约翰·奥多诺霍（John

O'Donohue）所言："有一种巨大而沉重的孤独感，宛若寒冬笼罩众生。"

因此，我们不可避免地会向自己的伴侣寻求情感联结与归属感，而我的祖母可以从她居住的整个村庄轻松获得这种联结与归属感。雪上加霜的是，流行文化助长了我们对浪漫爱情的颂扬：一方面，电影、电视肥皂剧和戏剧中充斥着浪漫爱情的桥段，向我们灌输着浪漫的爱情是所有关系的全部；另一方面，报纸、杂志和电视新闻也热衷于报道演员和名人对浪漫爱情永无止境的追求。这就不难理解为什么在一项于美国和加拿大进行的调查中，人们将满意的爱情关系评为自己的首要目标，甚至将其排在财务成功和令人满意的职业之前。

因此，理解爱是什么、如何创造爱并使爱持久，就显得尤为重要。值得庆幸的是，在过去的 20 年里，一种激动人心的、对于"爱情"的革命性的新理解已经悄然诞生。

如今我们知道，"爱"实际上是生物进化的巅峰，是人类物种最引人注目的生存机制。这并不是因为爱会诱使我们交配和繁衍后代（即使没有爱，人类也能进行繁衍），而是因为爱会驱使我们与少数几个珍视的人建立情感联结，他们为我们提供了躲避生活风暴的避风港。爱是我们的堡垒，为我们提供情感庇护，使我们能够应对人生的跌宕起伏。

这种对情感依恋的渴望——找到一个可以亲近并说"抱紧我"的人——深深根植于我们的基因和身体。这种渴望就如同我们对食物、住所或性的渴望一样，是我们生命、健康和幸福的基础。我们需要与一些无可替代的人建立情感依恋，才能保持身心健康，进而生存下去。

爱：新的依恋理论

其实，关于"爱"的真正意义的内容流传已久。早在 1760年，一位西班牙主教就在写给罗马教皇的信中提到，孤儿院里的孩子虽然得到了庇护和喂养，但经常"死于悲伤"。20 世纪 30年代和 40 年代，在美国医院的大厅里，大量孤儿仅仅因为缺少抚摸和情感联结而成群死去。精神科医生也开始关注那些身体健康，但看起来冷漠、无情、无法与他人相处的孩子。1937 年，戴维·莱维（David Levy）将自己的观察结果发表在了《美国精神病学杂志》（*American Journal of Psychiatry*）上，他将这些孩子的行为归因于"情感饥饿"（emotional starvation）。20 世纪 40 年代，美国精神分析学家勒内·斯皮茨（René Spitz）提出了"成长受阻"（failure to thrive）这一术语，用于描述与父母分离并陷入沮丧悲伤中的孩子。

然而，真正找出答案的是英国精神病学家约翰·鲍尔比。坦诚地说，作为一名心理学家，作为一个人，如果我必须为人类有史以来最佳的思想颁发一个奖项，我会毫不犹豫地把它颁给约翰·鲍尔比，而不是弗洛伊德或其他在理解人类这一领域的大师。鲍尔比抓住了观察和报告中的线索，将它们整合成一套连贯而专业的依恋理论。

鲍尔比出生于 1907 年，是一位准男爵的儿子，按照上流社会的风尚，他主要由保姆和家庭教师抚养长大。直到 12 岁后，父母才允许鲍尔比和他们一起吃饭，但也只限于正餐后的甜点。鲍尔比被送到寄宿学校就读，而后进入剑桥大学三一学院。在自愿进入为情绪失调儿童开设的新型寄宿学校工作之后，鲍尔比的人生开始脱离传统的轨迹。这些学校是由尼尔（A. S. Neil）等富有远见的教育家创办的，致力于为儿童提供情感支持，而不是一贯严厉的纪律管理。

在自身经历的影响下，鲍尔比在医学院继续接受教育，然后也参加了精神病学方面的培训，其中就包括接受了7年的精神分析学习。他的精神分析师显然发现他是个"麻烦的病人"。受到罗纳德·费尔贝恩（Ronald Fairbairn）等导师的影响（他们认为弗洛伊德低估了个体对他人的需求），鲍尔比反对将病人问题的症结归因于个人的内部冲突和无意识幻想这条业界的金科玉律。他坚持认为，病人的问题大多受到外在因素的影响，根植于他们与真实的人之间存在的真实互动关系。

在伦敦的儿童指导诊所（Child Guidance Clinics）与有心理障碍的儿童工作期间，鲍尔比渐渐开始相信，由于与父母关系的破裂，这些儿童只会用几种非常消极的方式来表达自己基本的感受和需求。随后，在1938年，作为一名新手临床医生，鲍尔比在著名分析师梅兰妮·克莱茵（Melanie Klein）的督导下，被指派去服务一个患有多动症的小男孩，这个小男孩有一位极度焦虑的母亲。然而，鲍尔比被禁止与这位母亲交流，因为他们认为只有小男孩的投射与幻想才是治疗的重点，这件事激怒了鲍尔比。鲍尔比的经历也促使他开始形成自己的观点，即与亲人关系的质量和早期情感剥夺是影响个体人格发展以及与他人互动模式的关键。

1944年，鲍尔比出版了第一本家庭治疗方面的著作：《44个少年小偷》（Forty-four Juvenile Thieves）。他在书中指出："在冷漠的面具背后，隐藏着无尽的痛苦；在看似无情的表面之下，掩盖着深沉的绝望。"鲍尔比书中这群年轻的罪犯，将自己封冻在"我再也不会受伤"的心态之下，并困滞在绝望和愤怒之中。

第二次世界大战结束后，世界卫生组织邀请鲍尔比对因战争而无家可归的欧洲孤儿进行研究。研究结果证实了他"'情感饥饿'确实存在"和"爱的抚触与生理上的营养同样重要"的观点。随着研究与观察的深入，鲍尔比也受到了达尔文"物竞天择，适者生存"观点的影响。他由此得出结论：与重要他人保持亲密是进化带来的一项出色的生存技能。

鲍尔比的理论是激进的，并且在当时也备受抨击。事实上，这差点让他被逐出英国精神分析学会（British Psychoanalytic Society）。传统观点认为，母亲和其他家庭成员的溺爱会让孩子过于黏人且依赖他人，孩子长大之后会变得软弱无能，因此，养育孩子的正确方法应该是与孩子保持合理的距离。即使孩子感到痛苦或身体不适，这种观点也依然存在。所以，在鲍尔比那个时代，父母是不被允许留在医院陪伴他们生病的儿女的，他们只能在医院门口把孩子交给院方。

1951 年，鲍尔比和一位年轻社工詹姆斯·罗伯逊（James Robertson）拍摄了一部名为《两岁小孩去医院》（*A Two-Year-Old Goes to Hospital*）的电影，生动地展示了一个小女孩被独自留在医院时的愤怒、恐惧和绝望。罗伯逊向英国皇家医学会（Royal Society of Medicine）播放了这部影片，希望医生们能够理解儿童因与亲人分离而产生的焦虑，以及他们对情感联结和安慰的需求。然而，英国皇家医学会认为该影片不实而将其驳回，并几乎禁止再次播放此影片。直到 20 世纪 60 年代，英、美两国的父母每周仍然只被允许拥有一个小时的时间去探望他们住院的子女。

因此，鲍尔比需要找到另外的方法，来向世界证明他内心所想。后来成了他的助手的加拿大研究员玛丽·安斯沃思（Mary Ainsworth）向鲍尔比展示了如何做到这一点。安斯沃思设计了一个非常简单的实验，以观察鲍尔比和她都认为能够反映基本依恋关系的4种行为：①人们会持续关注并保持与所爱之人情感和身体上的亲近；②当人们感到不安、烦躁或情绪低落时，会向这个人寻求安慰；③当与这个人分别时，人们会想念这个人；④当人们探索未知世界时，会希望这个人陪在自己身边。

这项被称为"陌生情境"（strange situation）的实验，后来衍生了无数科学研究，并使发展心理学领域发生了革命性巨变。在实验中，研究人员首先邀请母亲和她的孩子进入一个陌生的房间；几分钟后，母亲离开，并将孩子留下与研究人员单独相处，如果有需要，研究人员会试图安抚孩子；3分钟后，母亲再次回到房间；之后再重复一次这个分离和重逢的过程。

当母亲离开时，大多数孩子都会感到沮丧，他们会摇晃身体、哭泣、扔玩具。但事实证明，情绪调节能力较强的孩子能迅速有效地平静下来，在母亲回来后，能够轻松地与母亲重新建立联结，并在确认母亲仍在身边的同时，又能很快继续玩耍。他们似乎很相信，如果自己有需要，母亲就会在自己身边。然而，情绪调节能力较弱的孩子在母亲回来后，会表现出焦虑、攻击性或是冷漠、疏离。能够自己安静下来的孩子，通常有一位更温柔、回应性更高的母亲；那些容易愤怒的孩子，其母亲的行为通常是难以预测的；而那些疏离的孩子，其母亲的表现则是冷漠以及不想与孩子亲近的。在这些关于分离与重逢的简单实验中，鲍尔比看到了爱是如何运作的，并开始对其模式进行编码。

几年后，鲍尔比创作了有关人类依恋、分离和丧失的著名的

"依恋三部曲"，他的理论也因此得到了更广泛的传播。鲍尔比的同事——威斯康星大学的心理学家哈里·哈洛（Harry Harlow），也通过报告自己对刚出生就与母猴分离的小猴子的研究，让人们意识到他提出的"接触安慰"（contact comfort）这一概念所拥有的惊人力量。哈洛在研究中发现，被隔离的小猴子非常渴望情感联结，当让它们在一个能够提供食物的"铁丝妈妈"和一个不能提供食物的"绒布妈妈"之间做出选择时，它们几乎每次都会选择柔软的"绒布妈妈"。总的来说，哈洛的实验显示了早期分离的危害：身体健康的灵长类动物宝宝如果在出生后的第一年就与母亲分开，长大后会出现社交障碍。实验中的猴子没有发展出解决问题和理解其他猴子社交暗示的能力，它们变得抑郁，会做出自毁行为，而且也无法进行交配。

尽管在刚开始，依恋理论遭到了嘲笑与鄙夷，但它最终彻底改变了北美地区的育儿方式。（现在，在我的孩子阑尾炎手术后的康复期，我能够睡在他的身边，这应当感谢约翰·鲍尔比。）如今，孩子需要安全感以及持续的身体与情感上的亲密接触已成为多数人的共识，忽视孩子的这一需要会使人们付出巨大的代价。

爱与成人

鲍尔比于 1990 年去世。他没能亲眼看到他的工作引发的第二次革命——依恋理论在成人爱情中的应用。鲍尔比坚信，成年人也有同样的依恋需求（他曾对第二次世界大战期间的寡妇进行研究，并发现她们表现出的行为模式与无家可归的孤儿相似），而这种需求正是塑造成年人之间关系的力量。但是，他的想法又一次遭受排斥。没有人相信一个来自上流社会保守的英国人能解开浪漫爱情之谜！更何况，人们认为自己已经知道了关于爱的一切：爱只不过是一种转瞬即逝的、伪装起来的性迷恋，是对弗洛伊德理论中"本能"的掩饰；或是一种不成熟的依赖他人的需求；抑或是一种道德立场——一种只求付出不求回报的自我牺牲。

然而，最重要的是，从依恋的角度理解爱，在过去（或许现在也同样）完全违背了我们文化中确立的关于成年的社会和心理标准：成熟意味着独立和能够自给自足。刀枪不入的战士会独自面对生活和危险的观念已在我们的文化中根深蒂固。想想詹姆斯·邦德（James Bond）这位标志性的硬汉人物，其豪迈气势历经40年有增无减。心理学家使用诸如"未分化的""相互依赖的""共生的"，甚至"融合的"等词语来描述那些似乎无法独立生存或无法在与他人相处时坚持自己立场的人。相反，鲍尔比谈到了"有效的依赖"，他认为从"摇篮到坟墓"的每个时期能够向他人寻求情感支持是一种力量的标志和源泉。

在鲍尔比离世前，才开始出现关于成人依恋的研究。当时丹佛大学的社会心理学家菲尔·谢弗（Phil Shaver）和辛迪·哈赞（Cindy Hazan）决定向伴侣双方询问他们的爱情关系，以观察他们是否表现出与母子之间相同的反应和模式。他们编制了一份爱情问卷，发表在当地的报纸《落基山新闻》（Rocky Mountain News）上。在回答中，成年人谈到以下这些内容：需要和爱人有情感上的亲密联结；当他们感到沮丧时，需要确保爱人能有所回应；当感受到与爱人分离或疏远时，他们会觉得痛苦；当知道有爱人的支持时，他们会更自信地探索世界。他们还提及了与伴侣相处的不同模式：当和爱人在一起感到安全时，他们很容易敞开心扉并与对方建立情感联结；当感到不安全时，他们要么变得焦虑、愤怒、想要掌控，要么完全避免与对方接触并保持距离。这些正是鲍尔比和安斯沃思在母亲和孩子身上发现的。

　　谢弗和哈赞随后进行了严谨的正式研究，以证实问卷的结果和鲍尔比的依恋理论。他们的工作带动了一系列相关研究的浪潮。如今有无数项研究证实了鲍尔比对成人依恋的预测，对这些研究的引用也会贯穿本书。总的结论是：浪漫伴侣之间的安全情感联结是幸福爱情关系的关键，这也是关系中个人力量的巨大源泉。以下是几项特别重要的发现。

- 当我们总体上感到安全时，即对亲密关系感到舒适并对依赖爱人充满信心时，我们会更善于寻求支持，也能更好地给予支持。明尼苏达大学的心理学家杰夫·辛普森（Jeff Simpson）进行了一项研究：请 83 对正在恋爱的情侣填写了有关他们关系的问卷，然后坐在一个房间里。伴侣中的女性被告知，她很快将要参与一项会引发大多数人强烈焦虑的活动（活动内容没有详细说明）。在问卷中称自己在爱情关系中感到安全的女性能够毫不掩饰地表达她们对即将到来的任务的负面情绪，并寻求伴侣的支持；否认自己的依恋需求并避免与伴侣亲密的女性在这些时刻则表现得更退缩。男性回应伴侣的方式也有两种：称自己在关系中有安全感的男性，甚至变得比平时更支持自己的伴侣，他们触摸伴侣，向对方微笑，提供安慰；而那些称自己对情感依恋感到不自在的男性，当伴侣表达需求时，他们会明显变得缺乏同情心，他们对伴侣的痛苦不以为意，更少地对伴侣表达温暖，更少触摸对方。
- 如果我们觉得与伴侣的联结是安全的，就更容易化解相处中不可避免的伤害，当我们对伴侣生气时，也就不太可能表现出咄咄逼人的敌意。以色列巴伊兰大学的马里奥·米库林瑟（Mario Mikulincer）进行了一系列研究，他向参与者询问他们在关系中感受到的亲密程度，以及当冲突发生时他们如何处理愤怒情绪。研究人员还测量了他们在伴侣冲突情境中的心率。那些觉得与伴侣关系亲密、可以依赖伴侣的人表示：他们很少对伴侣感到愤怒，也很少认为对方怀有恶意；他们表达愤怒的方式更加克制，也会提出更积极的目标，例如解决问题和重新与伴侣建立联系。

- 与爱人之间稳固的联结可以带来力量。米库林瑟进行的另一系列研究表明，当我们与他人建立安全的联结时，我们会更了解自己，也更欣赏自己。当拿到用于描述自己的形容词列表时，更有安全感的人选择了那些积极的特质。当被问及缺点时，他们欣然答道：虽然和理想中的自己还有距离，但仍然觉得自己还不错。

- 米库林瑟还发现，正如鲍尔比所预测的那样，那些有稳固联结的成年人更具好奇心，对新信息更开放包容。他们不介意存在一些不确定的地方，喜欢能够有多种不同答案的问题。在一项任务中，研究人员向参与者描述了某个人的行为，并请他们评估这个人具有的消极和积极特质。有稳定联结的参与者更容易吸收关于这个人的新信息，并修改做出的评估。当我们有安全感并感觉与他人有联结时，似乎更容易对新的经验保持开放，想法也更具有灵活性。好奇心来源于安全感；僵化死板则出于对威胁的警惕。

- 我们越向伴侣靠近，就越能独立自主。尽管这与我们文化中关于独立自主的信念背道而驰，但位于匹兹堡的卡内基梅隆大学的心理学家布鲁克·菲尼（Brooke Feeney）在观

察了 280 对夫妇后发现：那些感受到自己的需求被伴侣接
受的人，会更有信心独立解决问题，也更有可能成功实现
自己的目标。

大量的实证依据

来自各个领域的科学研究都清楚地告诉我们：人类不仅是群
居动物，而且是需要与他人建立独特亲密联结的动物，如果我们
否认这一点，就等同于将自己置于危险之中。事实上，历史学家
很久以前就观察到，在第二次世界大战的集中营里，生还者总是
两两在一起，而不是单独的一个人。而且，人们很早以前就知道，
已婚男女的寿命普遍比单身男女更长。

与他人保持密切的联结对我们各个方面的健康都是至关重要
的，包括心理、情绪和生理。芝加哥大学认知与社会神经科学中
心的路易丝·霍克利（Louise Hawkley）通过研究和计算发现：孤
独会使血压升高，从而使心脏病发作和中风的风险增加一倍。密
歇根大学的社会学家詹姆斯·豪斯（James House）称，情感隔离
比吸烟或高血压更危害健康，而我们目前都在警告人们注意后两
者！也许这些研究的发现反映了那句古老的谚语："痛苦是人生所
必经，而独自受苦令人无法承受。"

然而，重点不仅在于我们的生活中是否拥有亲密关系，还在
于这些关系的质量。消极的人际关系会损害我们的健康。在克利
夫兰，凯斯西储大学的研究人员询问有心绞痛和高血压病史的男
性："你的妻子爱你吗？"在接下来的 5 年里，回答"否"的人心
绞痛发作的频率几乎是回答"是"的人的 2 倍。女性的心脏也会

受到影响。与婚姻幸福的女性相比，那些认为自己的婚姻关系紧张、与伴侣关系紧张的女性更有可能出现明显的血压升高和压力激素水平升高。另一项研究发现，曾经患有心脏病的女性，如果婚姻关系不和谐，心脏病再次发作的风险比婚姻和谐的女性高出 3 倍。

宾夕法尼亚大学的心理学家吉姆·科因（Jim Coyne）推断，对于患有充血性心力衰竭的男性和女性来说，婚姻状况与症状的严重程度和损伤程度一样，都是 4 年后能否存活的重要预测指标。如果那些将"心"视为"爱的象征"的诗人看到科学家的结论——心脏的健康与爱情关系的力量息息相关——一定会回以微笑。

人际关系的压力会损害我们的免疫系统、内分泌系统，甚至自愈能力。俄亥俄州立大学的心理学家贾尼丝·基科尔特－格拉泽（Janice Kiecolt-Glaser）做了一项有趣的研究，她让新婚夫妇吵架，然后在接下来的几个小时里采集他们的血液样本。她发现，争吵越激烈、越不尊重对方的伴侣，压力激素水平就越高，免疫系统就越会受到抑制。这种影响最多可以持续 24 小时。在一项更令人震惊的研究中，她用真空泵在自愿参与实验的女性手上留下小水泡，然后让她们和丈夫吵架。结果发现，伴侣争吵得越激烈，皮肤复原所需的时间就越长。

爱情关系的质量也是影响人们精神与情绪健康程度的一个重要因素。在我们当今空前富裕的社会中，焦虑和抑郁却蔓延开来。与爱人的冲突和来自爱人的恶意批评加深了我们的自我怀疑，使我们产生一种无助感，这是抑郁的典型诱因。我们需要从爱人那里得到肯定。有研究指出，婚姻关系的痛苦会使患抑郁障碍的风险增加 10 倍！

以上谈到的都是负面影响的证据，但也有一些正面的证据。

许多研究表明，良好的爱情关系可以保护我们免受压力，帮助我们更好地应对人生中的挑战和创伤。以色列的研究人员报告说，与情感关系疏远的伴侣相比，拥有安全情感依恋的伴侣更能应对诸如"飞毛腿"导弹袭击之类的危险。在遇到危险后，他们的焦虑程度较低，身体上的症状也更少。

仅仅是握住爱人的手，就能对我们产生深刻的影响，让我们大脑中紧张不安的神经元平静下来。弗吉尼亚大学的心理学家吉姆·科恩（Jim Coan）进行了一项研究，他告诉正在接受脑部磁共振成像的女性患者，当机器上的红色小灯亮起时，她们的脚可能会受到轻微的电击，也可能不会。这个信息激活了病人大脑中与压力相关的脑区。但如果伴侣牵着她们的手，她们感受到的压力就更小，在被电击时感受到的疼痛也更轻。这种影响在关系满意度高的伴侣中更为显著，研究人员称这些最幸福的伴侣为"超级伴侣"。与爱人的接触确实可以成为对抗打击、压力和痛苦的缓冲器。

科恩称，我们所爱的人是我们生理过程和情感生活的隐藏调节者。当爱失去作用时，我们会感到受伤。这正是加利福尼亚大学的心理学家内奥米·艾森伯格（Naomi Eisenberger）提出的"情感受伤"（hurt feelings），这个短语形容得严谨又准确。她的脑成像研究表明，受到拒绝或排斥与身体疼痛触发的神经回路相同，且都位于大脑的前扣带回皮质。事实上，每当我们与亲近的人在情感上感受到分离时，大脑的这一部分就会被激活。读到这项研究时，我回想起自己曾对悲伤引发的生理反应感到震惊。听到母亲离世的消息后，我感觉自己被狠狠地撞击了，就像真的被一辆卡车撞到一样。当我们与伴侣靠近、拥抱时，我们体内会充满"拥抱激素"，即催产素和血管升压素。这些激素似乎开启了大脑中的

"奖励"中心，使我们的体内充满了像多巴胺这样让人平静和快乐的化学物质，并抑制了像皮质醇这样的压力激素的释放。

我们经过了很长时间才渐渐理解了爱及爱的重要性。1939年，女性将爱排在择偶标准的第五位。到20世纪90年代时，爱在男性和女性的择偶标准中都居于榜首。21世纪初时，大学生也将"情感安全"作为对婚姻的主要期望。

爱不是生命蛋糕上的糖霜。它与氧气和水一样，是人类最重要的基本需求。一旦理解并接受这一点，我们就更容易触及关系问题的核心。

第 2 章
为何爱失去了联结

当我们爱的时候，是最脆弱的。

——西格蒙德·弗洛伊德

"根本问题是萨莉对钱一无所知，"杰伊宣称，"她非常情绪化，不相信我，不愿让我来管理钱。"萨莉爆发了："是啊，当然了。问题还是一如既往地出在我身上。就像你真的懂怎么管理钱一样！我们刚买了那辆可笑的车，你非常想要它，但是我们实际上并不需要，也负担不起它。你总是按自己的意愿行事，我的想法对你来说根本不重要。事实上，你根本不在乎我。"

"克里斯是个冷酷、死板、不关心孩子的父亲，"简控诉道，"孩子们需要被照顾，他们需要你的关注，而不仅仅是你的规则！"此时克里斯把头转向一边，他镇定地谈论纪律的必要性，并指责简不懂得如何设定边界。他们争论不休。最后，简以手掩面，叹息道："我真不知道你到底是谁，你就像一个陌生人。"克里斯再次把头转开。

纳特和卡丽倔强地保持着沉默，直到卡丽突然崩溃，并哭诉纳特的外遇多么令她震惊和感到背叛。纳特面带沮丧，解释了他外遇的原因，"关于那件事的原因，我已经解释过无数遍了。该坦白的我也坦白了。而且拜托，那是两年前的事了！都已经过去了！难道你不觉得是时候放下过去、原谅我了吗？""你根本不懂什么叫'坦白'！"卡丽尖叫道。接着她的声音低沉下来，喃喃自语："你根本不在乎我，不在乎我所受的伤害。你只想要一切恢复原样。"她开始哭泣，而他呆望着地板。

我询问上述案例中的每对伴侣，他们认为彼此关系中的根本问题是什么，以及应该如何解决。他们会思索片刻，然后提出自己的想法。萨莉认为杰伊的控制欲太强，他必须学会如何更公平地分配权力。克里斯提出，他和简的个性差异太大，在教养孩子的方式上很难达成一致。他们可以通过参加专家的育儿课程，来解决这个问题。纳特认为卡丽有性方面的障碍，也许他们应该去看性治疗师。

这几对伴侣都希望为自己的痛苦找到合理的解释，但他们的表述都不能准确地抓住问题的本质。许多治疗师都同意，他们的解释只是冰山一角，也就是一个大麻烦表面的可见部分而已。那么，什么才是隐藏在底层的"真正问题"？

如果我问治疗师，很多人会说，这些伴侣陷入了具有破坏性的权力斗争中，或是苛刻的争吵模式中，他们需要的是学会如何协商并提升沟通技巧。然而，就连治疗师也没能抓住问题的关键。他们只是顺着往下走到了冰山的表面。

我们必须深入探索，才能发现问题的根源：这几对伴侣在情感上失去了联结，他们对彼此缺乏情感上的安全感。伴侣和治疗师常常忽视的是，大多数争吵实际上是对情感失去联结的抗议。在所有的痛苦背后，伴侣们其实是在询问对方：我可以信任你、依靠你吗？你会支持我吗？当我需要你、向你求助时，你会回应我吗？你在乎我吗？你珍惜我、接纳我吗？你是否需要我、依赖我？那些愤怒、指责和要求，其实都是对伴侣的呼唤，只为了激起对方的内心回应，吸引他们在情感上再回头，重新建立有安全感的联结。

原始恐慌

依恋理论告诉我们，我们所爱的人是我们生命中的庇护所。当那个人的心不在我们身上或是冷淡地不回应我们时，我们就面临着凄凉、孤独和无助的处境。愤怒、悲伤、痛苦等情绪排山倒海而来——其中，恐惧感最为强烈。如果你还记得，恐惧是我们与生俱来的警报系统，那么当我们感到生存受威胁时自动启动该系统，就不那么令人意外了。与我们所爱的人失去联结，会危及我们的安全感，此时警报会在脑部杏仁核区域响起。纽约大学神经科学中心的神经科学家约瑟夫·勒杜（Joseph LeDoux）将此区域命名为恐惧中枢（fear central）。这个位于中脑、形状像杏仁的区域会触发自动反应。我们不再用理智思考，只会凭感觉行动。

当我们和伴侣意见不合或发生争吵时，都会感到有些恐惧。但对于我们当中拥有安全联结的情侣来说，这只是一个短暂的干扰。一旦意识到真正的威胁并不存在，或知道伴侣会对自己的请求给予回应和保证，我们的恐惧感会很快且很容易压下去。然而，对于那些情感联结较弱或受损的人来说，恐惧感可能会无法抑制。我们被完全淹没在华盛顿州立大学神经科学家雅克·潘克塞普（Jaak Panksepp）所称的"原始恐慌"（primal panic）之中。对此，我们通常会有两种反应。

（1）为了从伴侣那里获得安慰和保证，变得黏人又予取予求。

（2）为了安抚和保护自己，变得退缩和冷淡。

无论我们具体说了什么，其实真正意图都是借着这些反应表达，"请关注我，陪伴我，我需要你"，或是，"我不会让你伤害我。我会冷静下来，并努力克制自己"。

这些对情感失联的恐惧的处理对策都是不自觉的反应，刚开始时，它们确实有效。但随着深陷困扰的伴侣越来越频繁地使用这些对策，就会形成恶性循环，双方越来越缺乏安全感，渐行渐远。当两人都缺乏安全感时，彼此都会变得防御心极重，把对方和彼此的关系往最坏处设想。

如果我们深爱对方，为什么听不到彼此呼唤关注和情感联结的心声，并以关爱的态度回应对方呢？因为太多时候，我们没有关注伴侣。我们分身不暇或忙于个人事务。我们不知道如何表达依恋之语，不能清楚说出我们的需求和关心。我们时常语带犹豫，因为内心充满矛盾，不确定自己想要什么。或是因为我们对彼此的关系缺乏信心与安全感，向对方索取情感联结时，带着愤怒和沮丧的情绪。结果请求变成强求，求而不得的拥抱变成权力斗争。于是，一些人试图压抑对亲密情感的自然渴望，转而专注于那些只能有限表达我们需求的行为，常见的就是专注于性生活。我们想要传达的信息被伪装和扭曲，这阻止我们表露自己真正的渴望，也使我们的伴侣更难做出回应。

魔鬼式对话

　　伴侣间失去情感联结的时间越长，他们的互动就会变得越消极。研究者已经识别出多种具有破坏性的互动模式，并分别为其命名。我把其中最基本的 3 种模式称为魔鬼式对话。它们分别是"揪出坏蛋"（find the bad guy）、"抗议之舞"（the protest polka）和"冻结与逃离"（freeze and flee），我将在后续的"对话 1：识别魔鬼式对话"一章中进行详述。

　　"抗议之舞"是 3 种模式中最为常见的模式。在这种模式中，伴侣一方变得挑剔、具有攻击性，另一方则变得疏远、具有防御性。位于西雅图的华盛顿大学的心理学家约翰·戈特曼（John Gottman）发现，新婚头几年就陷入这种模式的伴侣，有 80% 以上概率在 4～5 年内离婚。

　　让我们看一对伴侣的例子。因为吉姆经常在约会时迟到，卡罗尔和吉姆已经争吵了很长一段时间。在我办公室进行的一次咨询中，卡罗尔因为吉姆最近的一次过失（他没有按时赴约看电影）对他发牢骚。"你怎么老是迟到？"她质问道，"难道你不在乎我们有个约会吗？我总是在等你，而你总是让我失望。"吉姆冷淡地回应道："我走不开。如果你又要开始唠叨，那我们应该回家，不要约会了。"卡罗尔继续列举吉姆迟到的例子作为反击。吉姆开始一一辩驳她的"清单"，然后突然住口，面无表情，一言不发。

　　在这场永无休止的争执中，吉姆和卡罗尔其实被困在了他们争吵的内容中。吉姆上一次迟到是在什么时候？是上周还是几个月前？他们陷入两极化思维的死胡同中，探讨着"到底发生了什么"——谁说的内容更"准确"，"谁的过错更大"。他们坚信问题要么是他不负责任，要么就是她唠叨太多。

　　然而，他们为何事争吵，其实并不重要。在我办公室进行的另一次咨询中，卡罗尔和吉姆为吉姆不愿讨论他们之间的关系而开始争吵起来。"说这些只会让我们陷入争吵，"吉姆喊道，"这么做有什么意义呢？我们一直在原地打转，这让人很受挫。而且，最后一定都是我的'缺点'。只有过性生活的时候，我才感觉我们更亲近一些。"卡罗尔摇了摇头："我们连话都不说，我怎么可能想有性生活！"

　　所以究竟发生了什么？卡罗尔和吉姆以攻击 - 退缩（attack-withdraw）的方式处理"迟到"问题，这又衍生出另外两个问题——"我们不交流"和"我们没有性生活"。他们陷入了一个恶性循环中，彼此的反应又创造了更多负面的回应和情绪。卡罗尔越是责怪吉姆，他就越退缩。而他越是退缩，她的攻击就越疯狂、尖刻。

　　到最后，无论是为何事争吵都变得毫无意义。当伴侣关系走到这一步时，他们之间充满了怨恨、戒备和疏离。他们会通过负面的眼光来看待每一个差异和分歧。无心之语，被听成威胁。无意之举，被解读为最坏的意图。他们会被沉重的恐惧和疑虑所吞噬，时刻保持警惕和防备。即使他们有心亲近对方，也难以做到。吉姆的遭遇，恰好可以用美国"臭名昭著的樱桃炸弹"（Notorious Cherry Bombs）合唱团的一句歌词来概括："难以在夜晚亲吻一整天谩骂我的嘴唇。"

　　伴侣偶尔能看到他们陷入了魔鬼式对话——吉姆告诉我，在卡罗尔开口之前，他其实"知道"他会听到自己如何让她失望，所以他竖起了一道"防火墙"，以免被"烧伤"，但是这种对话已经成为一种强迫性的自动反应模式，他们根本停不下来。然而，大多数伴侣并未意识到这种模式已经牢牢控制了他们的关系。

当感到愤怒和受挫时，伴侣们常会胡乱寻找答案。他们要么认定对方既冷酷又无情，要么将过错归咎于自己。"也许是我自身出了什么问题，"卡罗尔告诉我，"就像我妈妈过去常说，爱我是件辛苦的事。"于是他们得出结论，世界上没有人值得信任，爱就是一个谎言。

这一系列关于"追－逃"（demand-distance）的互动循环都与依恋恐慌有关，这个观点对于许多心理学家和咨询师来说仍然是颠覆性的。很多来找我接受培训的同行们先前所学的理论都把问题焦点放在了冲突本身，以及伴侣之间的权力斗争上。这导致他们一直专注于引导来访者提高协商和沟通的技巧，以此减少冲突。但这么做只能治标，不能治本。这就像是建议那些终日困在挫败与疏离之舞之中的伴侣改变舞步，但实际上他们需要做的是改变舞蹈的音乐。吉姆斥责道："别再告诉我该怎么做！"卡罗尔不假思索，她的愤怒反驳脱口而出："我还在努力，而你什么都不做，问题怎么可能解决！"

我们可以提供许多技巧来应对伴侣关系中不同层面的问题，然而，只有理解主导爱情关系的核心原理，我们才能真正看清问题的根源所在，并为来访伴侣提供有效的帮助。"追－逃"模式不仅仅是一种不良习惯，还反映了更深层次的真相：以这样的模式互动的伴侣，在情感上处于"饥饿"状态。他们失去了滋养情感的源泉。所以他们感到被剥夺，渴望重新获得情感的滋养。

除非我们能满足人们对于情感联结的根本需求，处理对于失去它的恐惧，否则，诸如学习解决问题与沟通的技巧、探讨童年创伤、暂时搁置问题等标准化的技巧，都只能是错误引导和无效方法。戈特曼博士指出，幸福伴侣的交谈并不比不幸福伴侣的交谈更有"技巧"或更有"深度"。他们并非无时无刻都以共情的方式互相倾听，也未必能认识到他们的过往经历如何引发了他们如今不合理的期待。我在办公室里做咨询的过程中，曾看到一些深陷情感困扰的伴侣，有的不仅口才极佳，而且对彼此的行为模式有着深刻的洞察，但当情绪排山倒海而来时，他们就是无法有条理地和对方交谈。我的来访者萨莉告诉我："我口才不错，有很多朋友，我很自信，也是个好听众。但当我们陷入这些可怕的长时间沉默时，想要记起我们周末在婚姻培训课中学到的要点，就像是在自由落体时尝试阅读'如何拉开降落伞'的手册一样困难。"

标准化的治疗，既不能处理人们对情感联结的渴望和失去情感联结的威胁，也没有告诉伴侣如何重新建立或保持联结。他们所学的技巧可能会帮助两人暂停争吵，但会让他们付出高昂的代价。当需要重建情感联结时，这些技巧反而强化了被拒绝和被抛弃的恐惧感，常常会使伴侣渐行渐远。

情感联结与脱节的关键时刻

从依恋视角来观察"爱"，能够让我们认识到有害的互动模式。它引导我们去发现一段关系被建立或被毁坏的时刻。来访者有时会告诉我："一切是那么顺利。我们愉快地度过了四天，感觉像好朋友一样。然后发生了一件事，我们的关系全都毁了。我真是搞不懂。"

伴侣之间戏剧化的互动交流进展得如此迅速、混乱与激烈，以至于我们根本看不见到底发生了什么事，也不知道该如何反应。

但如果我们慢速回放，就能看到事情的转折点以及当事人的选择。依恋需求以及随之而来的强烈感受通常会突然发生。它们将日常对话突然带到与安全感和生存有关的话题。从"约翰尼老是在看电视"，突然变成了"我再也受不了儿子乱发脾气的毛病了。我只是个糟糕透顶的妈妈。而你现在根本没有在听我说话。我知道，我就知道，你不能放下工作，那才是你最重要的事，对吧？我的感受不重要，在这个家里我好孤独"。

如果伴侣让我们感受到基本的安全感与情感联结，这些关键时刻只会像是晴天里吹来一股凉风。但如果我们对彼此的情感联结没有把握，这就会引发一连串缺乏安全感的消极互动，让两人的关系降至冰点。鲍尔比为我们提供了一个综合指标，告诉我们何时会触发情感依恋的警报：①当我们突然感觉自己很脆弱，对这个世界没有把握时；②当我们察觉到与伴侣的情感联结发生负面变化时；③当我们意识到彼此的关系存在威胁或危机时。我们感受到的威胁可以来自外部环境，也可以来自我们的内心世界。它们可能真实存在，也有可能源于想象。但重要的是我们的认知，而不是实际状况。

彼得和琳达结婚已经 6 年，最近他觉得妻子对他的关心不如从前。她换了一份新工作，两人过性生活的次数变少了。在一次聚会中，有位朋友说，琳达看起来容光焕发，而彼得似乎开始谢顶了。之后，当彼得看到琳达专注地与一位相貌出众的男子交谈（这位男子的头发很多）时，他开始觉得反胃。这时，第一个关键时刻出现了。彼得能否平静下来，并且知道妻子珍惜自己，只要他有需要，她就会在他身边支持他？或许，彼得会想起过去曾发生的类似情景，并以此来平复他的不安情绪。

　　然而，如果他无法平息内心的不安，又会发生什么呢？他会生气地走向妻子，然后说她卖弄风骚之类的刻薄的话吗？还是会把自己的担忧丢在一旁，告诉自己"我不在乎"，然后再去倒一杯酒，或者一醉方休？无论他采用哪种方式——攻击或退缩——来处理心中的恐惧，都只会把琳达推得更远。她会感受到与伴侣的情感联结减少，而且更不喜欢他了。而这反过来又只会加剧彼得的原始恐慌。

　　第二个关键时刻是在直接威胁发生之后。只要不被负面的应对策略"牵着走"，伴侣们就有机会重新建立情感联结。那天晚上，派对稍晚之后，琳达找到了彼得。他是否会主动让她知道，看到她与别的男人如此亲密地交谈时，他心中的难受和恐惧？他表达这些感受的方式，能否促使琳达消除他的疑虑？还是他会指控她"四处勾搭男人"，并要求她立刻回家？又或者他会保持沉默和退缩？

　　第三个关键时刻是当我们终于理解自己的情感依恋，进而寻求联结与保证，并获得所爱之人回应时。例如，彼得可以设法将琳达拉到一边，做个深呼吸，然后告诉她，看到她与那位英俊的陌生人交谈，他感到很难受。或许他也可以只是走到她身旁，以一个不安的眼神表达他的难过。假设琳达给他一个正面的回应：即使他不能完全表达出自己当时的感受，她还是感觉到事情有些不对劲，于是她向彼得伸出手。她轻声问他是否还好。她是可以亲近的，而且乐于回应。然而，彼得是否看到了这一点，并予以信任？他能否接受琳达的回应，感受到安慰，并继续向她倾诉心声？或者彼得保持戒备，为了避免心里难受而把她推开？甚至，他会不会为了测试她是否"真的在乎"而攻击她呢？

最终，当彼得和琳达回到他们日常维系感情的方式时，他们是否能相信，当自己面临困境和疑虑时，对方仍然是安全的避风港？或者，彼得是否仍然缺乏安全感？他会试图控制并强迫琳达做出更多回应，来证明她的爱吗？还是他为了降低对她的需求，转而更专注于能分散注意力的事情和娱乐方式？

这个情境是将焦点放在彼得身上，但如果将焦点放在琳达身上，就会发现她也有相同的依恋需求和恐惧。实际上，无论男女，对这类事情都是敏感的，只是每个人的表达方式略有不同。面临情感危机时，男性通常会谈论被拒绝、无能和挫败的感觉；女性则会谈论被抛弃和失落的感觉。女性在痛苦时似乎还会出现另一种反应，科学家称之为"照料与结盟"（tend and befriend）。或许是因为她们的血液中含有更多的催产素，又称"拥抱激素"，因此当她们感到缺乏情感联结时，就会寻求他人的陪伴。

得克萨斯大学的特德·休斯顿（Ted Huston）的一项重要研究表明，婚姻失败的原因并不在于不断增加的争吵次数，而是彼此的爱意与深情的互动越来越少。事实上，缺乏情感的互动比争吵的频率更能预测出婚姻在 5 年后的牢固程度。婚姻的瓦解，始于伴侣之间亲密互动的减少，争吵是随后才发生的事。

作为亲密爱人，双方如同站在一条紧绷的钢丝绳上，维持微妙的平衡。当怀疑和恐惧之风吹过，如果一方惊慌失措想要抓住对方，或是突然转身寻求其他庇护，绳子就会摇晃得更加厉害，两人更容易失去平衡。如果不想从绳索上掉下来，我们就必须配合对方、调整自己，回应彼此的情绪感受。当我们建立情感联结时，就找到了平衡相处之道，情感也就会处于稳定的状态。

第 3 章

情感回应：情系终生的关键

一颗心如果不能回应另一颗心，这颗心就会枯萎。

——赛珍珠

蒂姆和萨拉坐在我的咨询室里，而蒂姆并不确定自己为什么要来这里。他说，他唯一知道的是他和萨拉之间发生了一场激烈的争吵。萨拉指责他在一次聚会中忽视了她，并威胁要带着孩子搬去和她姐姐一起生活。蒂姆不明白。他们的婚姻一直都很美满，萨拉只是"太不成熟"并且"期望太高"。她不明白他在工作中承受的压力，而且他不可能总是记住婚姻中的"浪漫部分"。蒂姆在椅子上转过身，望向窗外，脸上写满了"你能拿这样的女人怎么办"的表情。

蒂姆的抱怨唤醒了正沉浸在绝望中的萨拉。她以尖酸的口气宣称蒂姆并没有他自以为的那么聪明。她告诉蒂姆，他其实是一个完全不懂任何技巧的"沟通白痴"。但悲伤淹没了她，她用我几乎听不见的声音低语道：蒂姆是一块"石头"，当她"垂死"时，他却转身离开，她根本不该嫁给他。说着说着她就哭了。

他们是如何走到这一步的？萨拉是个身材娇小的黑发女人，而蒂姆是一个穿着时尚的男人。他们已经结婚 3 年了。他们曾是成功的事业伙伴和快乐的游戏玩伴，技能和精力也相当匹配。他们刚刚购置新居，还有一个一岁半的女儿，萨拉专门放下工作来照料她。而现在，他们却总是在争吵中度日。

"我成天听到的都是我回家太晚了，工作太忙了，"蒂姆愤怒地说，"可我是为了我们在工作啊，你也知道的。"萨拉嘟囔着说已经没有"我们"了。"你说你不认识我了，"蒂姆继续说道，"可成年人的爱情就是这样，两个人需要彼此妥协、成为伙伴。"

萨拉咬着嘴唇回答道："当我流产的时候，你甚至都没有抽时间陪我。对你来说，这都只是交易和妥协……"她摇了摇头，说："当我无法与你沟通时，我感到非常绝望。我从来没有感到过这么孤独，即使是我单身时都没有。"

萨拉的信号非常紧急，但蒂姆没有接收到。他认为她"太情绪化"，但这恰恰是关键所在。我们最情绪化的时刻，正是最深层的爱情关系受到威胁的时刻。萨拉亟须与蒂姆重新建立联结。而蒂姆则非常害怕失去与萨拉的亲密关系——情感联结对他而言同样很重要。只不过，蒂姆对情感联结的需求被他口中"妥协"与"成熟"的论调所掩盖。他试图不理会萨拉的担忧，以使得一切保持"平静和有序"。他们能够在情感上再次"听见"彼此吗？他们能够再一次地相互倾听和理解吗？我能如何去帮助他们？

情绪聚焦疗法的缘起

　　我对如何帮助像萨拉和蒂姆这样的夫妇的理解是逐渐形成的。我发现，倾听和拓展关键情绪对于改变来找我做咨询的个体至关重要。因此，在20世纪80年代初，当我在加拿大温哥华的炎热夏日下与处于困境中的夫妇一起工作时，我辨识出一些极其相似的情绪，也发现了它们如何在伴侣之间"创造着舞蹈的配乐"。但我的咨询似乎总在情感混乱和沉默之间摇摆。于是，我每天早上都去大学图书馆寻找线索，寻找一张能为前来咨询的伴侣解困的路线图。我找到的资料大多宣称：爱情是无关紧要或者无法理解的，而强烈的情绪显然是危险的，最好搁置一边。书中提供给伴侣的某些见解，比如我们与父母的相处模式会在爱人身上重演，似乎并不能改变太多。我试图让夫妇们练习沟通技巧，却引发了他们的批评：这些练习事实上并未触及问题的核心，反而错过了关键。

　　我认为他们是对的，我也在某种程度上错过了问题的关键。但我一直觉得这很有趣，甚至坐着看了数小时的咨询录像带。我决定要一直观察，直到真正弄清这些爱的戏剧出了哪些问题为止。甚至可能直到我理解爱为止！终于，我脑中的画面开始日渐清晰。

　　我想起一个道理：没有什么比一个共同的敌人更能把人们凝聚在一起。我意识到，我可以帮助夫妇们将他们之间的不良互动模式（他们的魔鬼式对话）而不是彼此视为敌人。我开始在咨询会话中总结夫妇们的互动模式，帮助他们看到自己所陷入的恶性循环，而不只是关注对方的最后一句话并对此做出回应。如果将其比作网球，这就像是要学会看到整场比赛，而不仅仅是最后一球上的发球或回球。于是，我的来访者开始能够看到整个对话，并发觉对话本身的生命力以及对他们两人的伤害。但为什么这些模式如此强大？为什么它们如此难以抗拒却又让人痛苦？即使双方都认识到了它们的毒性，这些对话仍在重复上演。即使他们理解了自己的互动模式以及它们如何困住彼此，伴侣们似乎还是会被自己的情绪拖回魔鬼式对话中。为什么这些情绪如此强大？

我会坐下来观察像杰米和休一样的伴侣。杰米越愤怒，她就越容易去批评休，而休则变得越来越沉默。经过一系列耐心的询问，休告诉我，在沉默的背后，他感到"挫败"和"伤心"。悲伤会让我们放慢节奏、感受到伤痛，所以休开始默默地为自己的婚姻感到哀伤。然而，他越是自我封闭，杰米就越要求被接纳。她愤怒的抱怨引发了他的挫败与沉默，而他的沉默又引发了她的愤怒和要求。如此周而复始，他们便都被困在了恶性循环中。

当我们让这种原地打转的循环速度稍稍减慢后，更柔软的情绪，如悲伤、害怕、尴尬及羞愧，往往会浮现出来。鼓励杰米和休讨论这些情绪（这也许是他们第一次试着这么做），并看到他们是如何被自己的互动模式所困住的，能够帮助杰米和休在彼此面前感到更有安全感。当杰米能够告诉休她有多么孤独时，她看起来便不再那么危险。谁也不是罪魁祸首。他们开始尝试进行新的对话，彼此间"攻击、指责"和"沉默、退缩"的互动模式也开始放缓。当他们能够分享彼此更为柔软的情绪时，他们便开始以不同的方式看待彼此。杰米承认："我从来没有看到过整个画面。我只知道他不再与我亲近。我以为他不在乎我了。现在，我明白他是如何躲避我的'子弹'并试图让我冷静下来的了。当我陷入绝望并且找不到其他方式得到回应时，我就会向他'开枪'。"

　　我的实践终于取得了进展。伴侣们对待彼此的态度比以前更加友好。痛苦的情绪所引起的反应似乎也不再那么让人难以承受。这些消极的互动模式总是从一个伴侣试图接触另一个伴侣，却无法建立安全的情感联结的时刻开始。这也正是魔鬼式对话开始的时刻。一旦伴侣们意识到他们都是魔鬼式对话的受害者，并且能够更敞开胸怀，愿意冒险与对方分享较深层的情绪时，他们的冲突就会减缓，彼此也会感觉更加亲近，于是所有的问题就都迎刃而解了。事实真的如此吗？

　　我的来访者们告诉我并非如此。杰米告诉我："我们确实对彼此更加友好，争吵也减少了。但不知为何并没有更加实质性的改变。如果我们不再前来做咨询，同样的情形又会再次上演。我知道一定会这样。"其他来访者也给了我相同的反馈。问题究竟出在哪里？当我回看录像带时，我发现（正如我的一位来访者所说），诸如悲伤和纯粹的"恐慌"这样更深层次的情绪，始终没有得到真正的处理。伴侣们仍然难以信任彼此。

　　"情绪"（emotion）一词源自拉丁文"emovere"，意即"动"（to move）。我们会被自己的情绪"打动"，当我们的爱人向我们展示他们更深层次的感受时，我们也会被"打动"。如果伴侣们要重新建立情感联结，他们必须接受自己情绪的引导，去以新的方式回应彼此。我的来访者们必须学会去冒险展示自己更柔和的一面，即那些他们在魔鬼式对话中学会隐藏起来的一面。我发现，当较为逃避、退缩的一方能够向伴侣坦承自己对失去对方和被孤立的恐惧时，他们也就能够谈论自己对关怀和联结的渴望。这种情感的表露会"打动"攻击、指责的那方，让他们以更温柔的方式进行回应，并分享自己的需求和恐惧。这就好像两个人突然面对面站着，虽然赤身裸体、毫无防备，同时却又无比强大，彼此将手伸向对方。

这样的时刻令人惊叹且极具戏剧性。它们改变了一切，也开启了一个全新的、积极的爱情与互动循环。伴侣们告诉我，这些时刻改变了他们的一生。他们不仅能够摆脱魔鬼式对话，还能够进入一种全新的爱情互动中，并在其中获得安全感与亲密感。他们可以在轻松合作的氛围中，为经营彼此的关系和保护新的亲密关系制订新的故事和计划。不过，我当时还是不能确切地明白，这样的时刻为何具有如此大的力量！

我对这一系列的发现深感着迷，于是说服了我的导师莱斯利·格林伯格开展了首个研究项目来检验这个新的治疗方法，并取名为"情绪聚焦疗法"（EFT）。我们研究的重点在于特定的情绪信号是如何改变伴侣间的情感联结的。这个研究项目证实了我所有的期待：这种处理关系的方式不仅能帮助人们走出消极的互动模式，而且看起来能够创造一种全新的、爱的联结。

往后的 15 年里，我和我的同事们进行了越来越多关于 EFT 的研究。结果发现，在向我们求助的伴侣中，85% 以上在关系中都获得了显著的改善。这些改变具有持久性的效果，即使是对那些身负严重生活压力（如家中有罹患严重慢性疾病的孩子）的夫妇也同样如此。我们也发现，无论对于卡车司机还是律师来说，无论他们来自哪种文化，甚至对于那些妻子形容丈夫"情感钝默"，丈夫形容妻子"爱生气、不可理喻"的伴侣来说，EFT 都同样奏效。相比之下，采用其他伴侣疗法对伴侣进行治疗时，他们的困扰程度并没有减轻，幸福感也没有显著提高。这是为什么？我想找出原因，但首先还有其他谜题需要解答。

　　这场情感戏剧究竟是关于什么的？为什么魔鬼式对话如此常见且杀伤力巨大？为什么那些情感联结的时刻能够改变伴侣的关系？我仿佛在一个陌生的地域找到了一条出路，但手中始终没有一幅完整的地图，也不真正清楚我目前所处的位置。我曾目睹伴侣两人从扬言要离婚到后来又重新爱上彼此，我甚至也找到了鼓励并引导他们的方法。然而，以上几个问题仍然让我感到困惑。

　　许多不起眼的瞬间最终塑造了我们的一生，无论是对于恋爱中的伴侣，还是对于像我一样努力解开谜题的治疗师和研究者而言都是如此。当我回答一个同事的问题："如果爱情不是关于利益得失的交易，那它们是什么？"我听到自己轻描淡写地说："噢，爱情是情感的联结。你不能通过理性或利益交换来获得爱情。爱是一种情感回应。"突然间，一个全新的思路出现在我眼前。

　　我又一次回去看我的治疗录像，并特别关注人们所谈论的需求和恐惧。我看着那些关系改变的戏剧性时刻。我看到的是情感联结的过程！现在我明白了。我看到的是约翰·鲍尔比所说的爱与被爱的基础——情感回应。我之前怎么会错过这一点呢？那是因为我先前所受到的训练告诉我，这种联结会在儿童期过后结束，但我如今所见表明，这种联结同样存在于成人之爱中。我火速冲回家，将这个发现记录下来，并将它应用于伴侣咨询之中。

　　情感依恋的理论回答了3个曾经困扰我的疑问，答案非常简单，它告诉我：

　　（1）伴侣们在治疗过程中出现的激烈情感不是无理取闹，而是完全合乎情理的。他们在治疗中表现得像是在为自己的生存而争斗，他们也恰恰就是在做这件事。"被孤立"与"可能失去爱的联结"已经被编码进了人的大脑，它们会引发人们原始的恐慌反应。这种与少数几个所爱之人建立安全情感联结的需求是通过数百万年的进化形成的。在关系中陷入痛苦的伴侣们也许会使用不同的措辞，但他们其实总是在问同样的、基本的问题："你在我身边吗？我对你重要吗？当我需要你、当我呼唤你的时候，你会来吗？"爱是人类物种最高的生存机制，所以在情感上突然与伴侣断开联结、失去联结是非常可怕的。我们必须重新建立情感联结，以一种能促使伴侣回应的方式表达自己的需求。这种与我们最亲近的人建立情感联结的渴望是情感上的最优先事项，甚至超过了人类对食物或性的需求。所有爱的戏剧都与对安全情感联结的渴望有关，这种渴望是人们生存的必需品，贯穿人生始终。爱的联结是大自然给予我们的唯一庇护。

（2）这些情感和依恋上的需求是魔鬼式对话等消极互动背后的主旨。现在我明白了为什么这种模式如此令人难以抗拒且无休止。一旦感到失去原本安全的联结，伴侣们就会进入"战斗或逃跑"模式（fight-or-flight mode）。他们责怪对方并变得具有攻击性，以获得回应，又或者自我封闭并试着让自己毫不在意。伴侣双方都感到恐惧，只是应对的方式不同。问题是，一旦他们开启了这种指责和逃避的循环，他们所担心的一切反而会成真，并进一步增加他们的孤独感。这种互动模式自古就被情绪指令所支配，而无法被理性的技巧所改变。在这些对话中，绝大多数的指责其实是一种对依恋的绝望的呼喊，是对失去情感联结的抗议。唯有得到伴侣在情感上的接近、拥抱和安抚，这种呼喊才能被平息。除此以外别无他法。如果双方的情感没有重新联结，争吵就会继续。其中一方将拼命试图从另一方那里获得情感回应。而另一方在听到自己在爱情上的失败后则会变得自我封闭。因为在遇到危险时，静止不动是我们面对无助感的本能反应。

（3）在情绪聚焦疗法中，伴侣关系改变的关键时刻就是他们彼此建立安全情感联结的时刻。在这些时刻，双方都能听到彼此对情感依恋的呼唤，并给予温柔的回应，由此形成可以经受差异、创伤和时间考验的关系纽带。这些时刻塑造了安全的情感联结，并因此改变了一切。它们为"你会在我身边吗"这个问题提供了令人放心的回答。一旦伴侣们学会了如何表达自己的需求并使对方靠近，他们共同面对的每一次考验都只会让他们的爱情更加坚固。正因如此，这些时刻为使用情绪聚焦疗法的伴侣创造了一种全新的彼此信任的互动模式并使得他们作为个体变得更加强大，也就不足为奇了。如果你知道你的爱人就在那里、在你需要时会来到你的身边，你就会更加相信自己所具有的价值和重要性。当你有另一个人可以依靠并且知道自己并不孤单时，世界就会不再那么令人生畏。

根据对 EFT 所做的初步研究，我意识到我已经找到了一条将伴侣从绝望的困境中引导向更幸福联结的道路。然而，当我发现所有的问题和互动模式都围绕着依恋纽带打转时，我就意识到，我已经找到了一张关于爱的广阔地图，并且可以系统地规划这段旅程中的每一个步骤，帮助伴侣们建立一种独特的爱的联结。

很快，我与伴侣进行的会谈发生了变化。当我看着伴侣们进行"追－逃"互动时，我看到了鲍尔比关于"分离痛苦"（separation distress）的概念在现实中上演。一些伴侣为了获得另一半的回应而越发大声地喊叫，而另一半则越来越低声细语，以免破坏了"和平"。我听见陷入魔鬼式对话的伴侣在对话中充满了对情感依恋的表达。他们明明迫切地需要情感回应，表现出来的却是对伴侣的指责；他们明明担心被拒绝和失去对方，表现出来的却是逃避和退缩——这正是伴侣无休止争吵背后的根本框架。现在，我能够更容易地理解伴侣们的情绪，也理解了他们的焦急。当我把这个新的理解告诉他们，把他们的情绪、需求与无止休的冲突放在情感依恋的框架中，并引导他们走向情感联结时，他们告诉我，这个方法非常适合他们。他们现在终于了解了自己心中未曾说出口的渴望和那些看似毫无道理的恐惧，而且能以全新的方式与爱人建立联结。他们还告诉我，自从知道这些渴望和恐惧都是合理的，也并非不成熟的表现之后，他们松了一口气。他们再也不需要隐藏或者否认这些感受了。如今，我们已经能将 EFT 调整得更加适合用于伴侣治疗——我们不仅处于正确的领域，而且还握有一张直接通向家园的路线图。我们可以直指问题的核心。

多年以来，随着关于成人依恋的后续研究证实了我在引导和观察数千次伴侣治疗会话中所学到的内容，能够促进安全、稳固的情感联结的关键对话正变得越来越清晰。我们的研究表明，当这些对话发生时，伴侣就能够走出困扰，彼此建立一个更加稳固的情感联结。本书的目的就是分享这些对话，以便你在自己的亲密关系中使用。到目前为止，进行这种对话向来都是由受过训练的 EFT 专家带领，但由于它确实非常有治疗价值且需求极大，我已经将这一过程简化，以便更多读者用于改善和发展自己的亲密关系。

A. R. E：情感回应的三要素

EFT 的基础是 7 种对话，对话旨在促进一种特殊的情感回应，这种情感回应是伴侣维系浪漫关系的关键，它包括三个要素。

● 可接近性（accessibility）：我能找到你吗？

可接近性意味着即使在你心存疑虑和感到不安的时候，也能够对伴侣敞开心扉。它通常意味着你愿意努力去了解自己的情绪而不被这些情绪淹没。如此，你才能走出失去联结的状态，并关注到爱人向你发出的依恋信号。

● 回应性（responsiveness）：我能指望你在情感上回应我吗？

回应性意味着你会关注自己的伴侣，并让对方知道他的情感（尤其是依恋需求和恐慌）是会对你产生影响的。这意味着你会接受并优先考虑伴侣传达给你的情感信号，并在伴侣需要时明确地表达对他的安慰和关心。敏锐的回应性总是能够在情感上触动我们，并在生理上使我们平静。

● 情感投入（engagement）：你会珍视我并与我保持亲密吗？

字典里对投入（engaged）的定义是：全神贯注的、被吸引的、被抓住的、被俘获的、承诺的、参与其中的。情感上的投入在这里意味着我们只有对所爱的人才会给予一种非常特殊的关注。我们会更久地凝视他们，更多地触碰他们。伴侣们经常把情感投入称为"心在对方身上"。

记住这三个要素的一个简单方法是记住它们的英文首字母大写的缩写——A. R. E，还有短问句："你会在那里吗，你会在我身边吗？"

EFT 的 7 种对话

让我们回到萨拉和蒂姆的故事，看看 EFT 是如何起作用的。

我们可以先看一下前 4 种对话，它们改善了萨拉和蒂姆的关系。这将帮助你了解萨拉和蒂姆身上发生的改变，并应用本书的第二部分去改善你自己的亲密关系。许多伴侣都曾因"情感饥饿"和彼此的疏远而导致关系恶化，但就像萨拉和蒂姆一样，你也可以学会阻止这一切。但更重要的是，你还可以学会爱情的精妙逻辑和缔造爱情的各种对话。

在对话 1 "识别魔鬼式对话"中，我鼓励伴侣们识别他们所陷入的消极互动循环，以及这个互动是什么时候开始的，两人做了什么导致冲突更加严重。一旦他们看见了彼此的消极互动方式，我就会请他们进一步挖掘那隐藏在破坏性言语下面的真实感受。萨拉的指责和要求其实是对她与蒂姆情感联结破裂的急切抗议，而蒂姆的自我防御和冷漠实则是因为他害怕萨拉对他失望，害怕自己正在失去她。然而，他越是试图否定她的担忧，她就越是感到孤单和愤怒。久而久之，他们之间便只剩下了指责与防御。

但现在，蒂姆和萨拉可以进行一种全新的积极对话，这种对话具有帮助他们战胜"抗议之舞"的力量。萨拉能够说："我想我的话确实有点重，也确实变得具有敌意。我感到非常失望，所以才会质问你，想让你看到这一切，让你看到正在发生的事情，并回到我的身边。但没想到，我这样做只是把你推得更远，让你不得不为自己辩解。我想，留在我身边似乎真的很可怕，所以你才会更加退缩。于是我心里就更加难受了。我们就这样被困住了，而我以前从未发现过这一点。"而蒂姆也终于看见他的疏远是如何让萨拉变得越来越咄咄逼人。他们开始觉察彼此的互动模式，并停止指责对方。现在，他们已经准备好进行第二种对话了。

在对话 2 "寻找伤痛之处"中，蒂姆和萨拉开始理解自己和伴侣的反应，同时也明白他们之间发生的一切都与他们情感依恋的稳定性有关。双方都开始不再局限于彼此当下的反应，例如萨拉的愤怒和蒂姆的冷漠与疏远。我们开始潜入更深层、更柔软的感受，也就是与依恋需求和恐惧相关的感受。蒂姆转向比之前更平静、更温柔的萨拉，说道："你是对的。昨晚的那个时刻，我没有听见你受伤了。我只看到你的愤怒，我只听到我又搞砸了，又一次失败了。我就是永远做不好。"蒂姆双手掩面，叹了口气，继续说道："所以我想，我只是在试图压抑这一切，去停止争吵和我一次又一次的失败。但你以为我不知道我正在失去你吗？"他垂下了头。萨拉靠过来，将手温柔地搭在他的手臂上。原来蒂姆并非不在乎或是不需要她，而是无法处理可能会失去她的恐惧。

萨拉和蒂姆开始意识到，在亲密关系中，两人难免会触碰到彼此的伤痛之处。我们必须先知道伤痛之处所在，并能以一种拉近彼此距离的方式谈论它们。萨拉和蒂姆现在已经了解了哪些危险信号和敏感事件会引发彼此的依恋恐惧。"你迟到时，我确实变得非常愤怒。"萨拉告诉蒂姆，"这让我想起了我父亲。在他离开我们之后，他总是给我打电话说他爱我，并告诉我他什么时候来接我，结果他却从未出现。我本来很期待，然后便意识到只有我还傻乎乎地以为自己对他来说很重要。这就是你迟到时给我的感觉。"萨拉把她的失望与渴望告诉蒂姆，而不再只是对他生气，这使得蒂姆看到萨拉的另一面，以及她的不安全感所在。他听到了更多东西，而双方也开始在情感上有了更深层的联结。

在对话 3"重返崎岖处"中，这对伴侣回顾了他们陷入"追-逃"循环的时刻，坦承了双方当时的行为和感受。他们现在已经能够控制双方互动模式所产生的影响。这会是什么样子呢？

萨拉：我们被困住了——在那个抗议之舞里。在我发觉
之前，我就听到自己威胁说要离开。但这一次，
我脑中有一部分在说，"我在做什么？我们在做
什么"。我们又陷入了那个困境。现在我明白了，
这种想得到他回应的渴望恰恰是爱一个人的体现。
我不必为此感觉糟糕。不过，光是谈论这种感受
就让我感到紧张。我开始害怕了。听上去他好像
又要食言，我们不能一起去度假了，我差点又失
去理智。然后我意识到了，说，"等等。我们又陷
入那个困境了。让我们先缓和下来"。那时他已
经离开了房间。（她转向蒂姆）所以我来找到你，
对你说，"嘿，我们陷入了抗议之舞。我感到很失
望，以为你不打算兑现承诺了"。（她笑了）

蒂姆：你说得对。我已经放弃了。但在我脑海的某个角
落，我还记得我们之前的对话。所以当你来找我
时，我真的松了一口气。然后我才能告诉你，我
确实想和你一起去度假。我们似乎能够跳出那个
不良互动模式，不再死死抓着对方，而是能够安
抚彼此。我记得你说，你很担心我会不打算放假
陪你去旅行而让你感到失望，这番话起了作用。
我不再会只听到你对我的愤怒，以及我是多么令
人失望了。

萨拉：我从来没想到我的愤怒会对你有这么大的影响。
事实上，我以为你完全不在乎。所以我变得绝望、
变得疯狂，因为我得不到你的回应。你和你的家
人告诉我，我应该成熟一点、自己处理这些事情，

这番话对我没有任何帮助。那个时刻，我反而感到更加孤独。

蒂姆：（伸手抚摸她）现在我知道了，但当时我不明白，所以我们总是陷入这个困境中——你感到受伤和孤独，而我感觉自己像个白痴。过去，我不明白我们之间到底出了什么问题，而我越是回避和忽视这个问题，情况就越是糟糕。苏老师（本书作者）说，这种现象相当常见。我猜我们从来没有太多地谈论过彼此的情感需求，以及我们需要从对方身上得到什么。

萨拉：问题就出在我们所陷入的互动模式，尽管你在亲密关系中有时候像个宇航员一样遥远，但变得亲近非常重要。（萨拉笑了。蒂姆点头承认她的观点，并回以微笑。）

现在，蒂姆和萨拉能做到联结稳固的伴侣才能做到的事情了。他们能够识别出并接收到对方发出的依恋信号与（因失去情感联结而发出的）依恋抗议。他们有一个安全的立足点，并能在此基础上开启新的对话，进而加深彼此的情感联结。

以上3种对话能够缓和紧张的关系，并为接下来的对话做铺垫，而后者能够进一步建立和加强既有的情感联结。

对话4"请抱紧我"是一种能够转换关系的对话。它能够使伴侣双方变得更加可接近、更有回应性、更加投入地关注彼此。而最后3种对话："创伤与宽恕""借由性与抚触建立联结""让爱情永葆生机"都需要以对话4中创造的亲密联结为基础。一旦伴侣们学会了如何运用对话4，他们就拥有了直面爱情风浪起伏和摆脱情感失联困境的良方。

"请抱紧我"是一种困难但令人陶醉的对话。在对话中锻造的情感纽带是许多伴侣即使是在初恋时也从未有过的（当时，他们的身体尚充满了令人激情迸发的激素）。它有点儿类似于亲子间那种喜悦的联结，只不过更加复杂、更需要相互回应，并且与性有关。随着这一对话的展开，伴侣们会以全新的方式看待彼此；他们会感受到新的情绪，并以新的方式回应彼此。他们现在愿意承担更多的风险，也能够获得更深的亲密体验。

让我们看看像蒂姆和萨拉这样的伴侣是如何在恰当的时机进行这种对话的。

现在，蒂姆已经能够告诉妻子，当他感到无法取悦她时，他会变得"抓狂而不知所措"。他以往会因此自我封闭，但他现在不想再这样做了。他还补充道："但是，我不知道怎样做才能够变得'亲密'。我甚至不确定亲密是什么样子。除了问萨拉是否想要发生性关系以外，我根本不知道怎么办。"

然而，情感回应是人固有的需求之一。当我问蒂姆他如何向女儿表达他有多爱她时，他的脸都亮了起来。"哦，我会对她低声耳语，抱着她，尤其是在晚上睡觉前，"他说，"当她对我微笑时，我会用一些短小的语句让她知道，见到她我多么高兴。她喜欢我一边亲吻她的脸颊一边告诉她，她永远是我的宝贝。我会陪她玩耍，在这些特殊的时刻，我的全部注意力都在她身上。"接着，蒂姆睁大了双眼，他知道我要说的了。"原来当你有安全感的时候，你是很善于表达爱与亲近的。事实上，你知道该如何去关注倾听你所爱之人的话语，也知道该如何温柔地回应对方、与她产生联结。"蒂姆微微笑了起来，露出不太确定但满怀希望的表情。然后，我们讨论了是什么阻碍了他用同样的方式回应妻子并温柔地对待她。他转向萨拉告诉她，他总是感到过于紧张和害怕，以至于无法与她一起享受乐趣、无法回应或倾听她。

这是蒂姆和萨拉关系中的一个关键性时刻。他停顿了一会儿，然后继续。"我知道我忽视了你，"他坦承，"我知道我让你失望了。我太想要在工作上向你证明我自己了。可每当我听到的都是你对我的生气，而完全不顾及我的努力时，我心如刀绞。我实在是难以承受，所以就封闭了自己的内心。但我其实希望我们在一起。我需要你。我希望你能给我一个机会，而不要再盯着我的失败不放，我想要听见你说我对你非常重要。我希望我们在一起。但有时候我真的不知道该怎么做才好。"萨拉瞪大了眼睛，皱着眉头哭了。

蒂姆变得可以接近了。他现在能够将自己的依恋需求和脆弱面告诉妻子。他变得在情感上投入了，这才是最重要的，而不仅仅是他具体说了什么。但是萨拉在一开始并不知道该如何回应蒂姆（这番话对她而言很陌生）。她可以相信他吗？蒂姆在极短的时间内就把他们关系的背景音乐从波尔卡⊖（抗议之舞）切换成了一种充满紧密联结的探戈。因此，萨拉退回到一种挑衅的口吻来测试蒂姆："当你说你'不知道'该怎么做的时候——你能保证以后不再立刻栽进工作，钻进你'知道'的事情里吗？"

渐渐地，随着蒂姆继续表达自己的需求，萨拉又逐渐看到了那个"她爱上的、一直想要的男人"。现在，轮到萨拉变换舞步、缓和自己愤怒的状态了。她可以告诉蒂姆，她害怕他"抛弃她"，并渴望得到他的保证。为了让她获得安全感，我鼓励她明确地说出她的需求。"这是一个很大的冒险，就好像我要从高处跳下，并

⊖　一种捷克民间舞蹈，节奏活泼跳跃。——编者注

希望你会接住我一样。"萨拉迟疑地说道，"我累积了太多的不信任。""你可以问我，"蒂姆低语道，"我就在这儿。"萨拉回答道："我需要你的保证。我需要你的关注。我需要知道我在你心中是第一位的，哪怕只是片刻也好。当我感到受伤或者害怕的时候，我需要你注意到并且回应我。你可以抱紧我吗？"蒂姆站起身，将萨拉拥入怀中。

通过观察成千上万对伴侣，我发现这就是促使伴侣关系转危为安、帮助伴侣们情系终生的关键时刻。正是在这些时刻，蒂姆和萨拉建立了相互信任和稳固的情感联结，而这也是我们所有人渴望的。

💬 扮演与练习

下面的问卷和练习将帮助你从情感依恋的角度来探讨你们的关系。

――――――――――― **A.R.E. 问卷** ―――――――――――

这份问卷是将本书中的智慧应用在你自己的关系中的一个绝佳方法。你只需要阅读以下每个陈述，同意就选"是"，不同意就选"否"。计分方式上，问卷中每个"是"都记一分。你可以独自完成这份问卷并反思你的亲密关系，也可以与你的伴侣分别完成，并按照问卷最后的描述一起讨论你们的答案。

对你而言，你的伴侣是可接近的吗？

（1）我很容易就能获得伴侣的注意。　是 / 否

（2）我的伴侣很容易与我产生情感联结。　是 / 否

（3）我的伴侣会让我知道：我在他 / 她心中是第一位的。　是 / 否

（4）在这段关系中，我不感到孤独或被排斥。　是 / 否

（5）我能够与伴侣分享我最深层次的感受，而他 / 她愿意倾听。
　是 / 否

对你而言，你的伴侣对你是有所回应的吗？

（1）如果我需要情感上的联结与安慰，他 / 她愿意陪在我身边。
　是 / 否

（2）当我释放我需要他 / 她的信号时，我的伴侣会给予我回应。
　是 / 否

（3）当我感到焦虑不安时，我发现我可以依靠我的伴侣。　是 / 否

（4）即使我们争吵或者意见不合，我依然知道我对我的伴侣来说
　很重要，也知道我们会找到一种方式和好。　是 / 否

（5）如果我想要知道自己在伴侣心中有多么重要，我能够得到他 /
　她的回应。　是 / 否

你们在情感上彼此积极投入吗？

（1）我能够非常舒服地接近和信任我的伴侣。　是 / 否

（2）我几乎可以向我的伴侣倾诉任何事情。　是 / 否

（3）即使我们分居两地，我也对我们之间的情感联结满怀信心。
　是 / 否

（4）我知道我的伴侣在意我的喜悦、伤痛和恐惧。　是 / 否

（5）我在关系中有足够的安全感，让我敢于冒险向我的伴侣暴露
　内心脆弱的情绪。　是 / 否

如果你的得分达到或超过 7 分，那么你已经在与伴侣建立安

全的情感联结上有所进展，并且可以应用书中的内容来加强这种联结。如果你的得分低于 7 分，那现在正是你该利用本书中的对话来加强你与爱人之间情感联结的时候了。

　　了解你与伴侣间的情感联结，并与伴侣分享你对此的感受，是创造你们所渴望的亲密关系的第一步。在可接近性、回应性和情感投入上，你的伴侣与你的看法一致吗？请记住，你的伴侣现在所谈论的是他目前在亲密关系中是否有安全感、是否感受到与你的情感联结，而不是在谈论你到底是不是一个完美的伴侣。你们可以轮流讨论问卷中对自己最积极、最重要的问题或答案。每题最好不要讨论超过 5 分钟。

　　现在，如果你感到舒适自在，可以试着去探索那些最让你感到有情绪困扰的问题或答案，并试着本着帮助伴侣注意到你的感受的原则来做这件事。如果你本身正陷入消极的情绪中，对方会很难做到理解你的感受，因此，请尽量避免对他的批评或指责。同样，这个谈话最好也不要超过 5 分钟。

探索你们的情感联结

　　相比使用问卷作答，你也许更习惯思考一般性的问题。那么，你可以简单地思考下列问题，也可以将答案写在日记本上，以加深对这些问题的探索。你也可以在某个时候与你的伴侣分享和讨论你的答案。

　　（1）蒂姆和萨拉的故事对你有意义吗？它是否让你感到似曾相识？哪一部分对你而言特别重要，你是如何理解这一点的？

　　（2）你的父母和生长环境给予了你哪些关于爱情或婚姻的理

解？能够接触和信任他人会被看作一种能力和资源吗？

（3）在现在这段感情之前，你是否曾与某个让你信任、亲近并且可以依靠的人有过一段安全、充满爱意的关系？你脑海中有关于这种关系的具体构想吗？这种构想有助于你建立现在的关系吗？请想一段最能体现这种关系的美好时光或者特别的时刻，并且与你的伴侣分享。

（4）你过去的关系是否让你觉得所爱之人并不可靠，而你必须保持警惕，并以争吵的方式去获得对方的关注与回应？你是否觉得依赖他人是危险的，最好与他们保持距离，避免自己依赖他人与步入亲密关系？当我们感到伴侣与我们疏离或断开了与我们的情感联结时，我们通常会采用这些基本的策略。在过去，当关系（例如与父母的关系）开始出现问题时，你使用过哪种策略？

（5）有没有一个时刻，你真的很需要有一个所爱之人在你身边？如果他不在身边，你会是什么样的感受？你从这段经历中学到了什么？你当时是如何应对的？那段经历对你现在的关系有影响吗？

（6）如果你很难求助和信任他人并在你真正需要的时候让他们亲近自己，那么当生活变得无比艰难或当你感到孤单时，你会怎么做？

（7）如果你有一个能给你安全感、可接近、愿意回应你、积极投入情感的伴侣，请具体明确地列出两件对方在特殊的日子里会为你做的事情，以及这些事情会带给你怎样的感受。

（8）在你现在的亲密关系中，当你需要亲密和安慰时，你会告诉你的伴侣来让他知晓吗？这件事对你而言是否容易做到？也许你会担心这是否是一种软弱的表现，或是对你而言太过冒险？

请用 1 到 10 分评价做这件事的难度，分数越高即表示越难。请与你的伴侣分享。

（9）当你在目前的亲密关系中感到失去联结或孤单时，你会不会变得非常情绪化，甚至焦躁不安，并迫使你的伴侣回应你？还是你更倾向于封闭自己，试图不去感受你的亲密需求？你能回想起这种情况发生的时刻吗？

（10）回想一下，在你的亲密关系中有没有过这样的经历——"你会在那儿陪着我吗"这样的问题悬而未决，最后你们为了琐事而大动肝火？请与你的伴侣分享。

（11）在你的亲密关系中，是否有过感到心连心的时刻？在这个时刻，当其中一方伸出手时，另一方会以一种让双方都感到情感紧密联结、有安全感的方式予以回应？请与你的伴侣分享。

现在你已经大概了解了爱的含义，以及"积极依恋"是如何产生的。在后续篇章中，你将会从这些转化关系的对话中学会如何与伴侣创建这类积极的情感联结。对话 1～4 将会告诉你如何遏制不良的互动模式，以避免你们在情感上断开联结，同时也会告诉你如何以一种能够建立持久情感回应性的方式相互理解。对话 5 和对话 6 将告诉你如何借由宽恕创伤和抚触的亲密来增进彼此的情感联结。最后一种对话（对话 7）则向你展示了如何在日常生活中经营你们的关系。

HOLD ME
TIGHT

第二部分

7 种转变关系的对话

第 4 章

对话 1：识别魔鬼式对话

争吵总比孤单好。

——爱尔兰谚语

对于我们所有人来说，世界上我们最爱的那个人，能让我们欣喜若狂、宛若飞仙，也能让我们重重摔回地面。只要他轻轻扭过头，或者说一句轻率敷衍的话，就能达到这个效果。如果两人之间缺乏这种敏感度，就没有亲密性可言。如果我们与伴侣的联结是安全而稳固的，我们就能应对这些敏感脆弱的时刻。事实上，我们反而可以利用这些机会进一步拉近彼此的距离。但是，如果两人之间的情感联结不够安全稳固，这些时刻就会像干燥树林里的火星，在两人的关系中点燃燎原大火。

我在与吉姆和帕姆进行咨询的前 3 分钟，就发生了这样的爆炸性会话，这对结婚多年的夫妇，目前正处于感情低谷期，尽管他们仍会注意到对方的可人之处。在之前的几次咨询中，吉姆不止一次告诉我，帕姆的一头金发和蓝眼睛"令他着迷"，而帕姆也经常提到吉姆是个好丈夫、好爸爸，甚至还说他长得"有点儿"帅气。

这场咨询一开始很正常。帕姆说，她和吉姆这周相处愉快，她也决定试着给吉姆更多安慰，尤其是当她看到他处于较大的工作压力下时。她还说，如果他需要精神上的支持，希望吉姆能告诉她。吉姆哼了一声，翻了翻白眼，然后把椅子转开背向了妻子。我发誓在那一刻，我仿佛感受到一股灼人的热浪从咨询室席卷而过。

帕姆破口大骂："你那可笑的表情到底是什么意思？在这段关系中，为了扮演支持的角色，我比你付出了更多的努力，你这个自以为是的混蛋。我在这里表达支持你，你却宁愿一如既往，表现得高高在上。"吉姆反击道："看看你大吼大叫的样子。我永远不会向你寻求支持，原因就在这里，你只会指责我，多年来都是这样。这就是我们陷入这种混乱的原因。"

我试着让他们冷静下来，但他们吵得太大声了，根本听不见我的声音。直到后来，我说这次互动开始于帕姆积极的态度以及表达爱意，这让我感到有点儿遗憾，他们才终于停止争吵。然后，帕姆失声痛哭，吉姆则闭上眼睛叹了口气，说："我们每次都是这样。"他说得没错，这就是他们可以着手改变关系的第一步：发现固定的互动模式，将注意力放在整个过程而不是某一次争吵上。

当两人缺乏安全感时，通常会被三种基本的互动模式所困——我称之为魔鬼式对话。其中，"揪出坏蛋"是一种陷入死循环的相互指责模式——不仅会拉开两人距离，而且会阻碍感情的修复和安全感的培养。伴侣们犹如隔着一臂之遥来跳舞，这就是吉姆和帕姆因关系紧张，而陷入互相指责的状态。很多伴侣都会暂时陷入这种状态，但时间不会维持太久。因为对多数伴侣而言，"揪出坏蛋"只是前奏。接下来还有一种最普遍又难缠的痛苦互动模式，婚姻专家将之命名为"要求－退缩"（demand-withdraw）或"批评－防御"（criticize-defend）。我则称之为"抗议之舞"，因为每个人在感情关系中都需要安全感，我认为这种互动模式是对失去安全感所做出的"反应"，更贴切的说法是"抗议"。第三种互动模式名为"冻结与逃离"，有时在情绪聚焦疗法中也会称之为"退缩再退缩"（withdraw-withdraw）。这种情形通常发生在两人的"抗议之舞"进行了一段时间之后，当事人因为感到绝望而开始放弃，并将自己的情绪与需求深锁，只剩下麻木与疏远。换句话说，双方都为了逃避伤心与绝望而退缩。如果用舞蹈的术语来说，就是舞池里突然空无一人，两人都退到场外去了。这是所有互动模式中最危险的一种。

在感情生活中，我们都难免会陷入这些负面的互动模式中，无论是其中一种还是全部。对某些伴侣而言，如果他们的感情稳固，这种互动模式虽然危险却也短暂；但对感情较不稳定的伴侣而言，这种互动就会变成习惯。经过一段时间之后，只要其中一人态度稍微不好，就足以引发魔鬼式对话。到最后，这种有害的模式会变得根深蒂固、永久存在，并彻底破坏两人的关系，阻碍情感重建与修复的一切可能。

一旦失去安全感和伴侣的回应，我们就只有两种途径可以保护自己，维持我们与对方的联结：第一种是避免投入感情，也就是试着麻痹自己的感情，压抑并否定自己的依恋需求；第二种则是听由自己的焦虑，争取对方的关注与反应。

当两人感觉有距离时，到底会选择苛求与指责还是退缩与封闭策略，会部分反映我们的特质，但绝大部分取决于我们以往在一些重要依恋关系中学到的经验。此外，由于我们会从每一段新关系中学到不同的经验，所以策略模式也不会固定，我们可能在这段感情中吹毛求疵，却在另一段感情中选择退缩。

　　在咨询过程中，如果我不介入吉姆和帕姆的互动，他们很可能会把 3 种魔鬼式对话都演练一遍，经历崩溃、筋疲力尽、彼此疏远、感到绝望，然后再回到他们最熟悉的那种对话。最后，他们一定会对这段感情关系做出指责性批判。这种批判不但会扰乱两人未来的互动，还会削弱彼此的信任。每次他们这么做，又找不到获得安全感的途径时，关系就会更加脆弱。这就是他们目前的状况，而我们在咨询中能做的，只是稍微让情况缓和罢了。吉姆和帕姆都希望我能解决问题，但在他们看来，该解决的当然是对方的问题。于是争吵只暂停了 30 秒，他们又开始跳进"揪出坏蛋"的互动模式。

魔鬼式对话 1：揪出坏蛋

　　"揪出坏蛋"模式的目的是自我保护，但主要行为是互相攻击、指控或责备。这种互动模式的导火线来自遭到伤害、感到脆弱以及情绪突然失控，顿失安全感。当我们受到惊吓时，会用尽一切办法找回控制权。为了达到这个目的，我们可能把对方想得很坏，认为他一无是处。我们也可能在被激怒时攻击对方，或是干脆先发制人。

　　其实我们大可以将"揪出坏蛋"称为"都是你的错，跟我没关系"。当人们感到无路可逃，被恐惧淹没时，会倾向于只看到事情表面并按照当时的情况采取行动。我可以看到并感受到你对我做了什么，但比较难看到我的反应对你造成的影响。通常我们会把焦点放在单一行为以及"你如何对不起我"，而不是事情的全貌上。经过一段时间后，这些行为和模式就会成为固定的习惯。

一旦陷入负面的互动模式，我们就会预期并等待它出现，甚至在自认为它就要发生的时候提前做出反应；而这么做当然只会强化这种模式。就像帕姆所说："我已经不知道会先面对什么了。反正我就等着他挖苦我，并且把'枪'准备好。也许有时候他并不是针对我，但我一样会扣下扳机！"如果一直认为自己必定会受伤害，我们就会隔绝一切可能摆脱此负面模式的出口。在伴侣身边无法放松，当然也不可能与对方沟通感情，更无法说真心话。于是彼此的互动受到局限，感情便日趋僵化。

吉姆说："在这段感情中我已经不知该如何自处。如果不自我麻痹就会被气得半死，我已经感受不到任何情绪了。我的感情世界变得又小又窄，只顾着一味保护自己。"这种反应在男性中尤其普遍。很多伴侣第一次来找我的时候，如果我问："现在你看到太太哭有什么感觉？"他们都会很快地回答："不知道。"人们在攻击或反击的时候，会尝试将自我感受搁置。结果就是过了一段时间，自我感受就完全找不回来了。在亲密关系的领域中，如果没有情绪作为指南针，我们一定会失去方向。

我们对这段感情越来越不满足，越来越缺乏安全感，我们对伴侣也越来越漠不关心，甚至认为对方有缺陷。因此吉姆说："我一直想起我母亲曾经说的，帕姆还不够成熟、不适合我。经过这些争吵，我开始觉得母亲说得对。你怎么能和一个如此强势的人维持关系？根本不可能。也许对我们双方来说放弃更好一些，虽然这对孩子来说会很难适应。"

　　如果伴侣间互动的常态是充满爱意的，而"揪出坏蛋"模式只是偶然发生，那么他们冷静之后还能主动和好。有时他们会发现自己伤害了对方并因此道歉，甚至还会对彼此说过的"蠢话"付之一笑。我记得自己曾对丈夫约翰吼道："你这个加拿大来的大男人！"说完后哈哈大笑，因为我说得一点儿也没错！然而，我们提到的那些互动模式一旦根深蒂固，变成习惯，就会形成一种强大的循环。你攻击得越多，给我的威胁感就越大；我越是防备你，反击也会越厉害。如此你来我往，循环往复。伴侣如果要建立真实的信任感与安全感，必须首先停止这种恶性的互动模式。停止的秘诀，就在于认清没有人是"坏蛋"。只有互相指控模式本身，才是罪魁祸首，而伴侣双方都是受害者。

　　让我们再看一遍吉姆和帕姆的"揪出坏蛋"式互动，并观察他们可以运用哪些简单的技巧和不同的反应方式来摆脱这种恶性循环。

　　帕姆：我不想坐在这里听你说我有多么不可理喻。对你而言，我们之间所有的问题都是我的错！

　　吉姆：我从来没有那么说过。你总是言过其实。你看事情太负面了。就像那天，我朋友到家里来，原本一切都好好的，直到后来你转过头说……

　　吉姆正沿着我称之为"争吵内容的导管"（content tube）向下滑。为了证明自己没错，两人不断举出对方做错的细节，还为了这些细节的"真实性"，以及谁是"肇事者"而争论不休。为了帮助他们发现彼此的魔鬼式对话，我提出如下建议：

- 聚焦于当下，专注于彼此之间正在发生的事情。
- 观察两人相互批评的"怪圈"，找出他们绕着什么话题循环，其实循环本身并没有真正的"起点"（即没有谁是真正引起问题的"肇事者"）。
- 将两人争论不休的互动模式视为共同的敌人。想一想，如果不打破这种模式，会有什么后果？

以下是后来的情况：

吉姆：没错，我们确实都被那种互动模式所困，但是我从没真正发现这一点。我知道自己总是按捺不住脾气，久而久之，我会为了激怒她而口不择言。

苏：是啊！想要吵赢并证明对方是罪魁祸首的欲望实在太大。但实际上并没有获胜的一方，两个人都是输家。

帕姆：我不想吵架。这样很难受。你说得没错，这种互动模式会破坏我们的关系，使我们越来越不信任对方。谁对谁错，这真的重要吗？它只会让我们越来越不快乐。我想我一直陷入批评"循环"是为了让他知道我不会被他打败，我想让他感觉比我矮一截。

苏：是的。那么吉姆你知道自己都在做什么吗？（他摇了摇头）刚才，你说，"我不会去找你，我不相信你，因为你有时让我有威胁感"。我记得你还控诉说，她才是麻烦所在。对吗？

吉姆：没错。就像我会对她说，"你伤害不了我"。然后再说贬低她的话。

苏：像这样的争吵之后，你们各自离去，感觉更加挫
　　败与孤单，对吗？

吉姆：对。这些所谓的转圈、循环、互动，无论它是什
　　么，我们就是被它困住了，这我明白。但要怎么
　　摆脱它，那才是重点。我们现在讨论的情况中，
　　其实我从没对她说过什么，她才是这个循环的始
　　作俑者！

苏：（我挑了挑眉毛，他不再说话）首先，你必须察觉
　　这个互动循环的模式并真正了解到，证明对方有
　　错，只会让彼此的距离越来越远。想要成为"赢
　　家"、迫使对方认输的欲望，只是这个互动循环中
　　的一部分。认清这点后，你才能在发生这种互动
　　的时候制止它，而不是变得越来越刻薄，或是没
　　完没了地寻找各种例证。如果你们愿意，可以联
　　合起来抵抗这个掌控你们关系的"敌人"。

吉姆：（看着他的妻子）所以，现在我不想再掉进互相攻
　　击的模式。我们确实被困在这种互动循环之中。
　　也许我们可以把它称为"这糟糕的循环是什么玩
　　意儿"（两人大笑）。这个循环正在伤害我们。现
　　在就让我们来制止它。你刚才说愿意支持我，而
　　我怎么能指责你大呼小叫呢？我确实需要你更多
　　的支持！

帕姆：是的，如果我们能够停下来说，"嘿，我们又掉进
　　那个循环里了。别再火上浇油，互相伤害了"，我
　　想我们可以成为更好的朋友，甚至更进一步，或
　　许还能恢复到从前那样（她红了眼眶）。

帕姆说得没错，停止"揪出坏蛋"的确是化敌为友的方法。然而，伴侣之间需要的，不仅仅是友谊。因此，控制相互攻击的模式只是第一步，我们仍需要继续审视那些使我们困于爱情关系当中的其他问题。但是，你可以先试试下面的练习。

♥ 扮演与练习

当你和伴侣都陷入想要吵赢的模式时，你们之间会有什么样的互动？下面这些题目和提示，可以帮助你思考这个问题。你可以仔细思考，写下你的回答，大声念出来，当然，还要和你的伴侣一起分享。

我们大多数人都善于责怪别人。早在伊甸园里，亚当和夏娃就互相归罪于对方。两个人都对上帝说："这不是我的错。他/她才是坏蛋。"现代作家弗兰克·迈考特（Frank McCourt）在《教书匠》（*Teacher-Man*⊖）一书中提到，想要刺激学生写作其实不难，只要让他们填写请假单、解释为什么没交作业就行了；学生都很聪明，知道如何推卸责任并为自己的懒惰编造理由。因此，请你回想一下，自己是否曾经明显犯过某个小错误。

例如，我曾经到朋友家吃晚饭，结果在帮忙的时候把主菜打翻在厨房地板上。现在请你想想自己在犯错时的反应，再想出 4 种推卸责任的方式。（比如，她都没告诉我这盘子这么重！）请留意自己多么善于怪罪别人。对于你的指责，请想出 3 种你朋友可能出现的消极反应。事情将如何演变？你们会不会进入一个负面

⊖ 原文中的书名是 *Teacher*，核实该作者已出版的书后，改为 *Teacher Man*。——编者注

互动循环？

现在，请回忆发生在你们伴侣身上的类似事件。为了"吵赢"伴侣，你用了什么方法来证明自己没错？你是如何指责伴侣的？当感觉自己被逼到墙角时，你通常用什么方法来反击？

你能描绘出那个让你们彼此恶意批评、互贴标签、困于其中的怪圈吗？你们如何看待对方？你们如何伤害并激怒对方？有谁成为"赢家"？（答案可能是"没有人"！）

在你们为了"揪出坏蛋"而争吵之后，发生了什么呢？你对自己、对伴侣以及你们之间的感情作何感想？你们能回过头去，谈谈那一场争吵并且安慰彼此吗？如果不能，你又如何处理双方失去安全感的问题？如果当时你能开口说出"我们又开始互贴标签、想要证明对方才是罪魁祸首了。如果继续这种互动模式，只会让我们伤得更重，让我们打破这个怪圈吧。或许我们可以谈谈刚才发生了什么，而不去追究谁对谁错"，那么，事情又会怎样发展呢？

魔鬼式对话 2：抗议之舞

"抗议之舞"是情感关系中最普遍也最难摆脱的对话模式。美国华盛顿大学心理学家约翰·戈特曼的研究显示，很多婚后不久便落入这种模式的伴侣，婚姻关系维持不足 5 年，而有些人则长年陷于这种困境之中。这种"永无止境"的特性有其逻辑，因为"抗议之舞"的主要行为能够制造出稳定的互动回路，一个动作出现，就会立刻唤起并加强下一个动作。有人进（即使是负面的方式），就有人退，于是动作不断重复；又因为隐藏于这种对话背后的是世界上最强烈的情感与需求，所以这种互动才会如此持久。世界上只有情感关系这种联结，能让人渴望得到对方的任何回应，无论是好是坏。如果我们无法从所爱之人那里得到情感回应，自然就会抗议。"抗议之舞"的目的就是争取回应，一种彼此联结又能获得依靠的回应。

然而，伴侣们却难以识别这种模式。因为"抗议之舞"这个模式比较微妙，不像"揪出坏蛋"互相攻击的模式那么明显。对于两人之间情感失联的问题，其中一方不断提出要求和抗议；另一方则不断退缩，默默抗议对方言外之意中的指责。于是，两人在得不到满足，接收不到对方"信号"的情况下，通常都会抱怨双方沟通不畅或长期关系紧张的问题。

让我们来观察伴侣之间如何以"抗议之舞"的模式对话。

米娅和肯坐在我的咨询室里，他们是一对年轻的伴侣。我问他们："我想知道问题出在哪里？你们在一起已经 6 年了，而且都说爱着对方不想分开，那么你们希望对双方关系做出什么改变？"

米娅是一位身材娇小、皮肤黝黑、神情紧绷的女士，她双眼直盯着丈夫肯——一位身材高大、容貌帅气的男士。他保持着安静，看起来像是被脚下的地毯吸引住了。米娅撅起嘴唇，叹口气望着我，又看向丈夫，咬牙切齿地说："问题就出在他身上。他有话从不明说，我已经受够了！他的沉默让我气到发狂。在我们之间，我一直是那个承受重担的人，所有的事都得我来做，而且越做越多。如果我不做……"她摊开双手表示放弃。肯深深叹了一口气，然后望向墙壁。我喜欢这种清晰的呈现——眼前的情形很明显，两人抗议的模式如此清晰可辨。

从这两个人当时给我的印象，我可以识别他们在这段紧张关系中各自扮演的基本角色。米娅使劲地敲着门，为她感受到的疏远距离发出抗议，而肯则用力抵住门，不愿意打开。米娅告诉我，她曾经离开肯两次，但因为他打电话求她回来又让步返回。肯说，他不明白到底发生了什么，但对于他们的状况感到很绝望。他告诉我，他心里已经认定这个状况要么是他的错（也许他根本不适合结婚），要么就是他和米娅不适合在一起生活。无论是哪个答案，他都不确定是否还有必要来找我咨询。他们之前已经尝试过心理咨询了。

我问他们是否会争吵，肯说他们几乎不会真正地吵架。他们没有陷入"揪出坏蛋"的模式。但是曾有几次，米娅说要离开，肯会说："随你吧。"那种感觉很不好。他又告诉我说，她会试着"训练"他。说这句话时，肯不自在地笑了笑。

米娅和肯告诉了我一个故事。如果你问大多数伴侣，他们都会告诉你一个影响关系的重大事件，一个捕捉了他们情感联结本质精髓的瞬间。如果这些瞬间很美好，他们就会在结婚纪念日或温存时光拿出来谈；如果事件不好，他们就会冥思苦想，试着了解这件事对他们的关系意味着什么。

> 肯：我想尽办法让她开心。我希望她跟我在一起时能够快乐，但事与愿违。那天她真的很想去参加一个舞会，于是我同意了。但是到了那里，事情却完全偏离意愿。
>
> 米娅：那是因为你不肯跳舞！你先是不愿意踏进舞池，进了舞池之后，却又站着不动。
>
> 苏：那你当时是怎么做的，米娅？
>
> 米娅：我把他拉进舞池，试着带他四处走动，教他如何

跳舞!

肯：（摇头）你实际上弯下腰，然后开始挪动我的脚。所以我很生气，离开了舞池。

米娅：如果我不那么做，他就不会有任何动作。我们之间的关系也是这样。如果我不去努力，我们的关系就不会有任何进展。（她转向我）他就是不肯承担自己的责任。

苏：所以这才是你们之间的问题，它不止发生在这一次舞会中。你们的互动模式就是，你希望肯回应你，肯却静止不动，沉默以对，你听不到他的回应。这让你觉得失落，对彼此的感情没有把握，对吧？

米娅：对。我总是听不到他的声音，他说话常常含糊不清。有一次，我试着让他说话清楚一点，结果他完全不跟我说话了！

肯：我有时是说话不清楚。但我在高速公路上开车时，你却对着我大喊大叫，要求我吐字清晰，而且越喊越大声！

苏：米娅，听起来你好像成了舞蹈老师，一直指挥肯的动作与说话方式。而你那么做是因为害怕肯会疏远你，担心你们之间的关系会终止。（她用力地点头）你一直等待肯来找你建立情感联结，而当他没有这么做的时候，你觉得非常孤单。于是你试图解决问题，想教他如何回应你。但这么做变得有点儿咄咄逼人，甚至吹毛求疵。接着，肯听到自己又搞砸了，说话的方式不对，跳舞的方式也不对，就更不想去做那些事了，对吗？

肯：没错，我整个人都僵住了，好像做什么都不对。她甚至讨厌我吃东西的样子。

苏：原来如此。肯，你越是僵住不动，我猜米娅就越想指挥你。

米娅：我感到很受挫。没错，我戳他、推他，但我做这些都是为了得到他的回应，任何回应都可以。

苏：没错，所以让我们继续追踪这个线索。你刺激肯，而他僵住不动，而且反应越来越少。你封闭了自己，肯？（他点头）而你越是封闭自己，米娅就越觉得自己被拒绝，越是刺激你。这是一个永无止境的循环，而且已经控制了你们的关系。肯，当你觉得"僵住"的时候，那是一种什么感受？

肯：我害怕去做任何事，有点像是瘫痪。我做什么都是错的，那就干脆越做越少。最后我躲进一个"壳"里去了。

米娅：然后我觉得好孤单。我用尽各种办法，只是想从他身上得到一点儿反应。

苏：是的。这个循环确实已经掌控了你们的关系。一个人僵住不动，觉得自己动弹不得，然后封闭了自己；另一个人则觉得自己遭到拒绝，为了得到回应，越发刺激对方。

米娅：这种情况对我们两个人都不好。那么我们应该如何停止这种互动循环？

苏：其实，我们已经开始在解决这个问题了。只是目前这些行为步骤，对你们而言就像呼吸一样自然，你们甚至都没有注意到自己又在使用它们。你们需要清楚地知道，这个循环如何在你们的关系当中铺设了一个雷区，导致你们在一起却无法得到安全感。如果我是肯，也会故意说话含糊不清，免得说错话。如果我是米娅，也会刺激对方，因为我在内心深处发出呼唤，"请带我去跳舞，请过来陪伴我"。

米娅：那的确是我的感受。我的目的就是要靠近他，但我也知道我的做法让人觉得不舒服，我感到很受挫。

肯：所以我们被困在这种状况中，不是我们之间有什么问题？这也不代表我们不适合对方？

苏：没错。很多人陷入这种困境是因为找不到方法让彼此获得安全感，建立情感联结。我的看法是，你对米娅来说太重要，所以她不能眼睁睁等着失去你，或是看着你转身离开。而你之所以封闭自己，是因为太担心做"错"事，让她失望，搞砸你们的关系。俗话说，当你疑惑时，一动不如一静，但是这个建议用在情感关系中实在很糟糕。问题是，你们能否互相帮助，一起打断这个"循环"？能否及时发现两人正陷入其中，并一起采取行动，挽回彼此的关系？

肯：我们或许能做到！

在随后的咨询过程中，肯和米娅反复检视彼此的"抗议之舞"。他们发现，每当其中一人为了得到情感联结而发出抗议时，就会出现这种所谓的"循环"。其实，每对伴侣都会遇到其中一人不满意、发出抗议的时候，但如果两人的情感联结稳固，这类事件会被抵消，甚至成为增进感情的跳板。

例如，在良好的婚姻状况下，每当米娅觉得自己和肯之间有距离时，她仍然会提出抗议，但不会那么激烈。因为她对彼此的情感联结不那么担心，所以表达方式就会更温和、更明确。另一方面，肯也会比较容易接受并回应米娅的抗议，把她的痛苦或失望当成她需要和他亲近的信号，而不是针对他或是他们关系的批判。

然而，如果情感联结不稳定，"抗议之舞"就会加速旋转，制造更大的压力，带来更多伤害，最终让双方根本无法解决问题，或是沟通清楚任何事情。于是两人就会越来越痛苦，关系也越来越疏远。不过，必须要说明的是，没有任何一段关系会一直充斥着我所说的这种破坏性模式。两人之间仍然会有亲密的时刻，只是发生频率或力量不足以抵挡"抗议之舞"所造成的伤害，或是这种亲密方式并不符合其中一方的期待。例如，发生冲突时逃避退缩的男性，仍会主动向对方寻求身体上的亲近，然而对多数女性而言，身体上的亲近并不能完全满足她们的依恋需求。

多年来，由于受到误导，心理咨询师通常会从争吵及权力斗争的角度来看待这类互动模式，并试图通过传授解决问题的技巧来化解冲突。这就如同给病毒性肺炎病人提供纸巾当作解药一样，忽略了这种互动模式背后所隐藏的"热切"的依恋需求问题。从情感依恋的观点来看，问题的关键不在于冲突或停止冲突，而在于情感上的距离感。肯这种木然、缺乏回应的做法，正是科学文献称为"筑墙"（stonewalling）的行为，这种行为会引发妻子内心的愤怒与攻击。对灵长类动物而言，如果你所依赖的爱人表现得就像你不存在一样，那么你就会本能地发起攻击。婴儿或幼猴为了博得关注会攻击"筑墙"的母亲，如果得不到回应，"致命的"的孤立感、失落感以及无助感都会随之而来。

上述案例只是"抗议之舞"的一个例子，并非每对采取疏远、防御姿态的伴侣都会像肯那样提到"僵住"的问题。但我发现，无论是攻击的一方还是疏远的另一方，在形容他们的体验时，都会使用一些特定的叙述。让我们听听他们的故事，也许你会从中找到自己所惯用的模式和行为。

采用和米娅相同策略的伴侣通常会使用下列说辞。

- "我的心已经碎了，我常常泪流不止。在这段感情中，我有时觉得自己好像快要死了。"
- "这些日子以来，他总是忙个不停，心不在焉。即使在家里，他也总是待在电脑或电视机前。我们看起来像是生活在遥远的两个星球上，我被关在他的世界之外。"
- "有时我觉得身处这段感情，比我单身时还要寂寞。与其两个人住在一起，心却咫尺天涯，倒不如自己一个人过，似乎还更容易一些。"
- "那段时间我是多么地需要他，他却离我好远。我觉得他根本就不在乎我，我的感受不重要，他对我完全置之不理。"
- "我们似乎只是室友，关系再也不可能变得那么亲密了。"
- "我很生气！他好像根本不在乎，所以我扇了他一耳光，我确实这么做了。我只是想得到他的回应，任何回应都行。"
- "我不确定他是否还在乎我。在他眼中，我好像是个透明人，我不知道如何才能接近他。"
- "如果不是我一直逼他，我们之间永远不会亲近，永远不会了。"

仔细检视这些说辞，你会发现无数和依恋需求有关的主题：感觉不到对方的重视或珍惜；用生死离别来形容情感分离的感受；未被接纳和感到孤单；需要对方时感觉被抛弃，或者无法依靠对方；渴望情感联结，并因为对方鲜少回应而感到生气；感觉你所爱的人只是个朋友或室友。

如果鼓励这种类型的伴侣不去关注对方的过错，转而集中注意力在两人的负面互动上，并只是形容自己的做法，他们通常会使用下列动词：催促、拉扯、打击、攻击、批评、抱怨、施压、爆发、喊叫、刺激、试图亲近以及掌控。人们在跳舞时，有时很难看见自己的舞步。每当此时，在我们陷入"追逐与抗议"（pursuit and protest）的模式时，多数人只会提到自己感觉如何受挫、愤怒或沮丧，这些情绪正如伴侣所见。然而，它们只是"抗议之舞"最初期、最表层的现象。

采取和肯相同策略的伴侣通常会使用下列说辞。

- "无论我做什么她都不满意，所以我只好放弃。这一切看起来完全没有希望。"
- "我已经麻木了，不知道自己该有什么感觉，所以我只好僵住不动，保持距离。"
- "我觉得自己好像有缺陷，是个失败的丈夫；这些感觉把我困住，无法动弹。"
- "我封闭自己，等待她冷静下来。我努力让一切保持原样，不要把事情搞砸；这就是我维护感情的方法——避免打破平衡。"
- "我躲进自己的壳里，那里很安全。""我躲在自己筑起的墙壁后边。""我试着把她所有愤怒的批评关在门外。那种感觉就好像我是被告席上的囚犯，而她是法官。"

- "在这段关系中，我觉得自己很卑微、很没用。所以我就沉迷于电脑、工作和嗜好中。在工作中我还能受到重视，但在她眼里，我根本什么都不是。"

- "我对她并不重要，在她的优先级排列顺序中，我几乎排在最后。孩子、房子以及她的家人都排在前面，就连我们家的狗都排我前面！我的功能只是赚钱回家。所以我觉得很空虚。我不确定我们之间的爱到底还在不在。"

- "我不觉得自己像她那么需要别人。我也不太需要别人的支持。我一直被教导说，太需要别人是一种软弱、幼稚的表现。因此我尽量不麻烦别人，只是默默走开。"

- "我不知道她在说什么，我们之间挺好的。婚姻本来就是这样，两个人的关系会慢慢变淡，成为朋友。事实上，我不太理解她所谓的'亲近'是什么意思。"

- "我尝试用明确的方法排除困难，努力解决问题。我使用了各种方法，但都没什么用，那不是她想要的，我不知道她想要什么。"

这些叙述同样也包含了一些要点：无助感和缺乏行动的信心；借由拒绝沟通和麻痹自我来应对负面的情绪；认为自己是个失败、无能的伴侣；感觉自己受到对方的批判和否定；不愿意承认两人之间存在问题，否认自己有依恋需求；竭尽所能地避开对方的愤怒与否定；运用理性解决问题的方式来逃避情感的交流。

在描述自己的做法时，像肯这种类型的伴侣通常会使用下列措辞：走开、关闭、麻痹、屏蔽情绪、躲避、发呆、试着保持理智和解决问题。就情绪而言，他们最常谈到的是沮丧、麻木、没有感受，或是无助感和挫折感。然而他们的伴侣通常看到的，只是没有感情的回应。

性别也是其中的关键因素，虽然男女所扮演的角色会因为文化与每对伴侣情况不同而有所差异。但在我们的社会中，女性在两性关系中常常扮演照顾者的角色。她们通常比丈夫更快感受到彼此的距离感，对情感的依恋需求也更敏感。所以在互动中，她们常常扮演的是更多要求、更多责备的一方。反观男性，在社会观念的教导下，他们已经学会压抑自己的情绪反应与需求，同时，他们也被教育要成为解决问题的人，这会导致他们常常扮演退缩逃避的角色。

假如我请求你与我建立情感联结，而你不直接回应我，反而用理性的方式去解决问题，那么就依恋需求而言，我会觉得你并没有回应。这就是为什么社会支持的相关研究一致认为，人们要的是"间接"的支持，即从伴侣身上得到情感认同与关怀，而不是理性的建议。男性通常会声称不知道如何在情感上回应；其实他们是知道的！只要他们拥有安全感时，就能做到，而那通常是和儿女在一起的时候。令人悲哀的是，尽管一个男人为了解决妻子的烦恼，竭尽所能地提供意见与方法，却不明白对方真正要的是情感投入。他的投入与认同，才是她要的解决方案。

不论男女，都被反复灌输了许多让他们困在"抗议之舞"中的社会观念，其中最具破坏性的观念是，一个健康成熟的成年人不应该渴望情感的联结，也没有权利获得这种关怀。我的来访者告诉我："我就是没办法告诉他，我觉得自己很卑微，需要他的怀抱。要知道，我又不是小孩子。"或是"我没办法要求他把我的需求排在首位，哪怕只是偶尔为之。我不会这么说，因为我觉得自己没有权利这么做，我也不应该有那种需求。"如果我们不能识别并接纳自己的依恋需求，就不可能在有急迫需求时，明确地传达这个信息给别人。"抗议之舞"会持续，就是因为沟通信息模糊不清。"你为什么不能跟我多说些话？难道你对我无话可说？"说这种话很容易，难的是敞开心扉并要求对方满足我们对情感联结的渴望。

"抗议之舞"并非伴侣之间独有，只要是拥有亲密情感关系的人都会有这种行为，例如父母和孩子之间、兄弟姐妹之间。有时我们更容易发现自己和兄弟姐妹或孩子之间的这种互动，而如果换成伴侣则比较难以察觉。莫非和伴侣以外的人相处时，情感脆弱的那部分不那么明显？正处于青春期的儿子，每次迟到被我唠叨时，他就会叹气并对我置之不理。我常自问，为什么即使我们母子的情感联结还不错，他仍会把我逼疯，让我忍不住严厉地责备他？答案很简单：我突然听见一个充满依恋意义的信息——当他对我翻着白眼，口气轻蔑时，我听到的是他不把我的担心与意见放在眼里，好像我对他而言无关紧要。于是我提高音量，说他的不是；他则避开我，再度忽视我。结果我们各自走开，"抗议之舞"仍在继续。但我突然识别出这种模式，于是我退到一旁，并邀请他观察我们的互动。我说："等等！现在是什么情况？我们正在为一件愚蠢的事吵得不可开交，结果两个人都觉得很受伤。"这就是停止"抗议之舞"的第一步：识别它的互动模式。

20 年来，我观察伴侣们摆脱这种模式并恢复关系，我到底从中学到些什么？我的来访者教会了我许多事情。

第一，我学到必须从整体上识别这个模式。你必须看出你们二人如何重复这个互动模式，以及这个模式如何反映出两人之间的关系，而不仅仅是吵架内容。你必须看见全部的互动过程。如果只是专注于特定行为，尤其是对方的行为，像是"喂！你刚才攻击我了"，那么你会迷失于其中，因此必须退后一步，才能看到整体的互动过程。

第二，伴侣必须知道彼此的行为会如何将对方扯进该互动模式中，不但自己受困，还无意间使得对方受困。假如我攻击你，就等于刺激你进行防御与辩解；无意之间，我让你很难敞开心扉回应。假如我保持冷漠并且疏远你，就等于任由你孤单寂寞，刺激你向我追要和索求情感联结。

第三，"抗议之舞"的症结在于痛苦的依恋情结。这不是用逻辑分析问题或是一般的沟通技巧就能解决的。如果我们想要改变问题的核心并重获安全感，就必须了解这种互动模式的本质。我们必须学会识别对情感联结的呼唤，以及绝望感是如何转变成"我推他、戳他，拼命刺激他，只为得到他的回应"或是"我整个人封闭起来，只是不想总是听见她数落我的缺点，以及我失去她的种种原因"的。这些互动模式是普遍的，因为我们对依恋的需求和失去它的恐惧，以及对失落感和孤立感的反应都是普遍的。

第四，只要我们能了解爱的本质，注意到彼此疏离的时刻，明白"抗议之舞"的本质是抗议与痛苦，便知道真正的敌人是"抗议之舞"模式本身，而不是我们的伴侣。

第五，一旦伴侣开始站在同一阵线，为他们的敌人（"抗议之舞"模式）命名，他们就能放慢这个模式的脚步，学会如何退到一旁，创造足够的安全感，进而讨论依恋情绪和需求。

当肯和米娅学会这么做之后，他们开始对彼此的关系燃起希望。正如肯所说："每当我们又开始陷入这个我们称之为'旋涡'

的互动模式时，已经不会越陷越深了。那天我对米娅说，'我们又卡住了。我觉得自己越来越疏远，越来越封闭；而你又开始沮丧了。这就是你觉得被拒绝的时刻，对吗？我们没有必要这样，让我们停下来，给彼此一个拥抱吧'。接着她就这么做了，这感觉真好。"我问肯，帮助他战胜"抗议之舞"的最大因素是什么？他说，能够发现米娅不是"敌人"对他很有帮助，这让他明白，每当"抗议之舞"出现时，其实是她在"努力挽救我们的关系"，而不是要伤害他。

想要拥有健康的依恋关系，就必须能识别并接受因为情感疏离产生的抗议，摆脱"抗议之舞"。当两人之间出现距离时，还要能够修复彼此的关系，要舍弃过去惯用但是行不通的处理方式，因为它们只会破坏信任感与安全感，导致两人更加疏远。只有这样，两人的关系与情感才能越来越深，越来越稳固。

♥ 扮演与练习

肯和米娅的故事听起来是不是很熟悉？你是否也在自己的感情生活中，看到这种互动的蛛丝马迹？你还记得上一次和伴侣陷入"抗议之舞"的情形吗？你能否从情感依恋的角度，看一看你们的争吵内容背后，两人为重获情感联结所做的努力？例如，你们争吵真是为了该不该重建小木屋（有一人喜欢到木屋里画画），还是和依恋的安全感有关？也许有一方真的会因此而受到冷落。又或许，有一方说的其实是两人情感不够稳固、亲密，或是他想要从对方身上得到安慰和保证，但整个对话一直停留在表面事务上。

　　在目前的关系中，每当你感觉彼此有隔阂或缺乏安全感时，你通常会怎么做？本章所提到的伴侣案例之中，你觉得自己最像哪一个人？你也可以回想上一次和对方争吵或者让你感觉受伤的一件事。假如你是旁观者，必须将你看到的事件客观报道给别人，请问你看见了什么样的互动？你本人的主要行为模式又是什么？你是在抗议还是退缩？你是否发现自己越来越苛刻，而且不断尝试改变对方？还是你会封闭起来，告诉自己，任何想得到安慰的渴望都很危险，不应理会？每个人偶尔都会做出上述那些事情。

　　问题的关键在于能否具备弹性，并看见自己的行为模式以及它们对伴侣的影响。我鼓励你勇敢一点，用心观察，找出你惯有的反应，也就是你不假思索就会做出的那个反应，它会把你困在一个可怕的恶性循环之中，使你和你最爱的人陷入情感失联的状态。这类反应也会因每对伴侣的情况而有所差异，但现在，请先专注于你目前最重视的依恋关系中，每当你感到情感联结的不确定或者问题出现时，你会对伴侣做出什么反应？

　　如果你是选择和伴侣保持距离的一方，那么最难让你真正有所察觉的，是与伴侣疏远这一环。你的办法可能是退缩到自己的壳里，把整个世界关在门外，以此求得平静，对吗？这个方法起初可能很管用，但你会逐渐形成习惯，并发现自己越来越不容易敞开心房，越来越难以给对方回应，这种退缩方法将导致你陷入"抗议之舞"的模式。很快地，当你的伴侣需要你时，就会感觉遭到拒绝与抛弃。

　　你能明确地说出你在两人关系之中退缩、不回应的事例吗？在你退缩之后发生了什么？人们通常会把退缩当成避免争吵的策略，是为了避免两人的冲突更加严重，危及彼此关系。现在请你回想一下，疏远对方且封闭自己是否也并非解决之道？在采取退缩策略之后，对你而言发生了什么？双方的互动又出现什么变化？

如果你觉得放心自在，请和伴侣分享你对这些问题的回答。你们俩是否常常被困在"抗议之舞"的互动中？你们能否确认彼此的行为模式？你能看见整个互动循环过程吗？请在下面句子的空格中填写一个词，简单地回答这个问题。

我越_____，你就越_____，于是我又越_____，然后我们就这样没完没了地一直重复。

请为你们的互动模式取一个名字，看看能否告诉对方该模式如何侵蚀你们之间的安全感，又如何改变你们对彼此的感受？

例如，托德谈到他大多会借由性生活来建立情感联结。他觉得，和妻子讨论感受不如性生活让他有自信。他指出自己在"抗议之舞"中采取的主要模式："我向你寻求身体上的亲近，不只是为了获得愉悦的感受，而是我只会用这个方式与你亲近。每当你拒绝我，我就更穷追不舍，而且逼着你给我解释。但我越那么做，你就越远离我，和我保持距离。"

他的妻子贝拉回答道："是的。我越觉得被批评和被要求，就越不知所措，所以更加不想面对你。你就会变得更咄咄逼人，更着急，然后就这样一直持续下去，对吗？"托德同意，这大致就是他们之间的"抗议之舞"模式。他们决定把它命名为"龙卷风"。对他们而言，这个名称形容了托德如何因妻子的性配合度而困扰，以及贝拉如何强烈固守自我的空间。随后，托德开始能分享他的感受，他觉得自己遭受越来越多的拒绝，心情不好；贝拉则回应说，在这段婚姻中她觉得不知所措、孤单寂寞。当你和伴侣讨论你们"抗议之舞"的行为模式时，有什么感受？

即使是困在"抗议之舞"模式中，你是否偶尔也能摆脱、遏止它，并改变彼此的互动方式？你是否偶尔能冒险要求对方来亲近和安慰，或者向对方表达自己的感受和需求，而非退缩不前？在什么情况下，你能做到这些？你如何预防"抗议之舞"出现？请你们试着一起想出办法。是否有办法可以给予彼此安全感，以防两人一有距离感就立即陷入这种互动模式？问题的关键，通常在于能否察觉"抗议之舞"中隐藏的情感依恋信号。例如，胡安发现，他只要告诉太太安娜，"我知道你很难过，你需要从我这里得到某些安慰，但我真的不知道该怎么做"，这就够了。

魔鬼式对话 3：冻结与逃离

有些伴侣来找我时，我在他们之间既听不到"揪出坏蛋"的敌意，也听不到"抗议之舞"的狂乱节奏，只听到一片死寂。如果把一段关系比喻为跳舞，那么这就表示两人不在舞池之中了！表面上，这似乎毫无风险，没有人投入这段舞蹈。但是空气中明显弥漫着一股紧张的氛围，而且两个人脸上都清楚地带着痛苦的表情。情绪理论专家告诉我们，你可以尝试压抑情绪，但这其实行不通。正如弗洛伊德所言，情绪会从每个毛孔渗透出来。我看到的是，他们已经自我封闭，僵持在冷酷的防御与否定状态中。他们都已进入自我保护模式，试图表现出没有感觉、毫无期待的样子。

这就是经常从"抗议之舞"发展而来的"冻结与逃离"的互动模式。一旦批评指责的那一方放弃争取配偶的注意力并开始沉默，就会发生这种情况。如果这种互动持续下去，较为强势的一方就会为这段感情的逝去感到悲伤，然后疏远、离开对方。进入这个阶段，伴侣之间通常会非常有礼貌，甚至在生活事务中保持合作态度，但若不加以处理，依恋关系将走向终结。有时，选择退缩的那一方会终于意识到一个事实，尽管表面上看起来风平浪静，但他们已经没有任何情感联结，无论好坏。于是，这一方伴侣通常会同意接受咨询辅导，或是阅读本书之类的书籍。

在"冻结与逃离"的互动模式中，伴侣对失去情感联结、不知该如何恢复关系的反应是极度疏远的。其中一人通常会描述自己如何纠缠对方，又如何抗议彼此缺乏联结，最后独自悲伤的故事。他会形容自己好像处于冻结状态，感受不到任何情绪。另一方通常会选择放弃而深陷逃避状态，试图否认两人失去情感联结的事实。由于没有人愿意冒险向对方伸出手，因此根本没有互动，如果他们得不到帮助，长此以往，两人终究会无法重建信任，也无法让这段关系起死回生。于是，"冻结与逃离"模式将终结他们的亲密关系。

特里和卡罗尔向我承认，他们从来不是所谓的"亲密爱人"。但是卡罗尔，一位沉稳而理智的女性，她强调自己曾多次试着和丈夫讨论他的"抑郁"问题，她认为这是两人情感疏离的原因。特里，一位安静而拘谨的男性，他表示卡罗尔多年来都在挑他的毛病，尤其是在教养孩子方面。他们来找我是因为最近双方发生了争吵，这种事对他们来说非常罕见。事情是这样的：卡罗尔挑了一双鞋子，准备参加一场特里不喜欢的派对。特里宣称，如果卡罗尔穿上那双鞋子，就表示她不爱他了，那么他们就应该离婚！

在咨询过程中，他们谈到两人的生活完全被工作和教养孩子的责任所淹没，越来越难找出两人可以独处的时间。卡罗尔说，她突然发现他们已经逐渐变成了"陌生人"，于是她试着"叫醒"特里，希望他能多和她沟通。当这个方法行不通时，她变得非常生气。特里指出，多年来，卡罗尔一直对他吹毛求疵，特别是针对他教养孩子的方式，但大约一年前开始，她开始变得很疏远。卡罗尔解释说，她终于决定"咽下"怒气，并接受婚姻只能如此的事实；她总结道，她的丈夫已不再被她吸引，对她失去了兴趣。作为回应，特里伤心地说，卡罗尔和两个孩子的深厚感情，让他觉得自己似乎已经失去妻子。对他而言，她的确是孩子的母亲，但不是妻子。他不知道这是不是因为自己和女人相处过于严肃、过于理性。

"冻结与逃离"这个恶性循环的主要问题，其实在于它带来的无助感。两个人都认为自身的缺点就是问题所在，因此本能的反应就是躲避，为了隐藏那个不值得爱的自己。还记得鲍尔比对情感依恋的主要观点吗？我们会从所爱之人的眼中构建自己。在每天的自我认识过程中，还有什么信息比这个更直接？我们爱的人，就是我们的镜子。

随着疏离感和无助感日渐加深，卡罗尔和特里越来越善于在伴侣面前隐藏自己。于是，我们通常能在婴儿、父母和伴侣身上看到的基本的依恋信号，例如深情的凝望和身体的爱抚，先是开始逐渐变少，然后变得不复存在。在咨询过程中，卡罗尔和特里从未有过眼神交流，而且他们告诉我，他们的生活中早已没有了自发的爱抚。因为非常理智，他们能够把两人缺乏性生活的状况合理化，至少大多数时候，他们都在否认自己不被伴侣需要的痛苦。此外，两人都谈到抑郁的症状。事实上，抑郁本来就是与伴侣失去情感联结时的自然反应。时间越长，两人的距离越远，越不敢向对方敞开心房。卡罗尔和特里所描述的议题、行为与感受，都显示出"抗议之舞"中退缩者的表现，但他们对于自己是否值得被爱存在更深的怀疑。这种质疑使双方深陷情感无能，并且"冻结"了能引起对方注意的抗议行为，结果造成毁灭性的疏离。

　　当我们开始探索他们过去的经历时，双方都谈到自己成长在冷酷又理智的家庭中，在那里情感的疏离是常态。每当感受到彼此之间有距离时，他们就会自动退缩并否认自己对亲密感的需求。往日的依恋经验，塑造了今日你与爱人的关系，当彼此有距离，无法放心与对方交流时，我们会自然而然地选择儿时养成的应对习惯，那或多或少是我们过往曾用来吸引父母注意力的方式。当我们接收到情感出现问题的警报时，会马上试图关闭这些不好的感受，并立刻选择理性分析或投入能够分散注意力的活动。在这种彼此疏远的过程中，逃避感受就成了最后的结果。如同特里所说："如果我保持冷静，我们就永远不会谈到感情的事。我不想打开'潘多拉的魔盒'。"

　　这些处理情绪与需求的方式变成一种默认的选项，它们"发生"的速度实在太快，以致我们根本感觉不到自己已经做了选择。然而，若能察觉它们是如何将我们和伴侣困在自我毁灭的互动模式中的，我们就能改变这些行为。它们并不是我们性格中难以消除的部分，我们不需要多年的观察与自省来重塑它们。特里谈到，他有一位年长且脾气暴躁的父亲，母亲则是有名的政治人物。当我问他什么时候感觉与母亲最亲近时，他一脸茫然地说，他所有的记忆都是在电视上看着她。由于他没有别的选择，只能学着忍受疏远，并麻痹自己对安慰与亲密感的需求。这一门功课他的确学得很好。只是他儿时的生存策略，对他的婚姻却成了灾难。另外，当卡罗尔"关闭"自己对身体安抚和情感联结的需求时，她的内心也开始枯萎。

就像其他的互动模式一样，一旦特里和卡罗尔开始了解他们的哪些行为导致了两人的疏远，就会开始觉得有希望，并能向对方显露情感。卡罗尔承认，为了减轻被拒绝的难过感受，她已经选择"放弃"，并在自己和特里之间"筑起一道墙"；为了满足她对身体安抚及情感联结的渴望，她转而将注意力放在孩子身上。听到卡罗尔这么说，特里非常惊讶，因为他依旧非常需要妻子。于是，两人都开始发现他们对彼此所造成的影响，并发觉彼此在对方心中仍然相当重要。经过几次勇敢的冒险和争吵，卡罗尔终于能够对我说："我们两个现在都比较有安全感了。虽然吵架很难受，但总比冰冷的空虚感和小心翼翼的沉默好太多了。"特里总结道："我们都曾身陷这个可怕的循环，但我认为可以克服它。我们都因受伤、害怕而拒绝对方，但我们不再需要那么做了。"重新开始的第一步，就是能够知道自己如何画地为牢、作茧自缚，又如何剥夺自己所需要的爱。若要发展稳固的情感联结，就要决心终止彼此疏远的循环，摆脱令人痛苦的互动。

♡ 扮演与练习

你是否很熟悉"冻结与逃离"的模式？如果是，那么你是从何处学会忽略和漠视自己对情感联结的需求的？是谁教会你这么做的？你什么时候感觉最孤单？你是否敢于将上述问题的答案与你的伴侣分享？若能学会勇于冒险，主动展开这样的分享，就好像服下一剂解药，使你不再麻痹或逃避对情感依恋的需求。你的伴侣可以用什么方法帮你解决这个问题吗？

你能和伴侣分享一个可能引发疏离舞蹈的信号吗？它可能只是简单的、在某个特定时刻把头转向一边的动作。你还能准确地识别出你是如何将伴侣推开，或者让对方感到亲近你是危险的吗？

每当你在情感上退缩，合理化彼此的疏远，并阻止自己向对方示好时，你会对自己说些什么？有时候，这些可能是关于爱情以及如何在爱情关系中行事的信条，这些信条可能是我们从父母那里甚至从社会习俗中学来的。你能和伴侣分享这些吗？

你能列一个清单，记下这种舞步从你身上夺走的一切吗？当我们初次迷恋一个人，愿意不顾一切陪在他身边时，人们通常能从中瞥见情感上的亲密。我们会记得那些时刻，如同记得自己对依恋关系的期待与渴望。这些消极的舞步如何摧毁了它们？

作为本章的最后一项练习，你能否指出这 3 种互动模式"揪出坏蛋""抗议之舞"及"冻结与逃离"中，哪一种对你目前的情感威胁最大？请记得，无论是为了孩子的作息、性生活还是事业，两人争吵的内容都不是真正的问题；真正的问题永远是你与伴侣的情感联结是否稳固、安全，它涉及彼此的可接近性、回应性和对情感投入的关注性。请填写下列填空题，试试看能否归纳出某项掌控你们关系的模式，然后写成一段最贴近你自己和你的感情生活的描述，并和你的伴侣分享。

每当 ＿＿＿＿＿＿＿，我就感觉与你的联结是不安全的。请在空格中写下导致你们之间产生距离感的言语或行为，例如，每当你说太累，而我们又已经好几个星期没有性生活的时候；每当我们为了管教孩子争吵的时候；每当我们有好几天几乎都不说话的时候。请不要写一些笼统、抽象或带有指责的话，例如，当你和往常一样难以相处的时候。这不是对自己诚实的说法，请务必具体、明确地说明。

我常常 _____。**我用这种方式与你互动是想要处理难过的情绪，同时寻找改变我们互动模式的方法。**请选择一个动作，例如抱怨、唠叨、心不在焉、冷落你、逃避、走开等。

我这么做是希望 _____。请写出哪种期待会将你卷入魔鬼式对话。例如，我这么做是希望我们能够避免更多冲突，或者说服你给我更多回应。

随着这种模式的不断持续，我觉得 _____。请写出一种感受。大多数人在此时通常会有下列情绪：挫败、愤怒、麻木、空虚或困惑等。

对于这段感情，我告诉自己 _____。请简述你想象中最严重的后果，例如，你不在乎我们的关系，我在你心中没有分量，我永远无法取悦你。

根据我的理解，每当我陷入那种让我们越来越难以建立安全情感联结的模式时，你似乎就会 _____。请选择一个动词，例如关闭自己、逼迫我回应你等。

我越 _____，**你就越** _____，**然后我们都陷入痛苦和孤单中。**请在空格中填入动词，描述你自己和伴侣在魔鬼式对话中的行为。

每当这种互动开始时，我们或许可以互相提醒；我们可以称它为 _____。察觉这种互动模式，正是我们跳出恶性循环的第一步。

　　一旦你能识别出这些恶性循环，并承认它把你们双双困住，你就已经开始学习如何摆脱它们了。下一章的对话，将深入探讨强烈的情绪，尤其是依恋恐惧，正是它们使得消极的舞步不断上演。

第 5 章

对话 2：寻找伤痛之处

依恋的中断是危险的……就像划伤的角膜一样，
关系的破裂会带来极大的痛苦。

——托马斯·刘易斯、法拉利·阿米尼
和理查德·兰龙，《爱的起源》
（*A General Theory of Love*）

人们在爱情中必然会感觉到脆弱。面对爱人时，我们的情感
会更加赤裸裸，所以有时难免因为一些无心的言语或行为伤害到
对方。这些偶尔的刺伤，带来的疼痛通常是表面且短暂的。但几
乎所有人都至少有一个特别敏感的地方——情感皮肤上的一个伤
痛之处——摸起来很柔软，很容易受伤，而且很痛。一旦这个伤
处被磨破，流出的血会漫延到整段关系中，让我们失去情感的平
衡，陷入魔鬼式对话之中。

这个"伤痛之处"究竟是什么？我把它定义为一个人在过去
或现在的关系中，由于依恋需求被反复忽略、漠视、拒绝而形成

086 第二部分 7 种转变关系的对话

的一种过度敏感的反应，导致这个人产生"2Ds"的感受——情感上被剥夺（Deprived）和被遗弃（Deserted）。"2Ds"是在所有伴侣中普遍存在的伤痛之处。

这些敏感的反应通常源于我们过去与重要他人的创伤性关系，首要的重要他人就是我们的父母，他们为我们建立起基本的关于爱的关系模板；重要他人也包括兄弟姐妹和其他家庭成员；当然，还有我们过去和现在的爱人。例如，最近有一次，当我对我的丈夫约翰说话时，他的眼皮开始下垂，这让我勃然大怒，气愤至极。事实上，他当时又累又困，但他的反应让我回想起以前的日子，每当我试图开始一场严肃的谈话时，我的前任伴侣都会立刻睡着。打瞌睡不一定是退缩或切断关系的表现，但过去的经历让我变得高度警觉——伴侣不合时宜的睡意对我来说就是情感遗弃的信号。

我的一个来访者弗朗索瓦很担心他的太太妮科尔对他不感兴趣，或是对其他男人产生了兴趣，他对任何迹象都非常敏感。这是因为在他痛苦的第一段婚姻中，他的前妻曾多次公然对他不忠。现在，当妮科尔在聚会中对他那位功成名就的朋友微笑时，或者当他认为她应该在家而她不在时，他就会彻底陷入恐慌之中。

琳达对她的丈夫乔纳森抱怨说："当你不愿赞美我很漂亮或是做得很好时，我真的很伤心。我好像瞬间被伤痛淹没了，然后我对你感到很气愤，甚至开口批评你。"琳达认为她的敏感源自母亲："她从不为任何事鼓励我或赞扬我，总是说我长得不够漂亮。母亲曾经说过，如果被称赞了，人们就会停止奋斗。我渴望得到她的认可，并为她一直不愿赞美我而愤愤不平。现在，我想我渴望从你那里得到这些。所以，当我盛装打扮后问你好不好看，而你似乎对我不屑一顾时，我觉得很受伤。你知道我需要赞美，但你拒绝了我。至少我的感受是这样的。那种感觉太痛苦了，我没有办法直接面对它。"

一个人可能会有好几个伤痛之处，而这其中通常会有一个最大的伤处，它会导致夫妻双方陷入消极的互动循环。当史蒂夫的妻子玛丽说想增加性生活的次数时，史蒂夫觉得备受打击。这本来可以被看作是一个非常积极的请求。但对史蒂夫来说，妻子的话就像一枚导弹，摧毁了他对自己性能力的信心；他的杏仁核尖叫"导弹来了"，然后他被击倒在地。史蒂夫对玛丽的回应是封闭自己，将她拒之门外。"我好像突然回到了第一段婚姻，听到有一个声音说我是多么令人失望，以至于我对自己的表现感到非常焦虑，尤其是在过性生活的时候。"童年时代的回忆加重了他的伤痛。史蒂夫是班上最小的孩子，他的父亲也经常在兄弟们面前问他："我是在和史蒂夫说话还是和斯蒂芬妮（女性名字）说话？"那样的经历让他觉得自己"在任何女人面前都没有男子气概"。

然而，伤痛之处并不总是源于过去受到的创伤；它们也可能产生于当前的关系。即使处在一段大体上幸福的关系中，如果我们在情感上有被剥夺或被遗弃的感受，也可能出现伤痛之处。伤痛之处可能出现在重大的转变或危机中——比如生孩子、生病或失业——当我们迫切需要伴侣的支持，但得不到回应时。伤痛之处还可能出现在伴侣长期冷漠的对待中，让排山倒海般的伤痛渗入微不足道的小事。无法得到爱人的回应会刺破我们情感皮肤上的伤处。

杰夫和米利的夫妻关系原本很好，直到杰夫最好的朋友得到了杰夫拼尽全力争取的工作，杰夫由此陷入了抑郁。焦虑的米利非但没有给予他安慰和肯定，反而催促他"赶快振作起来"。虽然他们后来找到了克服危机的方法并重新回到了亲密的关系，但这段经历让杰夫变得过度敏感，特别在意妻子对他表露痛苦的反应。每当他认为米利不支持他时，他就会突然爆发出近乎失去理智的愤怒，这又使米利退回防御性的沉默，并认为自己是一个失败的妻子。你可以预料到接下来会发生什么。他们陷入了魔鬼式对话。

当海伦因为青春期儿子的酗酒问题被治疗师指责时，她感到心力交瘁。在一次评估的会谈中，一向爱护海伦的丈夫萨姆对治疗师的观点表示了赞同。随后，当海伦表达自己感到受伤时，萨姆却不断为自己的观点辩护，一系列痛苦的争论接踵而至。海伦于是决定把她"愚蠢的"伤痛放在一边，专注于婚姻中美好的部分，她相信自己已经做到了。

然而，压抑核心情绪是很难做到的，而且往往最终对关系有害。海伦的伤痛开始显露出来。她缠着萨姆，让他说出对她每一个举动的看法，萨姆不知道该说什么，渐渐说得越来越少。突然之间，他们开始为每件事争吵。萨姆指责海伦越来越像她那"偏执"的母亲，而海伦感到越来越迷茫与孤独。

杰夫和海伦的伤痛之处都被触碰到了，但他们并没有意识到这一点。令人惊讶的是，我们中的许多人也忽视了同样的事情。事实上，我们甚至根本没有意识到自己身上存在伤痛之处。我们只意识到了自己对刺激的继发反应——防御性的麻木和自我封闭，或者应激性的勃然大怒。退缩和愤怒是魔鬼式对话的标志，它们掩盖了核心的脆弱情绪：悲伤、羞耻和最重要的恐惧。

如果你发现自己不断地陷入与爱人的魔鬼式对话中，那么你可以确信，这是由于你们正在试图处理某个伤处，或者更有可能是你们两个人的伤痛之处。不幸的是，你们的伤处几乎不可避免地会互相摩擦。如果你刺痛伴侣的伤处，那么他的反应往往也会刺激到你的伤处。

以杰西和迈克为例。自从杰西 12 岁的女儿（杰西与前夫的孩子）搬来和他们一起居住后，家里就只剩下吵架。杰西说："就像是一夜之间，迈克突然从一个温暖、亲切的爱人变成了一个可怕的暴君。他发号施令，给我的孩子制订各种规则。他在家的大部分时间都在大吼大叫，看起来就像我家族里那些虐待狂一样。我实在无法忍受有人大喊大叫，发号施令。过去没有人保护我，但现在我能保护我的孩子。"

迈克有时悲伤地抗议：尽管妻子一连几天都拒绝和他说话，他仍然深爱着他的妻子；有时他又愤怒地大声咆哮，说他从来不想成为她那不可救药、粗鲁无礼的孩子的父亲。当他谈到他宠爱杰西多年，然后发现"只要这个孩子在身边，我就不存在了"时，他怒不可遏。迈克回忆起有一次自己得了带状疱疹，但杰西一门心思只关心着女儿，完全没有"安慰他"。互相攻击对方的伤痛之处让他们陷入了"抗议之舞"。

汤姆和布伦达的伤痛之处将他们带入了一种不同的魔鬼式对话——冻结与逃离。布伦达把全部心思都放在他们的新生宝宝身上。汤姆试图以自己的方式吸引布伦达的注意，这激怒了布伦达。一天晚上，布伦达爆发了。她说，她已经厌倦了他的要求。汤姆很受打击。虽然他外表迷人，但在女性面前很害羞，没有安全感。他总是需要感觉到布伦达对他的渴望。

他反击道："行吧，行吧。很明显你已经不爱我了，过去几年你和我之间的一切都是假的。我不需要你的拥抱。我不需要和你在一起。我这就出去跳舞，你照顾孩子去吧。"布伦达从小就觉得自己是个相貌平平的女孩，她一直想不通英俊又成功的汤姆为什么会选择她。由于害怕，她更加退缩，转而更多地照顾婴儿。汤姆和布伦达几乎不交流。不断地保护自己的伤痛之处彻底阻拦了他们都渴望的爱的回应。

阻止这些毁灭性的互动不仅需要识别和抑制魔鬼式对话（对话1），还需要发现和抚慰我们的伤痛之处，并帮助爱人也这样做。在安全、充满爱的关系中长大的人会更容易治愈这些伤痕。他们的伤痛之处很少，也相对较浅。一旦他们明白了自己与爱人之间消极互动的深层原因，就能很快走出这种困境，抚平创伤。

然而，对另一些曾经受过创伤，被所爱或所依赖的人严重忽视的人来说，恢复的过程会更长、更艰难。他们的伤痛之处是如此之大，如此之脆弱，以至于让他们消除恐惧并相信伴侣会提供支持是一个巨大的挑战。卡尔是一名虐待幸存者，也是一名退伍军人，他说："我就像是一个巨大的伤口。我渴望得到安慰，但很多时候，当我的妻子真的触碰我时，我却无法分辨这是爱抚还是另一次的伤害。"

然而，我们绝不是过去的囚徒，我们可以变得更好。纽约州立大学石溪分校的心理学家乔安妮·达维拉（Joanne Davila）和其他学者最近的研究证实了我在咨询中所见到的：在充满爱的伴侣的帮助下，我们甚至能够治愈深层的创伤。一位善于回应的伴侣能够帮助我们处理痛苦的感受，在伴侣的帮助下，我们可以"博得"一种对双方情感联结基本的安全感。爱真的能改变我们。

识别触及伤痛之处的时刻

以下两种迹象表明你们已经触及了你或伴侣的伤痛之处。第一，谈话的情绪基调突然发生了彻底的转变。你和你的爱人刚刚还在开玩笑，但现在你们中有一个人感到心烦意乱或被激怒了，或者相反地，变得疏远或冷淡。你的平衡被打破了。就好像游戏规则变了，却没人告诉你。受伤的一方传递出新的信号，而另一方则试图理解这种变化意味着什么。正如特德告诉我的："我们正在车里像往常一样聊天，突然间车里的空气就好像结了冰。她把目光从我身上移开望向窗外，嘴唇紧绷，闷闷不乐，就好像希望我不存在一样。这样的变化究竟是从哪儿来的？"

第二，在意识到被伤害时，反应总是超出常理。马拉说："我们通常在周五晚上过性生活。我本来在等皮埃尔，但后来我被妹妹打来的电话缠住了，那时她很苦恼。我想我们大概通了 15 分钟的电话。皮埃尔勃然大怒地下了楼，我们又像往常一样吵了起来。他每次吵架的时候都不讲道理。"事实并非如此，只是马拉还没有理解爱的逻辑，皮埃尔也无法向自己或妻子清楚地解释自己的伤痛之处。他告诉妻子："我的理智在说，'你到底为什么不高兴？冷静下来'，但那时我的怒气已经冲上了天花板。"

这些迹象都与原始的依恋需求和突然出现的恐惧有关，我们突然被最深层、最强烈的情绪掌控了。为了真正了解我们的伤痛之处，我们需要更仔细地探索对它们有决定性影响的深层情绪，并以一种能够帮助我们处理伤处的方式来分析情绪。如果不这样做，我们就会迅速越过这些情绪，进入防御性的反应——通常是愤怒或麻木，这会向我们的伴侣传达出完全错误的信息。在不安全的关系中，我们掩藏自己的脆弱，这使得我们的伴侣不能看到真实的我们。

让我们来分析触碰伤痛之处时会发生什么。

（1）依恋信号（attachment cue）会抓住我们的注意力，并启动我们的依恋系统，激发我们的渴望和恐惧。依恋信号是情感投入的触发器。它可以是一个眼神，一个短语，或是你和伴侣互动时语气里的情绪转变。依恋信号可以是积极的，也可以是消极的；可能会带来愉快的感受，也可能会引起糟糕的感受。依恋信号刺激到伤处时，会触发"糟了"的警报。你的大脑说："有一些不寻常的、糟糕或痛苦的事正在靠近。"当你听到爱人的话语中透着"批评"的语气，或当你的伴侣在你要求拥抱时转身离开时，你脑海里的警报器就可能会响起。玛丽告诉她的丈夫埃里克："我知道你在试着关心我，你说的也是对的，你确实跟我谈过我的问题。这我都接受。直到你用那种语气说'看着'，就好像我是一个什么都不知道的笨小孩。这就像一根针刺进了我的皮肤。我知道你被我惹恼了，你认为我很愚笨。这让我很受伤。"埃里克第一次听到这些，他之前以为他们争吵是因为玛丽不喜欢他的所有想法。

（2）我们的身体会做出反应。有人说"我的胃翻江倒海，我听到自己的声音变得很刺耳"或者"我全身变得冰冷而僵硬"。有时候，倾听身体的声音是我们了解自己感受的唯一途径。强烈的情绪可以调动身体的反应，让我们在瞬间进入求生模式。每种情绪都有其特定的生理特征。当我们害怕时，血液会涌向双腿；当我们生气时，血液则会涌向双手。

（3）掌管智力的脑区是位于前额后方的大脑前额叶皮质，它的反应相对滞后。当它的反应赶上我们的情绪大脑（即杏仁核区域）时，才开始寻找事件的意义。我们会在这时检查我们最初的感知，再根据依恋信号提供的线索，判断我们与他人的联结是否稳固。卡丽的灾难性结论就是这样出现的。她对丈夫说："当我们准备开始过性生活时，你却说你累了，我真的很失望。就好像你对我一点儿欲望都没有，你只是把我当成你的一个朋友。我对你来说一点儿也不特别。"她的丈夫德里克回应道："我只是累了，不可以吗？"卡丽回答："但你不能在和我调情了一整晚，给了我各种期待后说累了。如果这些期待不能实现，我就需要一点儿帮助来处理它带来的问题。我不想一直被困在怒气之中。"

（4）我们会以某种特定的方式对待我们的爱人，无论是靠近、远离还是敌对。这些行为反应倾向与我们的每一种情绪息息相关。愤怒使我们进攻、战斗；羞耻使我们退缩、躲藏；恐惧使我们逃跑或僵在原地，在遭遇真正的极端情况时则会使我们回身反击；悲伤使我们哀痛和放手。汉娜谈及和丈夫争吵时的情形："我只想逃。我必须离开。看见他发怒的脸，我就会远离他。他说我对他不理不睬，但是一听到他愤怒的声音，我总是不由自主地移动脚步。我不能留在这里听他发火。"

这一切都在瞬间发生。查尔斯·达尔文（Charles Darwin）对情绪的力量及其在生存斗争中所扮演的角色很着迷，他想知道自己可以在多大程度上控制情绪。他曾经站在伦敦动物园的一面玻璃墙前，墙的另一侧有一条巨大的毒蛇。他不断尝试在毒蛇向他发起攻击时不向后撤，但一次也没有成功过。哪怕理智告诉他一切都很安全，他的身体仍然表现出了恐惧的反应。

将上述例子转换成伴侣关系的版本，可能是这样的：在一个互相温柔爱抚的时刻，我突然听到伴侣的一句批评，这让我完全僵住了。察觉到受伤和瞬间的退缩反应可能只需要不到 1/200 秒的时间（这是科学家们估算出的注意到他人脸上情绪所需的时间）。这之后，温柔的时刻消失了。情绪告诉我们什么是重要的。它们就像我们体内的指南针，为我们指引方向。

💙 扮演和练习

找出你的伤痛之处

在现有的关系中，你是否能准确指出这样一个时刻：你突然失去了平衡；一个很小的回应或不予回应突然降低了你和爱人在一起时的安全感；你明知某种反应会将你们卷入魔鬼式对话，但你仍深陷其中？也许你意识到有一个时刻，你发现自己的反应非常愤怒或麻木。让我们从表面的反应进入更深层的情绪，来剖析一下这件事。

- 你们的关系中发生了什么？对你来说，什么是消极的依恋信号——那个让你感受到情感联结被切断的触发器？在变得愤怒或麻木的前一刻，你感受到的情绪是什么？你的伴侣具体做了什么或说了什么，引起了你的这种反应？

举一个例子，安妮是一名年轻的医学院学生，刚和律师帕特里克同居了几个月。她说："上周四晚，我们彻底陷入了僵局。这种糟糕的感觉持续了好几天。事情是从我跟帕特里克说起我的课业开始的。我说了我进行得多么艰难。到最后我完全崩溃了。我陷入了防御性的愤怒，这是我们的互动循环中属于我的部分。让我仔细想想。我记得他的声调开始提高，开始了那种他常用的高高在上的训诫。然后他说，如果我只是完全被这个问题困住，不思考如何解决的话，他也帮不了我。那种说法对我来说意味着危险。这最终使我们的意见分歧演变成了某种危机。"

- 试着回想，当你的伤痛之处被触碰时，你的身体会有什么反应？你可能会感到恍惚、疏离、发热、呼吸困难、胸闷、无力、空虚、颤抖、想要流泪、发冷、怒火中烧。身体的感觉能帮助你给这段经历起个名字吗？

安妮说："我整个人变得很激动。我的反应就像一只猫在发脾气。帕特里克说我只是生气了。那就是他所看到的。但在我的内心深处，那种激动的感觉更像是颤抖和害怕。"

● 你的大脑如何解读这整件事的意义？当这一切发生时，你会对自己说什么？

安妮说："在我的脑海里，我对自己说，'他在评判我'。所以我有点儿生他的气。但事情也不全是这样。这更像是'他不在我身边。我得独自完成这一切'。我对支持的需求在他看来并不重要。这太可怕了。"

● 这之后你做了什么？你如何付诸行动？

安妮说："哦，我大喊大叫，称他是一个不肯帮忙的讨厌鬼，可以下地狱去了。反正我也不需要他的帮助。然后我默默地熬了几天。当我这样做的时候，就好像我在试图绕过自己内心深处的感受。我决定再也不相信任何人了。因为没有人会陪在我身边。"

● 看看你是否能通过填空将这些要素联系起来：
● **在这个事件中，触发我受伤感受的是 _____。表面上，我的表现可能是 _____。但在内心深处，我只是觉得 _____（选择一个基本的消极情绪，例如：悲伤、愤怒、羞愧、恐惧）。我所渴望的是 _____。关于我们的关系，关于我自己，关于我的爱人，我获得的主要信息是 _____。**

"导火索是帕特里克的语气，"安妮说，"我听到的是一种评判。我的需求被丢在一边。我可能只对他表达出愤怒，但在内心深处，我感到害怕和孤独。我渴望得到他的安慰，希望他告诉我，担心课业、感到没有把握、向他寻求支持都是可以的。我从我们的关系中得到的主要信息是：我不能向他求助，也不能期待他的关心。"

● 在这种情况下，你如何理解自己的伤痛之处？

安妮说："当我放任自己对他的需要，向他寻求帮助，却发现他似乎在拒绝我的时候，我实在是无法应对。他甚至告诉我，我不应该要求或需要帮助。我心里感到特别害怕。"

看看你能否找到这个伤处被触碰的其他时刻。

在这段关系中，你所描述的伤痛之处是唯一的吗？是否还有其他的伤处？人们可能有不止一个伤痛之处，但在不同的情况下，通常只会有一个主要的依恋信号。

找到你伤痛之处的源头

● 回顾你的过往经历。你的伤痛之处是否源自你与父母、兄弟姐妹的关系，或是另一段恋爱关系，甚至是你成长过程中的同伴关系？或者，这个敏感之处是否源于你现在的这段情感关系？另一种思考方式是询问你自己，当你觉得伤处被刺痛时，是否有过去的阴影站在你爱人身后？无论用哪种方式，你能从过去的经历中找到某个人让你受伤的反应，并意识到那就是你脆弱之处的源头吗？

安妮说："我的母亲总是跟我说，我一定不会有什么了不起的成就，我姐姐才是那个唯一会取得成就的人。我在那栋房子里孤立无援。没有人在意我的梦想。当我遇见帕特里克时，他似乎是信任我的。我第一次有了安全感。但现在，当我察觉到他在我需要支持的时候对我吹毛求疵、不屑一顾时，过去那种不被关心的感觉立刻重新浮现。所有的伤处又重新开始让我感到疼痛。"

- 你认为你的伴侣能看到你的伤痛之处吗？还是他只看到了你表面的态度和行为反应？

安妮说："哦，不！我不能让他看到我受伤的地方。我从来没想过这件事。他只能看到我发狂，然后他就被激怒了。"

- 你能猜出你伴侣的伤痛之处吗？你清楚地知道做什么会触碰到那个伤处吗？

与你的伴侣分享

　　我们生来就不愿意面对自己的脆弱。生活在一个需要坚强、无懈可击的社会，我们倾向于忽视或否认自己的弱点。就像凯里不愿面对自己的悲伤和渴望，而是紧紧抓住愤怒不放。"否则我可能会变成一个软弱的、哭哭啼啼等着被人帮助的人。"凯里解释道。我们也害怕陷入自己的痛苦之中。伴侣们告诉我："如果我允许自己哭泣，也许就停不下来了。万一我失去控制，哭个没完怎么办？"或者他们会说："如果我允许自己感受这些脆弱，那我只会伤得更深。这个伤痛会掌控我，让我无法承受。"

　　我们也许更不愿意向爱人坦白自己的脆弱。我们认为，这样做会降低我们对爱人的吸引力。我们也注意到，承认自己的脆弱似乎意味着将一个强有力的武器交到能伤我们最深的人手中。我们的伴侣有可能利用我们，而我们的本能是保护自己。

　　作为另一个人的爱人，我们有时也不愿意承认伴侣发出的正在遭受痛苦的信号，即使那些信号非常明显。因为我们不确定该怎么做或怎么想，特别是在没有可参考的模板教我们如何有效回应的时候。我们中的一些人从未真正经历过安全可靠的关系。另一种可能是我们不想承认或被迫卷入爱人的脆弱——这实际上暗示着我们不想陷入自己的脆弱。有一件事一直很吸引我：当孩子哭泣时，我们就会优先考虑这个信号，对孩子做出回应。我们的孩子对我们没有威胁，我们能够承认他们的脆弱和他们对我们的需要。我们可以用依恋的理论理解孩子，却一直被教导不能这样理解成年人。

　　真相是，如果我们不让爱人完全了解我们，或者如果爱人不愿意了解我们，那么我们永远无法建立真正坚固、安全的联结。我的来访者戴维，一位执掌大权的管理者，理解了这个道理。他说："是的，在我的脑海中，我想我发现了，总是远离这些重要的情绪，远离我的悲伤和恐惧，这有点儿将事情扭曲了。如果我躲藏起来，回避别人每一个难过的信号，听到消极的内容就逃开，这确实会限制我与他人建立联系。"

　　我们希望且需要我们的爱人回应我们的伤痛，但如果我们不将伤处展示出来，他们就无法回应。好的爱需要勇气和信任。如果你从心底对爱人的善意抱着深切的怀疑，例如，如果你很害怕对方靠近自己，那么当然最好不要向对方坦白（坦率地说，你可能需要重新考虑这段关系）。

　　当你准备好分享你的脆弱时，请慢慢来。没必要一开始就袒露你的全部。通常，可以从谈论"分享"这一行为开始。"和你分享这个对我来说是件很困难的事……"就是一个很好的开场白。这样就更容易接着透露一点儿你的敏感之处。等你感觉自在了以后，就可以更坦率地谈论伤痛的根源。

这样做应该能为你的爱人打开一扇门，让对方也能够回应并袒露自己的伤痛之处及其来源。这样的公开谈论往往会让人感到惊奇。在我为痛苦的伴侣进行的咨询中，当其中一方第一次真正承认并吐露自己的脆弱时，另一方的反应通常是惊讶和难以置信。他们过去只见到了爱人表面的情绪反应，这些反应掩盖和隐藏了更深层的脆弱。

当然，仅仅是意识到并展露我们的脆弱并不能使它们消失。它们已经转化成了内置的警报系统，每当我们和最爱的人出现情感联结的危机时，警报信号就会响起，且无法被轻易关闭。这可能也反映了依恋对我们是多么重要——刻在我们生存代码中的数据可不是能被轻易删改的。

这里的关键情绪是害怕，害怕失去联结。纽约大学神经科学中心的约瑟夫·勒杜指出，我们的神经系统倾向于将害怕的警报与大脑杏仁核这个存储情绪事件的部位联系起来。整套系统就是为了添加信息而设计的，不会允许信息被轻易删除。我们为了避免危险，宁可误报警告信号，也不能漏报。然而，正如你将在下一章中了解到的那样，这些联系是可以被削弱的。

不过，即使只是与伴侣谈论自己最深的恐惧和渴望，也能卸下一个极大的负担。我问戴维："当你允许自己接触那些难受的感觉，并谈论这些事情时，你会感到更受伤或害怕吗？"他笑了，看起来很惊讶。"不会，"他说，"那很有趣。一旦我意识到自己并没有什么问题，这些感觉都是与生俱来的，一切就没有那么难了。

事实上，走进那个令人害怕的地方并抓住那些感受，就能够有所帮助。一旦理解了那些感受，痛苦也能有所缓解。"我看着他，与之前那个忙着逃避自己的恐惧及妻子"可怕"言语的他相比，现在的他看起来真的更加平衡，活得也更加自在了。这让我想起我的探戈老师弗朗西斯告诉我的话："当你双脚平衡，将注意力放在自己身上时，你就可以听我说话，和我一起舞动。那时我们就可以跳出一致的探戈舞步了。"

一对伴侣维奥拉和詹姆斯也发现了这一点。每当维奥拉在和詹姆斯的相处中遇到困难时，她就会远离对方，变得沉默。"我能说什么呢？"维奥拉告诉我，"我不知道我感受到了什么。当他开始说我们的关系不够幸福的时候，我不知道发生了什么。詹姆斯想'好好谈谈'。但我该怎么谈论我不知道的事情呢？所以我刻意忽视了，保持沉默，让他说。但他只是变得越来越沮丧。"我们知道，当我们和爱人之间的安全基地受到威胁时，我们会被无助的悲伤、对自己的缺陷或失败的羞愧以及对被拒绝、被抛弃或失去对方的极度担忧所淹没。这里的音乐基调是恐慌。

正如我们之前讨论的，我们的依恋警报系统会在察觉到情感剥夺时被开启：因为无法获得与爱人的情感联系，从而被剥夺了所需的注意、关心和安慰，这里的安慰正是哈里·哈洛所说的"接触安慰"。依恋警报系统的第二个开关是被遗弃的感觉。它可能来自情感上被抛弃（"我呼唤的时候没人回答，没有反应。当我需要帮助的时候，孤立无援"）或被拒绝（"我觉得自己不被欢迎或常被指指点点。我没有价值。我不是最优先的"）的感受。我们的大脑对被剥夺和遗弃的反应是宣告自己无能为力。

维奥拉一直无法理解并说出这些情绪，也无法寻求詹姆斯的帮助来缓解它们，所以它们已经成了一种反应性的伤痛之处，在遇见危险时会立即发出信号，引发维奥拉为了自保而远离伴侣的行为。

如果维奥拉能够仔细检查并分析构成她伤痛之处的每一个细节，会发生什么？她开始关注在她习惯性的"刻意忽视"反应前，自己身上发生了什么，而这个反应也正是詹姆斯一直非常惧怕的。究竟是什么样的信号导致了这种"刻意忽视"？当维奥拉放慢节奏并思考了一会后，她找到了那个信号，并告诉我："我想是他的脸。从他紧皱的眉头中，我看到了沮丧，然后我明白了自己是个多么失败的人。如果让我在谈论这些的时候注意自己身体的感受，我会感到紧张，好像我在学校的考试要不及格一样。当我思考这意味着什么时，我想我们注定要走向分手。这太让人绝望了。不管他想要的是什么，我显然都没有。"

詹姆斯说："所有这些到底是一种什么样的感觉？"维奥拉平静地告诉他："嗯，焦虑是个不错的词。"然后我注意到他的表情放松了。即使说出的答案并不积极，但能够梳理自己的内心世界也会让人感觉良好。维奥拉继续说道："所以如果下一个问题是这种感觉如何推动我，让我做出什么行动，那么答案很简单——我就是什么都不做。因为无论我做什么都会让事情变得更糟，所以我只是停在原地，等待詹姆斯的沮丧消退。"

那么，现在维奥拉已经能够描述她内心的伤痛之处是如何被触碰的，以及这个伤处是如何导致她无法回应伴侣的。她感到悲伤、焦虑和绝望，她想什么也不做，只是抱着微弱的希望期待着问题自然消失。她告诉我，情绪对她来说一直是个"未知的领域"，所以注意自己的情绪是一次全新的尝试。我称赞了她的勇气和坦诚，也和她聊到了她的"封闭"策略在很多情况下都能起效。但在爱的关系中，这只会让她的伴侣拉响警报，并以消极的方式展开接下来的互动。我们也讨论了这个伤痛之处的来源。她记得在他们刚坠入爱河时，她很信任詹姆斯，有时也能表达自己的感受。但经过这些年，他们已渐行渐远。在詹姆斯背部受伤后，他因为太过疼痛而无法让维奥拉触碰，这让他们的距离愈加疏远。然后维奥拉渐渐失去了信心，越来越警惕詹姆斯发出的负面信号。

詹姆斯回应维奥拉道："嗯，直到现在我才知道你的焦虑。之前我从未想过。我只是看到有个人在我面前消失了，然后我们就陷入了魔鬼式对话。你知道，和一个毫无反应的人说话是很令人沮丧的。"但詹姆斯告诉维奥拉，他开始理解，在他如此突然的愤怒下，维奥拉很难整理自己的情绪。然后，詹姆斯也能够向维奥拉说出自己的伤痛之处，以及他关于维奥拉因为沉浸于演艺事业而"抛弃"他的感受。维奥拉告诉詹姆斯："我可能在片场算个人物，但在你对我发火时，我也会被吓得不知所措。"维奥拉正在以一种全新的方式处理自己的脆弱。她在互动中有了更多的参与，也更容易亲近了。

一般来说，在有爱的关系中，即使是分享消极情绪，只要在可控范围内，都比完全不涉及情绪要好。缺乏回应只会引起对方的原始恐慌。正如詹姆斯对维奥拉说的："我明白了，我之所以对你发火，只是因为我想证明你不会丢下我。"维奥拉和詹姆斯现在正深入彼此的情绪世界。改变对话的层面，可以澄清我们的情绪反应，并向伴侣传达更清晰的依恋需求信号。这样，我们也给爱人提供了关心我们的最佳时机。

让我们来看看詹姆斯是如何认识到自己的伤痛之处，以及维奥拉在这个过程中是如何帮助他的。维奥拉询问是什么信号引起了詹姆斯的沮丧。詹姆斯想了想，然后说："我好像只是在等它发生。等着你'忘记'我们共度时光的约定。"然而，接下来，詹姆斯逐渐偏离主题，开始详细讲述维奥拉的这个"习惯"是如何出现的。于是，维奥拉建议詹姆斯尝试将关注点放在他是如何感受到这一切正在发生的上。例如，触发的依恋信号是什么，以及詹姆斯对问题的第一反应是什么。

詹姆斯将眼睛闭上了一会儿，我听到象征情绪的电梯开始下降。"维奥拉看起来心不在焉，她的心思根本就不在我身上。"詹姆斯一边说，一边流泪。如果我们安静地沉浸在自己的情绪中，它们往往会逐渐变得清晰，就像模糊的胶片逐渐显影一样。詹姆斯继续说："所以我哽咽了。我想，我确实感到很难过。我的大脑说，'他又离开了，一个人看书去了，而我被留在这里，孤身一人'。我们有很美好的生活，很多美妙的事物，却没有人和我共享。"

在之前的咨询中，维奥拉总会说她为詹姆斯付出了多少，让詹姆斯更加独立是多么有必要，而现在她正专注地听着。我肯定了詹姆斯的孤独以及他对与维奥拉亲密联结的渴望。詹姆斯继续倾听自己的感受，从自己的情绪中寻找信息。他的语气平静了下来，喃喃地说："我想，我那时认定了维奥拉不需要我。虽然她一直在那里，但我无法接触到她。"

现在詹姆斯的声音变得更温柔了，他转向维奥拉。"如果我不发火，我就会觉得有点儿不安。我现在感到不安和悲伤。我不想再看着你了。我在想，你一定对这一切感到厌烦。工作是你真正的爱。我试图接受这个事实，但所有的恐惧和悲伤都变成了痛苦。"他把手搭在脸上，突然间，我在片刻前看到的悲伤和脆弱消失了，变成了挑衅的愤怒，"我不想在这里了。也许我们分开会更幸福。"

糟糕！他突然生气了。停留在更深层的情绪中确实是很困难的。但是维奥拉很聪明。她看出詹姆斯在挣扎，于是伸手帮他走出困境。"所以在沮丧的情绪下，你想告诉我，你感到不安和悲伤。你想知道的是，对我来说重要的不仅仅是工作。确实，我不擅长谈论需求，我现在还在学习。但我确信我真的需要你别再对我说'分开会更好'这种话。哪怕会痛苦，我也一定要和你在一起，可以吗？"詹姆斯破涕为笑。

他们的关系在发展。他们正在学习用一种能拉近彼此距离的方式来处理伤痛之处。

♥ 扮演与练习

看看你和你的爱人是否都能想起一个时刻：当你与爱人分享脆弱或受伤的感觉时，对方以一种能促进亲密感的方式回应你。你的爱人具体做了什么才产生了这样的影响？

现在看看你们是否对最近的某次互动有同样的看法：你们都感到失去了情感联结，并最终有好一段时间陷在魔鬼式对话中。在当时，是谁激起了强烈的情绪，或是试图压抑，来避免强烈的情绪？想出一个短语来描述你通常如何在困难的互动中处理脆弱的感受，并与你的伴侣分享。这里有一些例子：我变得像一块石头，变得冷冰冰的，进入战斗模式，逃跑和躲藏。

如果你习惯性地以这种方式与你的伴侣互动，很可能是因为在过去的爱情关系中，似乎只有这样才可行。这种处理情绪的方式如何保全了你生命中最重要的关系？例如，它是否能帮你引起你爱人的注意，或者能够使爱人对你的拒绝减少，而回应增加？

在最近与伴侣的互动中，你是停留在表面的反应性情绪中，还是最终能够探索和分享更深层的情绪？请用从 1～10 的量表为你谈论自己脆弱感受的难度打分，并与你的伴侣分享。如果现在就要谈论这些感受，你感觉如何？你的伴侣有办法帮助你更多地分享这些感受吗？请不要忘记：我们都在同样的情感世界中生活，尽了最大的努力尝试寻找情感生活的意义，但有时也会犯错误。

试着回想，当你和伴侣在某一次互动中陷入困境时，你们各自能找到那个导致你们失去情感平衡，陷入强烈不安的信号吗？试着把这个当作事实陈述给你的伴侣，但不要责备对方。安妮说："那时我哭了，而你一言不发。"帕特里克回答说："我看到了你的脸，和你脸上受伤的表情。我心里很难受。遇到这样的时候，我总是不知所措。"

引起伤痛之处的伤害是有限的。看看你是否可以用下面的词汇或短语向你的伴侣描述你在近期的互动中出现的脆弱感受。如果说出口太难，你可以在书上圈出它们，并展示给你的伴侣看。

在这个事件中，如果我倾听自己最脆弱的感受，我觉得：孤独，被抛弃或自己无足轻重，沮丧和无助，警惕和不自在，害怕，受伤，绝望，无助，受惊吓，被威胁，恐慌，被拒绝，好像我无关紧要，被忽视，无能，孤独地被拒之门外，混乱和迷失，窘迫，羞耻，茫然，恐惧，震惊，悲伤，凄凉，失望，孤立，屈辱，麻木，蒙羞，不堪重负，渺小或微不足道，不被欢迎，脆弱，担忧。

你能和你的伴侣分享这种感受吗？如果现在实在很难做到，

你能否说出在你的想象中，分享可能带来的最具灾难性的后果？你是否能告诉你的伴侣：

当我想象和你分享我最脆弱的感受时，我觉得很难做到。我想象中最糟糕的情况是 _____。

你是否能问问你的伴侣，当你分享这些时，他有什么感受？他怎样帮助你，会让你有足够的安全感来分享？你们觉得这种分享对你们的关系有什么影响？

对于用于练习的这个不良互动，你们能一起创造一个新的版本吗？你们能轮流描述一下你们在互动舞步中的基本动作（例如：我封闭自己，回避退缩），并说出双方都能察觉到的明显的表层情绪吗（例如：我感到不自在、烦躁不安，像是想要逃开。我就是觉得很生气）？

我通过 _____ 开始这段互动，我感觉 _____。

现在我们可以再深入一点。试着在第一个空格中填入引发你在上文中圈出的强烈情绪的特定依恋信号，或是你在伴侣的声音中听到了什么。然后把你选择的那个感受填入后一个空格中。

当我听到／看到 _____，我就觉得 _____。

尽量使用简单、具体的语言。宽泛的、模糊的词语或标记会打乱这种对话。如果你遇到了困难，请直接告诉对方，试着回到最后一个能够明确的地方重新开始。

现在我们可以把这些内容组织在一起了。

当我们陷入不良互动循环时，我 _____ ［填入一个动词，例如：催促］，**我感到 _____** ［表层情绪（surface emotion）］。**当我看到／感觉到／听到 _____** ［依恋信号］时，我察觉到了失去情感联结的信号。在更深的层次上，**我感觉 _____。**

　　关于伴侣的伤痛之处，你们都了解到了什么？你们之所以会触碰到这些伤处，只是因为你们爱着对方。在互动中，哪怕你们都关注着对方，也不可能一直相互倾听理解。当信号被忽略时，依恋脆弱性（attachment vulnerability）会占据互动的中心。应对的诀窍是在识别和处理这些伤痛之处时，采用不会让你们陷入不良互动循环的方式。在下一章中，你将学到更多处理这些与依恋相关感受的方法，以缓和伴侣间的破坏性的互动模式。

第6章

对话3：重返崎岖处

> 真正重要的是弥补错误，哪怕只是拥有再试一次的意愿。
>
> ——德博拉·布卢姆（Deborah Blum），
> 《爱与依恋的力量》（*Love at Goon-Park*）

多里斯姑妈是个身材高大，有一头漂白过的头发，下巴上有小胡须的女人，她正在往一个巨大的圣诞布丁上倒朗姆酒。她还在和我已经有点儿喝醉的姑父锡德吵架。她转向他说："我们又陷入麻烦中了，陷入那种一辈子都解决不了的大麻烦里。你已经喝醉了，而我也不再像个闪亮的圣诞仙女。我们要打一架吗？我会像往常一样抢起拳头，而你则尽量躲开。然后我们两个都会觉得很糟糕。我们真的要这样大吵一架吗？还是说，我们可以重新来过？"锡德姑父认真地点了点头，轻声咕哝道："不打架，也不躲避。多里斯，你做的甜点真好吃。"随后，他拍了拍姑妈的后背，跟跟跄跄地走进另一个房间。

　　我很清楚地记得这场小闹剧，因为锡德姑父要在那天晚上扮演圣诞老人，而任何意外的发生可能都意味着我拿不到圣诞节礼物了。那一句恭维和那一下轻拍，挽救了我的圣诞节。不过如今，这么多年以后，我会以更加置身事外的视角看待他们之间的互动。在出现冲突和情感失联的时刻，锡德姑父和多里斯姑妈能够识别出他们之间消极的互动模式，宣布停止争吵，并重新建立起一个更加温暖的情感联结。

　　对于多里斯和锡德而言，停止争吵并改变谈话的方向也许是非常容易的事情，因为在大多数时候，他们之间的关系足够安全，并且充满了爱的回应。我们都知道，能够从伴侣身上获得安全感的人可以更容易做到这件事。他们能够各退一步，去反映两人之间互动的过程，也愿意为自己在互动过程中的行为负责。然而，对于深陷痛苦的伴侣而言，要做到这一点就会困难许多。他们深陷于两人关系最表层的情绪混乱之中，把彼此视为威胁，视为敌人。

　　为了重新建立情感联结，伴侣们必须能够缓和冲突，并且积极地为彼此创建一种情感上最基本的安全感。他们需要合作限制消极对话，化解彼此心中基本的不安全感。他们也许还不能达到彼此渴望的那种亲密程度，但至少能够在激怒对方的时候立刻做出调整，并且防止事态扩大。他们可以有分歧，但不会无助地掉进魔鬼式对话之中。他们仍会触碰到彼此的伤痛之处，但不会落入焦虑指责或麻木退缩的互动模式中。他们也可以更好地处理这一令人困惑和捉摸不透的问题，即他们所爱之人虽然是消除恐惧的解药，但也可能突然成为恐惧的来源本身。简而言之，他们能够更经常、更容易地维持情感的平衡。这为修复他们关系中的裂痕，建立真正的爱的联结创造了一个平台。

在对话 3 中，你将学会如何处理情感失联，或是依恋理论专家称之为"情绪失调"的时刻，并且防止危险升级，而将其转化为安全的情感联结。为了学会如何做到这一点，我请几对伴侣回顾了他们在关系中的艰难时刻，并应用他们在对话 1 和对话 2 中学到的有关沟通方式和依恋恐惧的知识，来找到消除障碍的方法。在咨询实践中，我们重演了那些激烈的争吵以及较为平静又持久的情感失联时刻。我放慢节奏，通过向伴侣们提问（"刚刚发生了什么"），来引导他们发现不安全感陡增的那些关键时刻，并向他们展示如何迅速停止冲突，并朝着更积极的方向前进。

克莱尔和彼得的争吵可不是闹着玩儿的。他们之间的争吵甚至可以夺得夫妻吵架的奥斯卡奖了。这次争执是从克莱尔指出彼得在她患肝炎期间本可以做更多帮助她的事情开始的。"你表现得就像什么都没发生一样，"她说，"当我建议你做些家务时，你变得令人讨厌又不耐烦。我不知道我为什么要忍受这些。"

彼得大声喊道："忍受！据我所知，你根本就没有忍受任何事情。你会确保我因为每个微不足道的错误而受尽折磨。当然了，对你来说，我还在为一个大项目忙到焦头烂额这件事一点儿也不重要。你就是对我很失望！这点你已经表达得再清楚不过了。当你转过身来教训我该如何正确地清理卫生间时，你看起来可不像生病的样子。"他转过椅子，仿佛打算离开。

克莱尔气得仰头尖叫："微不足道的过错！你是指你接下来对我冷嘲热讽，然后两天都不和我说话吗？这就是你所谓的微不足道的过错吗？你真是令人讨厌！"彼得把脸转向墙壁，冷冷地评论道："是啊，那这个'讨厌鬼'可不想和一个工头说话。"此刻，他们爱的联结正在瓦解。

减缓情感失联的步骤

现在，让我们重新回顾这场争吵，看看他们可以如何创造出一种全新的互动方式。以下步骤可以引导他们走向更和谐的关系。

（1）**停止争吵**。在他们的争吵中，克莱尔和彼得已经完全陷入了攻击与防御的旋涡：谁是对的，谁是错的；谁是受害者，谁是加害者；他们互相敌对，使用的代词几乎只剩"我"或"你"。"我有权得到你的关心，"克莱尔咄咄逼人地宣称，"如果你不能站出来主动做到这一点，那么我没有你一样能行。"不过这种胜利似乎没有意义，因为这并不是她想要的。彼得平静地回应道："我们可以停下来吗？在这场战争中，我们不都是输家吗？"他这时已经将代词改成了"我们"。克莱尔叹了口气。她改变了自己的观点和语气，若有所思地说："是的，这就是我们总是陷入的困境，我们被困住了。我们都想证明自己的观点，最后吵到双方都筋疲力尽。"

（2）**承认自己的行为**。克莱尔抱怨彼得不关注自己，在他们关系紧张起来的时刻，他都不曾试图听听她的想法。他们共同指出彼此的举动。克莱尔反省道："一开始是我在抱怨，对你非常生气，然后你怎么做来着？""我开始自我防御，然后回击你。"彼得回答道。克莱尔继续说："接着，我失去了理智，开始更多地指责你，其实是在抗议你离我越来越远。"此刻，彼得平静了许多，还冒险说了句俏皮话："你漏了一点。然后你威胁了我，你记得吗？你说你没有我一样能行。"

克莱尔笑了。他们一同简短地总结出他们的互动过程：克莱尔情绪失控，彼得却无动于衷；克莱尔变得越来越大声并威胁彼得；彼得觉得她不可理喻并试图逃避。彼得笑道："一块冷漠的石头和一个专横的女人。好一场对话！是的，我可以想象，和一块石头说话一定很令人沮丧。"克莱尔跟随他的步伐，承认她愤怒、批评的语气可能引发彼得的自我防御，并在这样的争吵后使彼得疏远自己。他们都同意，能够彼此坦诚真不是件容易的事。

（3）**坦承自己的感受。**克莱尔现在已经能够谈论自己的感受了，而不是像她之前所说的："盯着彼得不放，并把自己的感受包装成一个大大的责备。"她接着分享："我心里很生气，一部分的我想告诉你，'好吧，既然我那么难以相处，我就给你点儿颜色看看。我绝不会被你打败'；但我的内心其实惶恐不安，你能明白我的感受吗？"彼得嘀咕道："哦，是的，我明白这种感觉。"像这样清楚地承认自己内心的激烈情绪、愤怒和困惑，是让自己变得容易接近的开始。有时候，用"部分"这个词会对我们的坦承有所帮助。因为这可以帮助我们承认自己也不太喜欢自己的那些部分，并帮助我们表达尚不明晰的感受。彼得可能会说："是的，有一部分的我感到麻木。每当我们陷入这种困境时，我就会自动出现这种反应，但我想还有另一部分的我同样觉得惶恐不安。"

（4）**明白自己如何塑造了伴侣的感受。**我们必须意识到我们处理自己情绪的方式通常会如何使伴侣心态失衡，并引发其更深层次的依恋恐惧。如果我们情感相连，我的感受自然会影响你的感受。然而，当我们受困于自己的情绪时，要在当下看到我们对所爱之人造成的影响可能非常困难，尤其是当恐惧限制了我们的视角时。在争吵中，事情发生得如此之快，克莱尔是如此沮丧，以至于她真的看不到她批评的语气和"忍受"这个词如何戳到彼得的痛处并引发了他的自我防御。事实上，她还断言彼得的行为完全只是因为他个人的缺陷，他就是个混蛋！

当时，彼得也没有察觉到他那句"不想和一个'工头'说话"是如何导致克莱尔将冲突升级，威胁彼得说她没有他也一样能行。要想真正掌控住魔鬼式对话并且抚慰伤痛之处，双方都必须认识到自己如何把对方拉入恶性循环，并且积极地给彼此制造痛苦。现在，彼得已经能够做到这一点。他说："在这些争吵中，我急于自我防御，然后拒绝沟通。这就是为什么我的沉默会让你感到害怕，对吗？你会觉得我没有陪在你身边。我确实会沉默。我真的不知道还能做什么。我只是不想再听到你对我有多么生气。"

（5）询问伴侣的深层情绪。在争吵以及随之而来的冷战期间，彼得和克莱尔都自顾不暇，根本无法关注到彼此的深层情绪，也意识不到他们戳到了彼此的伤痛之处。但如果他们能跳出来看整个互动并稍微放缓节奏，就能够开始对彼此脆弱、深层的情绪感到好奇，而不是一味地关注自己的伤痛和恐惧，并用最大的恶意揣测自己的伴侣。

此刻，彼得转向妻子说："我一开始以为你只是想贬低我，但在这些情况下，你不只是生气，对吗？在那些争吵和愤怒的背后，其实是你的伤心，是吗？现在我知道了，原来你最害怕的是被抛下和遗弃。我真的不想让你受到伤害。我曾经只把你当成一个严酷的校长，觉得你急于证明我作为你的配偶是多么无用。"当克莱尔询问彼得，在这次争吵中他心里较为脆弱的感受是什么时，他已经能够看到自己的内心，准确找到是克莱尔所说的"忍受"这个词唤起了他对失败的所有恐惧感。

克莱尔想起了他们"寻找伤痛之处"的对话，补充说："所以，这就像无论你怎么做，我都会感到失望。那种感觉太糟糕了，以致你只想放弃、逃跑。"彼得表示赞同。当然，如果此时伴侣已经能够坦然地谈论他们的伤痛之处，这会非常有帮助，但如果你能意识到自己对伴侣有很大的影响，并且积极地关注他的脆弱之处，这也是很有帮助的。

（6）**分享自己较为脆弱的深层情绪**。尽管倾诉你内心最深层的情绪（有时是悲伤或羞愧，但更多时候是依恋恐惧）或许对你来说是最难迈出的一步，但这也将是最有收获的一步。这样的分享会让伴侣看到，你们争吵时你内心最害怕的是什么。我们经常在关于日常琐事的反复争吵中忽视隐藏在争吵背后的依恋需求与恐惧。像这样分析情感联结断开的时刻有助于克莱尔探索自己的感受，并冒险与彼得分享。克莱尔深吸一口气，对彼得说："我内心其实很受伤，但很难对你说出来。我的内心非常恐惧。我能感觉到像有个东西卡在了我的喉咙中。如果我不再靠近你，来设法引起你的注意，你也许会眼睁睁地看着我们越来越疏远。你也许会看着我们的关系逐渐断开，最后消失。这实在是太可怕了。"彼得边听边点头。他告诉她："当你冒险告诉我这些的时候，我感觉更了解你了。当你说这些事情的时候，我感到自己像是重新认识了你。然后我发现我们在某些方面还挺相似。这让我更容易感到与你亲近，让我想要安慰你。有时我可能会走神，但我不会让你离开我。"

（7）**齐心协力**。以上步骤会帮助我们建立一个全新的、真实的伴侣关系。现在，伴侣间有了共同的立场和目标。他们不再将彼此视为敌人，而是视为盟友。他们可以控制不断升级的消极对话（这些对话滋生了他们的不安全感），并且能够共同面对他们心中的不安全感。彼得对他的妻子说："我喜欢那些我们能够停止争吵，放低音量的时刻。我也喜欢我们一致认为，我们先前的对话方式太过艰难，已经失去我们的控制，而让我们都感到害怕。当我们都同意我们不要再像以前那样被困住的时候，我感到充满了力量。尽管我们还不确定下一步该怎么走，但现在已经感觉好太多了。我们不必总是陷在同一个困境中了。"

所有这一切并不意味着彼得和克莱尔已经真正地感觉到彼此能够相互倾听理解，建立安全的情感联结，但这至少意味着他们知道如何在分歧扩大为无法弥合的深渊之前阻止它。他们意识到缓和冲突有两个关键因素：第一，在发生冲突和情感失联的关键时刻，一方的反应可能会让另一方深感痛苦和受到威胁；第二，一方的消极反应可能是处理自身依恋恐惧的急切尝试。

伴侣们并不是在每一次情感失联的时刻都能够应用这些知识和缓和冲突的具体步骤。这需要经过反复练习，需要一次又一次地去检视那些尚未解决的过去的冲突，直到双方都能达到一致的感受，并且获得另一位伴侣先前不会提供的支持性回应。一旦伴侣们掌握了这些方法，他们就可以开始将这些步骤融入他们日常情感关系的互动节奏中。每当他们发生争吵或感到彼此之间有了隔阂，他们可以退一步然后问自己："刚刚究竟发生了什么？"

不过，即使加以练习，伴侣们也不是每次都能做到这一点——某些时刻，争吵可能会非常激烈。通常，每当我丈夫错过了我向他发出的情感联结的信号时，我都能先退一步再反思我们之间的互动。我仍然能够保持平静，并且选择如何回应。但有时候，我也会变得如此受伤、脆弱，感到整个世界瞬间变成了一场生死搏斗。这时，我的反应就会很强烈，以获得一些掌控感，而不至于太过无助。但我的丈夫所看到的只有我的敌意。当我冷静下来后，我会主动找到他："嗯……我们可以回到刚刚，再来一次吗？"于是，我们按下心灵记录的倒带按钮，重新回顾刚刚的争吵事件。

通过一次又一次的练习，伴侣们培养了对自己何时踏入危险领域的敏锐感知。他们能更早地感受到争吵时的地动山摇，并且能够更快地逃脱。他们也对自己在情感失联时刻的掌控力逐渐建立了信心，从而塑造了他们最珍贵的亲密关系。尽管，大多数伴侣想要发展出多里斯姑妈和锡德姑父那种简短得近乎简略的减缓冲突的语言，但是这可能需要一些时间。

认识你对伴侣的影响

克丽和萨尔的例子让我们看到了减缓冲突的详细过程。这是一对外表冷静、积极进取的夫妻，他们结婚已经 20 年了，而他们唯一的共识竟然是：最近 4 年的生活如临地狱。克丽先前做了多年的全职妈妈，现在则开始忙于新的工作，因此睡觉的时间总是比萨尔晚很多。这件事让他们不断陷入负面的互动循环。他们试图就此进行协商，但每次达成一致之后，协议又会被打破。

他们已经在我的咨询室里相互攻击了大约 10 分钟。我问他们，这种攻击是否就是他们平常的相处方式。克丽这个身材高挑、举止优雅、穿着一袭红衣（包括她的意大利皮包也是红色的）的女人敏锐地告诉我："不是的。通常情况下我会保持冷静。我更喜欢有教养的方式。每当他变得咄咄逼人的时候，我的大脑就会停止运转。但最近，我感觉自己越来越被逼到墙角，所以我会出来反击，好让他稍微后退一会儿。"我提示说，我所看到的这种相互攻击的循环可能只是他们相处模式的小变体，由克丽试图压抑自己

的情感，而萨尔试图找回一些掌控感并更多地亲近妻子的模式演
变而来。他们都同意我的看法。

　　萨尔是一名能言善辩、两鬓微白的企业律师。他开始控诉自
己在这段婚姻中被剥夺了多少权利。他既得不到关爱和注意，说
话也没有人听，所以他非常愤怒，而且他理应愤怒。克丽则抬起
头看着天花板，翘起二郎腿，开始上下摇晃她穿着红色高跟鞋的
脚。我指出他们之间的互动模式是如何发生的：萨尔越来越生气
并要求得到克丽的关注，克丽却传递出"你别想靠近我"的信号。

　　当克丽意识到自己采用的策略时，她开怀大笑起来，这也打
破了紧张的气氛。萨尔接着说起克丽的成长经历是如何损害了她
的共情能力，并就如何解决这个问题提供了一些建议。而克丽当
然只听到了问题出在她身上，并且必须努力去改正自己的不足。
于是，紧张的气氛又回来了。

　　我们谈论了一些关于依恋和爱的话题，以及我们的原始本能
是如何主导我们的反应的：每当萨尔感到自己与克丽有些疏远，
他便会主动地找克丽，但克丽看到的只是萨尔的愤怒，于是便采
取自我防御的退缩姿态，试图平复自己的情绪并缓和这段关系。
"这不是你的问题，而是因为人性和我们的本能反应"这句话似乎
对他们帮助很大。

　　这对伴侣之间"你要听我说 / 你别强迫我"的互动模式自结婚
以来就一直存在，但在克丽成为房地产经纪人而开启一段成功的
事业之后，这种互动模式变得更加激烈与危险。双方都开始将彼
此的争吵、不和谐以及每天的伤害填充进这个模式里。在理智上，
他们都知道这种消极的互动模式现在支配了他们之间的亲密关系，
正如萨尔所言，他们都是"这个情感旋涡的受害者"。但很显然，

克丽是从一个狭隘和不信任的视角来看待萨尔的。她并未真正了解她的疏远对萨尔的影响，也不明白她的态度如何将萨尔拉进了这个消极的循环中。她还没有真正意识到自己如何在不知不觉中塑造了萨尔对自己的反应。

有一次，克丽转向萨尔，尖锐地问他："你为什么这么咄咄逼人？好吧，就算每个人生来都有依恋需求，我也可以很酷，这就是我的风格。但对你来说，我依然是个非常好的妻子，你不这么认为吗？"萨尔严肃地点点头，眼睛盯着地板。克丽接着说："但就像今天早上，你突然又发起了这个消极互动，说我太忙，说我昨天很晚才上床。这类事件已经变成我们之间的大麻烦。它随时都有可能发生。只要我不和你一起上床或是比你想要的晚一点儿，你就会发疯。有件事我不明白。这就好像在那一刻，除了你的需求外什么都不重要，即使我们白天已经花了时间相处也依然如此。"

萨尔开始详细阐述一系列精心设计的观点来解释自己的要求真的不过分。然而，还没等萨尔第一句理性的话说完，克丽的思绪便早已飘走。

我们需要改变他们的对话层次，让更多的情感参与进来。于是，我问萨尔还记不记得等待克丽上床时的感觉。他停顿了一下，嘲讽地说："每天都在等太太上床的感觉可太好了！永远都在想她何时才会大驾光临！"乍一看，与萨尔给人的感觉一致，他像是一个习惯占据主导权的男人，需要有人竞相取悦他。但在他愤怒的回应背后，我却听到他并不确定克丽是否会受他"召唤"而出现。

我问他："你现在说这些话的时候，心里有什么感受？你听起来很生气，但在讽刺的背后好像有一种苦涩。等她上床的时候你是什么感觉，是不是觉得她不在乎你等了多久，或者可能根本不会出现？"我已经按下了深层情绪的电梯按钮。沉默了很长一段时间后，萨尔给了我回答。

"那很痛苦，"萨尔承认，"对，就是痛苦。所以我把它变成直接的愤怒表现出来。但等待是怎样一种感受呢？"他的脸皱在一块儿。"那很痛苦，就是这样。"他用手捂住眼睛，"我无法承受那种感觉。"

克丽惊讶地转过头来，难以置信地皱起眉头。我轻声地让萨尔帮助我理解"痛苦"这个词的含义。当他开始说话时，原本咄咄逼人的语气全部消失了。"在我看来，在克丽的生活中我是被边缘化的，"他说，"我觉得自己对她一点儿也不重要。她是在百忙之中抽空给我分配时间的。以前，我们睡觉前总是在一起。但现在，当她几个小时都不上床睡觉时，我就觉得自己被晾在一旁。每当我试着谈论这件事时，都会被她拒绝。当我一个人躺在床上时，我开始觉得自己是如此卑微。我想不通这是怎么回事，我们以前不是这样的。我现在感到自己只是孤零零的一个人。"

我注意到他说的"孤零零"和"晾在一旁"，以及他的失落感。我记得第一次咨询时，他曾提起过自己孤独的童年：他的大部分时间是在昂贵的寄宿学校度过的，而他的外交官父母则奔波于世界各地。我记得他告诉我，克丽是他唯一亲近和信任的人，认识她为他打开了一个全新的世界。我把这些想法和他说过的话反馈给他，并且肯定他的痛苦是完全合理的。然后我问他，现在谈论这些被晾在一旁的艰难感受是什么感觉。他继续说道："这让我感到悲伤和绝望。"

我问他："是不是有一部分的你说，你已经失去在她心目中的位置了？你不再确定自己在克丽心中有多重要了？""是的。"萨尔的语气很平静，"我不知道该怎么办，所以我就生气了，并且制造出各种噪声。我昨晚就是这么做的。"我评论道："你在试图引起克丽的注意，但你感到很绝望。对我们大多数人来说，当我们不确定彼此之间的关系，又无法让所爱之人回应我们的时候是非常可怕的。""我不想有这种感觉，"萨尔补充道，"但你说得没错。那种感觉很可怕，也很可悲。就像昨天晚上，我躺在黑暗中，心里说：'她很忙。那就让她忙吧。'可当我躺在床上时，我又觉得自己像个可怜的傻瓜。"他说着说着，眼里便充满了泪水。

此时，我看到克丽瞪大了双眼，她已经向她的丈夫靠了过去。我问她对丈夫的分享有什么回应。"我真的很困惑，"她说着，把头转向萨尔，"你是认真的吗？你是认真的。你生我的气是因为你觉得我不重视你！你感到孤单吗？我从来没有在你身上看到这一点。我从没有想到……"有几秒钟的时间，她的声音变得越来越小："我只看到一个好斗的人冒出来想对我不利。"

我们讨论起她心中的困惑：她的不易接近竟然会影响到萨尔，让萨尔活在一个只能思念她的世界里，同时害怕自己失去在她心里的位置。"我真的很理解为什么你会这样看我，"萨尔继续说，"我确实想试着远离那些感受。对我来说，发火或讽刺你要更加容易，就像你平时看到的那样。"

克丽看起来很挣扎。她的丈夫看起来并不是她所想象的那样。我忍不住指出，正是萨尔的愤怒把克丽从他身边推开，而随着克丽的疏远，两人都掉进了不安全感和彼此孤立的恶性循环中。

"我真的不知道你会有那种感觉，"克丽说，"也不知道我的疏远、想避免所有的冲突会……我从来都不知道你在等我，而且感到那么受伤。我不知道这对你来说有多么痛苦，也不知道我们一起上床睡觉对你来说是那么重要。我们每次吵架时，我都以为是你想要有更多的性生活。"现在，克丽的脸色和声音都温柔了许多。接着，她用一种惊讶的语气低声说道："我不知道我对你而言那么重要，我还以为你只是想要控制局面。"

我问克丽是否可以发现，她为了避免萨尔的愤怒而与他疏远，这反而引发了他的依恋恐惧，戳到了他的痛处，并引发了他的愤怒，把他拉进了痛苦的旋涡。

"是的，我发现了，"她承认，"我想这就是他无法让自己不再发火的原因吧，即使我们已经讨论过这个问题，并就此表达了我的不满，他仍是如此。我想我听到的是，我的疏远和忙碌如何触发了他的那些感受。而我又难以忍受他的愤怒，所以我就越发逃离，结果我们就被困在了这里。"她转向萨尔说："但我……我从来不知道你独自在黑暗中等我，也没想到我对你有那样的影响力。我真的不知道，不知道你在黑暗中会感到孤独。"

克丽和萨尔开始真正意识到他们在情感依恋的层面上对彼此的影响力。他们开始明白彼此是如何触发了对方的恐惧，并导致了他们的"抗议之舞"持续下去。萨尔抗议克丽的疏远回避，克丽则抗议萨尔试图与她联结时咄咄逼人的沟通方式。他们开始具体地看清彼此是如何将对方拉进了不良的互动模式里。

看清恐惧如何驾驭你的伴侣

在另一次咨询中，克丽和萨尔回顾了另一个冲突的场景：这次冲突始于克丽打算参加一场家族婚礼，但她觉得自己在这个婚礼上特别像个外人，所以在准备礼服时，她问萨尔对这件衣服有什么看法。克丽其实是在寻求萨尔的支持，但萨尔没有意识到这一点。相反，他变得有点苛刻，暗示克丽她早就知道他不喜欢那件衣服，而他的意见、他的喜好对她而言根本就不重要。这件事迅速升级为一场关于他们性生活质量的争论。他们再次进入了惯有的互动模式：克丽回避退缩，萨尔咄咄逼人。不过现在，他们已能意识到彼此间的不良互动模式。在回顾了当时的争吵之后，他们都明白了彼此都有的依恋恐惧是如何使双方陷入了绝望与疏远。

"是，你确实问过我对礼服的意见，"萨尔说，"你问我'这件可以吗'。而我只不过是说出我的想法而已。"克丽将脸转向窗户，强忍着泪水。当我问她当时发生了什么事时，她转过脸冲着萨尔喊道："没错，我的确问过你。你也知道这个问题对我来说很重要，我一直非常在意自己在那群人中间的形象。我在那里没有安全感。你本可以说一些支持我的话，但你没有！我得到的只有刻薄的评价，说我是怎样没有心思取悦你。我确实问了你的意见，不是吗？我要的是支持，而不是一大堆批评。你到底要我怎么样？我怎么做都不对。这就是我想要逃走的时刻，就像'快把我传送走'一样。说到底，一切都是因为你想要有更多的性生活。"她转过身，整个人背对着他，眼神尖锐地盯着对面的墙壁。

"你说得没错，"萨尔用一种紧张急促的声音回答，"你的确问了，但我的意见什么时候真正管用过呢？你想穿什么就穿什么。我想要什么无关紧要。是的，你在床上对我的冷淡确实让我不快。但那只是问题的一部分，而不是说我想要的仅仅是更多的性生活。"

我请萨尔和克丽在这里暂停，并按下了回放按钮。如果我们能透过摄像机来观看前几分钟的内容，我们会看到什么？我知道他们能够做到，因为就在上周，我还看到他们以这种方式走出了他们之间的恶性循环。萨尔微笑着向后靠在椅子上。然后，他描绘了一幅他们是如何被困住的画面："是啊，好吧。追 - 逃模式又出现了。我想这跟那件礼服裙子无关，对吧？甚至与性也无关。"

我很喜欢他这番话。他知道他们都错过了重点——他们的依恋需求和感受才是引发争吵的根源。他看到了正在发生的不良互动模式。现在，他需要改变他那批评的态度，于是他转向克丽说："我想我是有些咄咄逼人了。我想我还在为昨晚的事感到痛苦。你记得吗，在书房里，我说我们抱一个吧。但你太累了。"他停顿了一下，低着头说："这种情况经常发生。"

萨尔以一种强有力的方式改变了对话的层次。他将注意力转向自己感受到的现实，同时邀请克丽参与。现在，我很期待克丽会如何回应。她会继续保持距离，不让萨尔亲近，还是会抓住这个机会还击萨尔："噢，原来你还感到被刺痛了？听着，伙计……"又或者，她会对萨尔为摆脱他们追 - 逃模式的恶性循环所做的努力有所回应？

克丽深吸了一口气，然后呼了出来。她温柔地说："是的。这都是因为你想要亲近我，而我累了，所以你才会那么受伤，那么生气，这一切都是因为你觉得我不在乎你的想法，也不愿意和你亲热。"

她找到了争吵背后的真相，拼出了完整的依恋故事，也辨识出了他们冲突中的情绪困扰。她继续说道："我的确很想知道你对那件礼服的看法，但你一直在生气，不是吗？嘿，这种事已经发生过无数次了，我们也已经讨论过了。为什么我们不能阻止这一切的发生呢？"

我忍不住指出，他们现在正是在这么做。他们已经能够跳出来看到整个互动模式，而不只是狭隘地对彼此的消极行为做出回应。现在，克丽朝着创造安全感的方向又迈了一步。她靠近萨尔说："我想，我还在学着了解你的伤痛之处。我知道你可能会觉得昨晚我很冷淡。其实我只是太累了。但我又有点儿害怕，不敢和你解释。我知道你想靠近我。也许我是害怕我们又会为这事起冲突，所以就让自己溜走了。"

"这是不是我们曾经讨论过的，"萨尔问道，"当你认为只有两个小时的亲热才能让我满意的时候？在这个时候你就会觉得很有压力，觉得自己无法满足我的需求？"

这个回应着实让我感到惊讶。一旦他们放慢了魔鬼式对话的步调，就能够了解对方的好奇心，贴近对方的感受。萨尔不仅是试图厘清自己的感受，也能够站在克丽的立场上，拥抱她的感受。

克丽显然被感动了，我注意到她弯腰脱下了她的红色高跟鞋，她所谓的"战靴"。这双高跟鞋可以向全世界宣告：她很强大，不容小觑。她把椅子挪向萨尔，说："是的，我确实感受到了压力。我想我确实是走神了。但我们现在知道了，那种时刻对你来说真的很沉重，对吗？然后你来找我，我却更加退缩。事情通常都是这样。"

咨询室里响起了新的音乐。每个伴侣都低头看着彼此的舞步，并为他们的舞蹈命名。更重要的是，他们完全看见了自己如何让对方陷入了不良的互动模式中。但他们是否真的明白这个模式对他们的影响，及其如何将他们都困在了孤立与恐惧之中？我评论道："这对你们双方都太难了，所以最后你们都感觉到深深的孤独。"

"是的。"萨尔说，"然后我就走进了那个悲伤又可怕的地方。这就是我之前生气时想说的：'她又何必问我的意见？好像她真的很在意我的想法一样？'一旦那种感觉出现……"他沉默不语。

"那就是你害怕的时候，不确定你对克丽有多重要的时候，"我指出，"换成其他人也是这样。这种恐惧其实是爱的一部分，但它不仅不容易面对，也很难被察觉，倒是很容易让人变得抓狂。"现在，克丽完全专注于她的丈夫，用一种平静、求实的声音说道："所以，这种恐惧把你带到了黑暗之中……"萨尔回答："是的，然后我就忍不住想要处理它、解决它。结果我就会变得抓狂。"

"然后，萨尔，你的愤怒就激起了克丽自己的恐惧。"我指出。"是的，"克丽表示同意，"这就是我感到害怕的地方，我永远无法取悦这个男人，我怎么做都不够。可笑的是，其实我也喜欢和他依偎在沙发上。我也喜欢和他过性生活。但我们都被这个可笑的互动模式困住，搞得精疲力竭。"

我指出，他们刚刚已经抓住了对话中的魔鬼，而且把它摔倒在地。他们用一种不同的方式来处理他们的恐惧，这种方式缓解了彼此的焦虑，而不是将其推至顶点。但是萨尔还有一件非常重要的事情要说。这时，他坐在椅子里，仿佛变得更强大了，就像是突然发现自己站在了更坚实的地面上。"我们开始能够处理这个问题了。如果我们能看到自己被困在哪里，如果我们能看到彼此的痛处，并且知道它们是如何被触发的，我们甚至可以……"他停顿了一下，寻找着合适的词语，"嗯……甚至更多地在一起。"他说完便笑了。克丽也笑着拉住了萨尔的手。

从萨尔和克丽的最后两段对话中，我们看到了什么？

- 他们开始摆脱原先舞蹈中的不良互动，能够看到其运作模式，并掌控两人的关系。
- 他们开始承认自己在这支舞蹈中的舞步。
- 他们开始明白这些舞步如何引发了对方的依恋需求和恐惧，也开始意识到他们对彼此不可思议的影响。
- 他们开始理解、表达并分享被拒绝时的受伤以及对被抛弃的恐惧，这种受伤和恐惧就是先前不良互动模式的动因。

以上这些都意味着他们已经有能力减缓冲突。但更重要的是，每次他们这么做的时候，他们都在创造一个安全的平台。在这个平台上，他们可以站在这里，处理那些作为爱情的一部分的深层情绪。

既然你已经知道了如何缓解冲突，那么是时候让它为你自己的亲密关系发挥作用了。

♥ 扮演与练习

（1）和你的伴侣一起，从你们的关系中选择一个简短的、尚未解决的（但不是真的很难的）事件，最好发生在过去两到三周内，然后简单而客观地描述一下发生了什么。希望你们能对这个简单的描述达成一致。现在，请按照先后顺序简单地罗列出你在那次事件中采取的行动。伴侣的举动是如何影响了你的举动，你的举动又是如何影响了伴侣的举动？请交换意见，并形成一份你们都同意的版本。请保持简洁和描述性。

（2）在其中加入你们的感受，以及你们是如何帮助对方做出情感回应的。分享你们的答案，并得出一个一致的版本。现在，问问你的伴侣身上曾经出现过哪些更深层、更脆弱的情绪。请保持好奇心，保持好奇会给你提供有价值的信息。如果你的伴侣难以触及他的脆弱感受，请试着用你对伴侣伤痛之处的感觉来猜猜看。向你的伴侣求证，对你猜测的深层情绪进行确认或修正。

（3）使用上述信息，看看你们是否可以一起描述或写下在事件结束时你们可能对对方说的话。如果你们能够站在同一战线，并以一种双方都感觉安全的方式完成它，那对你来说会是什么感觉？你们会如何看待彼此以及彼此之间的关系？

（4）试着根据一件困难未决的事件来尝试回答前面三项练习的问题。如果你卡住了，就请承认练习中的哪一部分对你而言有些艰难。如果你的伴侣觉得这个练习很困难，问问对方你可以怎样帮助他。有时候，对方仅需要你提供一些安慰，就能够继续坚持这项练习。

（5）如果你知道自己能够掌控发生冲突或情感失联的时刻，并且可以用新的方式予以解决和回顾，这会对你们的关系产生什么样的整体影响？请和你的伴侣分享。

当你学完了前3种对话里的内容，你现在就有能力缓和冲突了。这是相当大的收获。但若想真正拥有一段牢固、亲密、健康的关系，你不仅要学会遏制引起依恋恐惧的不良互动模式，看到并接收到彼此的依恋抗议，还要能够创造强大的积极对话，增进彼此的可接近性、回应性和情感投入。在接下来的对话中，你就将学到这些。

第7章

对话 4：请抱紧我——情感投入与联结

当有人爱你的时候，他们连叫你名字的方式都是不一样的。你就是知道你的名字从他们口中说出来很安全。

——4 岁的小比利为爱下的定义（网络报道）

在好莱坞的影片中，有一种爱情形象是正确的。那就是两个人含情脉脉地望着对方的眼睛，慢慢地投入对方的怀抱，然后开始默契十足地跳舞。那一刻，我们一下就会知道这两个人对彼此而言很重要，他们在情感上紧密联结。

银幕上的这些瞬间几乎无一例外地表明，这对情侣正处于令人陶醉的恋爱初期，但它们很少被用来描绘一个更成熟的爱情阶段。这就是好莱坞的错误之处。这种热烈的回应与投入，在两个人的关系中自始至终都非常重要。事实上，这也恰恰是两人生活幸福、情感稳定的标志。

当我们坠入爱河时，几乎所有人都会自然而然地密切关注我们的伴侣。我们对彼此高度敏感，对伴侣的一言一行、每种感受的表达都异常敏锐。但随着时间的推移，许多人就开始变得不那么体贴，变得更加自满甚至对关系感到厌倦。是我们的情感天线出现故障了，还是伴侣发出的信号变弱了？

若要建立并维持一种安全的情感联结，我们必须能够始终如一地关注我们的爱人。我们该如何做到呢？答案是：刻意创造情感投入与联结的时刻。在对话 4 中，你将学会如何迈出这样做的第一步，而后续的几种对话会向你展示如何更进一步地增进彼此的亲密感，这样，你就可以随心所欲地创造属于自己的"好莱坞时刻"。

对话 1～3 告诉你如何遏制伴侣间的不良互动循环，并教你辨识出至少一种在陷入不良互动模式和情感失联时产生的深层情绪。对话 4 "请抱紧我"需要以你们在前 3 种对话中培养出的安全感为基础。如果没有安全感作为基础，你们就很难建立起情感联结，也很难给予彼此支持性的回应。在这段对话中，你将学会如何用积极的模式来接触和回应你所爱的人。事实上，你是在学习如何用情感依恋的语言进行交流。

你可以这么想：如果对话 1～3 是两人一起在公园散步，那么对话 4 就像是两人一起跳探戈。这是一种更深层次的情感投入。之前的所有对话都是在为这种对话做铺垫，而之后的对话 5～7 也都取决于伴侣缔造对话 4 的能力。对话 4 "请抱紧我"是联结两个孤独个体之间的终极桥梁。

抛开我们通常用来保护自己的方式并向别人承认我们的深层需求是很难甚至是痛苦的。但我们需要冒这个险，原因很简单：如果我们不学会以一种开放、真诚的方式让我们的伴侣真正看到我们的依恋需求，那这些需求得到满足的机会就会微乎其微。我们必须发出响亮而清晰的信号，好让我们的伴侣接收到它。

如果大多数时候，我们都觉得伴侣是安全的避风港，且与他们之间有着安全的情感纽带，那么，我们就更容易在感到脆弱时保持情绪平衡，理解自己的深层情绪，并说出一直存在于我们内心深处的依恋需求。反之，如果我们对彼此的关系感到没有把握，也就很难去相信我们原有的渴望，或是冒险将自己置于脆弱之中。在这种情况下，有些人会不惜一切代价控制自己的情绪，隐藏它们，而不是去索要我们渴望的东西。还有些人甚至会否认这些情感和需求的存在。但是它们就在那里。就像电影《裸体切割》（*In the Cut*）中敏锐但凶残的反派对逃避亲密关系的女主角梅格·瑞恩（Meg Ryan）低语的那样："其实你很想要，这很难受吧。"

对话 4 包含两个部分。第一部分——我最害怕的是什么——需要我们进一步探索你在之前的对话中挖掘到的较深层的感受。在那些对话中，你已经一路下潜到了自己的情绪中。现在，为了探明你依恋需求的优先级，你必须潜到自己情绪的最深处。

第二部分——我最需要从你身上得到什么——是 EFT 疗法中至关重要的转折点。它关系着两人能否坦然、清楚地说出自己的需求，邀请你的伴侣进入一段全新的，以可接近性、回应性和情感投入为标志的 A. R. E. 对话。

一对陷入困境的伴侣

查理与京子是一对自亚洲移民而来的年轻夫妇。在亚洲文化中，丈夫是一家之主，而情感的表达并不被提倡。京子在申请一个大学研究生项目遭拒后情绪变得异常激动，之后就一直在服用抗抑郁药物。查理试图通过提供建议来帮助她，但大部分建议都是在说，她所选的那些职业是多么不适合她。可想而知，他的建议毫无作用。这就是他们来找我时的状况。

查理和京子很快就识别出了他们之间的魔鬼式对话：查理从来不考虑情绪，言辞间充满着"应该怎么做"的理性说教，而京子则沉浸在愤怒的辩驳与绝望的泪水中。经过几次咨询之后，尽管他们还是很难真正探索自己的脆弱之处，但是已经能够看到彼此的伤痛之处。京子是一个娇小玲珑、充满异国风情、说着一口流利英语的女子。她吐露说，她的童年充满了刻板的规矩，除非她乖乖遵守，不然就会被家人拒之门外。

我如此解释：京子对别人告诉她"应该"怎么做相当敏感，而当查理疏远她时，她会感到受到惩罚。她试着向查理解释："那就好像我已经摔倒在地，感觉自己很卑微，然后你开始接管一切。你告诉我，'没错，你应该感到卑微，现在去给我做这个、做那个'。所以我就会和你吵架。你的建议只会让我失望，我感到很受伤、很生气。然后你就会给我讲更多的规矩，说我不应该生气，而这让我觉得很孤单，没有得到你的安慰。"她承认丈夫在很多方面都很了不起，他很有责任感，做事很认真，她非常敬佩他。但他们之间的争吵以及他在身体和情感上的疏远"会让我发疯。我想你会说这是疯了。而这只会让我更加沮丧"。

查理，一个物理天才，起初很难把这些情绪纳入视野。他对爱情的认知就是保护妻子免受她自己"烦恼"的困扰，并且在北美的这个新世界里"引导她"。至于他自己的情绪，他承认自己会一度被京子"爆炸"的怒火炸得"粉碎"，但大多数时候，他会尽量压抑自己的痛苦，并且把注意力集中在妻子的"问题"上。

查理慢慢地不再批评京子的反应（"京子有心理问题，她就像天气一样多变"），转而讨论他自己的反应（"我确实会保护我自己。我无法应对她的无理爆发。在我们家乡从来没有人会那样说话，这对我而言很陌生"）。最后，他开始探索自己的感受和动机（"我变得不知所措，所以我开始给她一些建议，希望能让她不再那么生气"）。

京子也更清楚地意识到自己是如何"咄咄逼人"地去表达自己的观点，并试图阻止查理的疏远。她说查理的指责伤了她的心，然后继续透露：自从查理不再和她有任何身体接触以来，她感觉自己"被抛弃了"。"不知所措"和"被抛弃"两个词似乎一直在我的咨询室回响。这次咨询快结束的时候，查理总结说："我想我的建议和理性最终伤害了京子，让她觉得自己很卑微。我试图把她的情绪放在一边，但这只会让事情变得更糟。"京子则回应说，她现在明白了查理的疏远和理性其实是他对她的"沮丧"感到不安而产生的一种掩饰。

他们继续前行，进入对话 3"重返崎岖处"。有一次，查理正外出拜访一位朋友，而京子觉得很孤单，便给他打电话。虽然查理听出了京子声音里的情绪，但还是打断了她，说自己很忙，不得不挂断电话。现在，当他们回顾那一刻时，他们已经能够去弄清楚发生了什么。京子说，她一直在思考他们之间的关系问题，并突然有了想给他打电话寻求安慰的冲动。查理则解释说，当他听到京子声音中流露出的强烈情绪时，他就会开始"紧张"，并担心京子的怒气即将迸发，于是索性提前逃离。京子随后承认，每当查理疏远她时，她确实会感到"抓狂和沮丧"，她也意识到这可能会让查理感到困惑和不知所措。现在，他们都感受良好，因为他们能够分享自己有时在婚姻中"迷失方向"，陷入相互抱怨的困境之中的情形。

现在，是时候让查理和京子进入对话 4，去冒险承认他们更深层次的需求了。

我最害怕的是什么

这部分对话的目的在于更清晰地表达深层情绪。我问查理，京子怎样才能帮他找回曾经那种安全与爱的感觉。"好吧，只要她能不再突然发脾气，我就不会紧张和对她说教。"然后，我邀请他谈谈他自己和他的感受。他告诉我，他不知道从何谈起，情绪的世界对他而言很"陌生"，但他现在明白，也许倾听和分享情绪也是有"逻辑"可循的（说到这里，他给了我一个大大的微笑）。他转向京子，对她说，他现在确实感到京子更容易理解，也更"安全"了，因为他知道自己给建议的方式会让她觉得被推开、受到惩罚。但他仍然不确定该如何潜入自己更深层的情绪中。

我问他，在之前的对话中，他是如何确认自己的感受的。他是从哪里开始的？查理非常聪明，一下就说出了我们治疗师常常要花好几年才能学会的东西。他说："噢，我会先看看是什么阻碍了我，是什么让我难以专注于感受。我看到有个时刻，我远离了我的感情，开始钻进头脑中寻找解决问题的公式。"我很赞同，这时京子也很有帮助地加入进来："这种感受一定就像我学英语时一样。如果感受对你而言是一门外语，那你很容易就会觉得不自在。我们都会试着避开那些我们不熟悉的事物。陌生本身就会让人感到恐惧。"查理笑着回答妻子说:"是的,我在逃避情绪。因为它们对我而言很陌生,我感到难以掌控,为你设计一个改进方案倒是要容易得多。"

查理转向我,又说到另一个重点:"回顾我们之前做得最好的会谈,仔细去思考你所谓的'抓手'对我来说很有帮助。"所谓'抓手'就是一幅描述性的图像、一个词语或短句,它能打开通往你内心深处的感受和脆弱面、你最真实的情感世界的大门。京子和我都提醒查理,他曾经用到一些"抓手"来描述他对京子的反应:心碎、不知所措、焦虑、害怕和逃跑。查理点了点头,但看起来有些疑惑。"我很难放慢节奏,一直去注意那些'抓手',"他低声说,"更别提让我自己一个人去探索,去聆听激发我感受和想法的声音。我不知道结果会如何。我更习惯于思考,但在这里也许并不够。"我点点头,问他,现在是哪个"抓手"吸引了他的注意力。他静静地说:"噢,这很明显。当我无法忍受这种不安和不祥的预感时,我就会回到理性思考之中。"

京子和我都往后靠了靠。"'不安'这个抽象的词语对你而言意味着什么?"我大声地问查理。然后京子插话了。她已经从之前的对话中学会了把这样抽象的词汇分解出来,以免它们扰乱了对话的焦点。她探身向前,问道:"查理,你是不是因为焦虑而想要远离你的情绪和我的情绪?"查理盯着地板,慢慢地点了点头。

查理叹了口气:"我只是希望事情都能在掌控之中,所以我才会那么焦虑。当京子生我的气时,我确实很不知所措,然后便开始感到失落,不知道该怎么办。"这个时候,我想要先找出他们其中一人恐惧的根源,于是我问:"查理,在这种情况下,最糟糕的结果可能是什么？你最害怕的是什么？"但其实我不需要问，因为查理已经在继续往下说了："'击垮'两个字在我的脑海中挥之不去，如果我留下来继续听京子的难过，我就会被击垮，我会失控，情绪的爆发会毁掉我们。"查理已经说了很多。我们得好好利用这一刻继续挖掘。于是我试着一点一点地帮助查理进一步探讨这番话。最好的方法是先识别出其中的情绪。

　　我问："查理，我听到你最基本的情绪是恐惧，对吗？"他严肃地点点头："那个感觉就在这里。"他拍了拍自己的胸膛。于是我继续问："但这种恐惧告诉了你什么？这里有什么可怕的'如果'？也许，如果你不保持彻底的冷静，你担心她会更加失控？又或许，你怕听到她想要一些你不知道如何给她的东西？如果你敞开心扉，听到妻子说她受伤了，那你就会感到自己没有尽到一个完美丈夫的责任？于是你就可能会完全失去她？"查理使劲地点头："是的，你说得很对，全都很对。我已经很努力了。但我熟悉的那些方法都不管用。我越是想让她变得讲道理，情况反而越糟糕。所以我感到很无助，特别无助。我很擅长把自己的每件事情都做好，我恪守规则，但现在……"他摊开双手，做了一个失败的手势。

　　我们每个人都会想要一两条万无一失的爱与被爱的法则。但是，爱情是即兴的创作。查理却切断了他最好的向导，那就是他和妻子的情绪。

　　我问他："现在听着这种恐惧和无助的感受，你觉得最让你受到威胁的、最可怕的声音是什么？你可以告诉京子吗？"查理坐得笔直，大声喊道："我不知道怎么办！我想不出来！"他转向京子，继续说道："当你对我不满意时，我不知道该怎么处理。你随时都可能爆发。和你在一起，我从来没感到自信过。但我需要信心。我感到很难过。我们一起穿越了整个世界。如果我没有你……"查理哭了，京子也和他一起哭了起来。

此刻发生了什么？查理已经进入并祖露了他更深层的情绪，表达出他需要与妻子建立安全的情感联结的渴望。他正在从自己混乱的情绪中形成一个清晰的依恋讯号。当我看着他的时候，他其实是在对我微笑，不再是无助或不知所措的样子。我问他："查理，说了这么多，你感觉怎么样？""我感觉很奇怪，"查理回答，"现在能说出这些话感觉很好。我并没有崩溃，京子也还在我身边，而且不知道怎么回事，我觉得自己更有力量了。"当我们审视并理解了自己的情绪体验，或者用我的话说，把它们"整理和提炼"之后，无论这个过程多么痛苦，都会有一种释然和更有力量的感觉。

这是一个全新的、更容易亲近的查理。此刻京子的回应则至关重要。在不愉快的关系中，当有一方冒险敞开心扉时，另一方往往会看不到或不敢相信眼前的事实。他们甚至会否定伴侣迈向他们的新步伐，说着"这真是荒谬"或是诸如"你证明给我看"之类的话。然后他们会再次回到魔鬼式对话中。

事实上，没有人会像查理那样冒着被粗暴拒绝的风险祖露自己的内心，除非对方真的很重要。有时，祖露心迹的一方必须继续坚持下去，不断地重复表达自己的心意，直到所爱之人能以新的视角来看待自己。陷入魔鬼式对话的伴侣也可以经由不断重复对话 1、对话 2 和对话 3 继续前行。

对查理和京子而言，幸运的是，京子以一种支持性的方式回应了查理的自我祖露。"我现在更加明白你为何会进入那种冷淡而理性的状态，最后给我下达指令，"她说，"我从来不知道我对你而言如此重要，才会把你伤得那么重。我很尊重你这样的分享。这让我感觉与你更亲近了。"查理对京子咧着嘴笑了，坐在椅子上转了两圈。

能够去关注（attend）我们伴侣更深层次的自我袒露是相互回应与投入的开始。"attend"这个词源于拉丁语"ad tendere"，意思是"向……伸出手"，而京子已经向查理伸出了自己的手。

现在，轮到京子袒露自己内心的感受，看看查理能否向她伸出手了。她回到两人的"崎岖处"，对查理说："当你回家时，我告诉你我很难过，而你却说'现在别对我发疯'，这就像是在说，如果我不能停止我的情绪，你可能会离开我。这就是我无法忍受的地方，我不可能总是保持冷静和理智。"查理看起来很不自在，咕哝道："对不起。"他承认在这些时刻，他并没有真正理解京子受到的伤害。

京子按下情绪电梯的按钮，继续下潜。她开始说："我感到非常难过，好像我们再也无法在一起了。"查理点点头，回应说："但你不应该有那种感觉，因为我们正在努力改善我们的关系。"他努力控制住自己的冲动，摇了摇头，然后继续说："我会试着了解你的伤痛。对你来说，最糟糕的时刻、最糟糕的感受是什么？"这是一个非常好的问题，借着这个问题，查理帮助京子找到了问题的核心。

但是京子答不上来。她静静地坐着，眼泪大颗大颗地从脸上滚落。查理拍拍她的膝盖，轻声说："我说你疯了，只是因为我害怕去面对我们之间那种不愉快的感觉。"京子告诉他："最糟糕的时刻是你挂掉电话的时候，后来你还说你要离开。你还说我实在

'不可理喻'。"

　　查理开始担心起来。"我不知道该怎么做才好。我该怎么做?"他转头问我。我说:"要想让情况好转,京子必须感觉到你是陪在她身边的。让她知道你在乎她的痛苦。"他难以置信地睁大了眼睛。京子又说:"如果我伤心、害怕或对你感到不满,你就会不搭理我,就会转身离开。你不会来安慰我。你现在也不和我过性生活,不再拥抱我了。每当我需要你的时候,你就会不以为意地走开,转身抛弃我。我不是你想要的妻子。"

　　在这里听到京子倾泻自己被拒绝和被抛弃的心声并非易事。也难怪她的情绪有时会失去平衡,陷入愤怒的抗议或抑郁之中。但在这里,她清楚又贴切地表达道:"每当你忽略我,转而讲你的规则的时候,我真的好绝望。我从来没有这么孤单过。"现在她抬头直视着他:"查理,你不在我身边陪伴我。所以我会恐慌。你听到了吗?"

　　他伸手握住她的手,不停地点头:"是的,是的,我懂。"查理轻声告诉她,"听到这些让人好难过,我觉得好悲伤。"他确实很悲伤。他此刻的情绪就像他坐的那张椅子一样具体。京子已经把她对自己深层情绪的清楚觉察转换成了明确的依恋信号,传递给她的爱人。她已经挖掘出她最深的痛苦,也就是当爱人不在我们身边时我们会产生的最原始的失落和恐慌感,而查理接收到了她的信号。

　　双方都联结上了自己的真实情感世界,并向对方敞开了心扉。查理做了很多事情,这些事情对他如何触及和分享他的深层情绪产生了真正的影响。看看你是否能回忆起或是回过头去找到下列例子。

- 查理开始审视当下的情况，并思考探索自己的情感到底多么困难。是什么原因阻止了他去说出自己的感受？
- 查理从之前的对话中识别出一些"抓手"，并仔细地觉察那些图像、话语或是感受。当他仔细观察它们时，发现它们所描绘的其实是恐惧、羞耻、悲伤和失落。
- 查理识别出了那些可怕的'如果……'，也就是当他承认伴侣的感受时，有可能会发生的最糟糕的事情。通过罗列那些灾难性的后果，他发现自己最核心的恐惧是：他将变得无助与孤单。这是对话 4 中最关键的部分。
- 查理向妻子袒露他的恐惧，并认真思索与她分享这些深层情绪是一种怎样的感受。

现在请观察京子的发现，并试着回答下列问题。

- 对京子而言，最糟糕的时刻是什么？
- 她得出的最灾难性的结论是什么？
- 当京子伤心、害怕的时候，查理做了哪些事情使得她的依恋恐惧进一步加深？请列举出 4 件这样的事情。京子用了一些简单的行为动词来描述那些事情。
- 京子的两种最核心的情绪是什么？

请回顾你目前亲密关系中的某个崎岖时刻，找出你自己会用的"抓手"，并把它们写下来。你也可以邀请你的伴侣这么做。之后，请你们坐在一起。你们谁是较为退缩的一方？请让这位退缩的一方先开启对话。因为那些积极提出抗议的伴侣通常会更关注自己的痛苦与恐惧，如果没有退缩一方的情感投入迹象，他们是比较难以开启这段对话的。如果你是比较退缩的一方，就请跟随查理的脚步，去找到你的核心恐惧，分享给对方，并说一说你分享恐惧时的感受。

如果你是倾听的那一方，请告诉对方你听到这些表露后自己的真实感受。理解这些信息对你来说是容易还是困难？如果很困难，你是从哪一刻开始感到很难再听下去？那时候你的感受是什么？请和你的伴侣一起检视那些感受。

现在，请之前倾听的一方主动分享，重复以上过程。

这种对话对于陷入困境的伴侣特别有帮助，但对那些关系稳定的伴侣也相当有价值。每个人都有依恋恐惧，即使这些恐惧在当下并不明显或紧迫。

最重要的是，请记得这是一段敏感的对话：你们双方都把自己最脆弱的一面暴露给了对方，所以你们每个人都必须尊重对方的冒险。记住，你们俩之所以在迈出这一步，是因为你们对彼此都很独特，你们正在彼此之间努力建立一种非常特别的情感联结。

我最需要从你身上得到什么

在能够说出我们最核心的依恋恐惧之后，我们通常会意识到自己主要的依恋需求。恐惧和渴望就像同一枚硬币的正反两面。

对话 4 的第二部分包括直接说出此时此刻只有你的伴侣才能满足的依恋需求。

这段对话可能会是轻松、流畅的，也可能是充满疑虑的。能够承认并且接纳自己的情感现实是一回事，但能够向伴侣敞开心扉又是另一回事。对于那些与他人在一起时很少感到安全的人来说，这是一次巨大的飞跃。那我们为什么还要这么做呢？因为我们生来渴望情感联结，而保持自我防御和孤立只会让生活变得悲伤和空虚。作家阿娜伊斯·宁（Anaïs Nin）很好地阐释了这一点："终有一天，包裹严实藏在花蕾里的痛苦将胜过绽放开花的风险。"

　　我的一个来访者罗斯玛丽用另一种方式诠释了这个道理。曲棍球在加拿大是一项普遍的运动。有时我们甚至会觉得生活就像一场曲棍球比赛。罗斯玛丽是一个狂热的球员，她转向自己的伴侣安德烈说："我脸上戴着这个面罩，如果我想让你知道我的需要，并向你索要这些东西，我就必须把面罩摘下来。我内心的一部分会觉得，像这样敞开心扉就像是等着被人打脸，就像上个月我在那场曲棍球比赛中那样。但我一直戴着面罩并不是因为我不爱你，也不是因为你是个差劲的伴侣，而是因为我习惯于防守。如果让我转换角色，来主动跟你索求，这对我而言是个全新的角色。这太可怕了。但老实说，面罩背后的我其实很空虚，我这么做同样无法赢得比赛。"

　　让我们回到查理和京子的故事，看看他们会如何进行对话 4 的这个关键部分。我提醒查理："你需要从京子那里得到什么，才能够感到你所说的更有'安全感和信心'？你现在渴望什么，查理？你可以把你的渴望明确告诉京子吗？"查理思考了一会儿，然后转向京子说："我需要知道，即使在我不是一个完美的丈夫，感到困惑，甚至不知道该怎么做时，你仍然想要和我在一起。我需要知道，即使在你生气的时候，你也依然想要和我在一起。即使我不知所措、做得不好、伤了你的心，你也不会离开我。当你伤心或者非常生气的时候，我就会觉得你好像已经离开我了。是的，就是这样。这就是我想说的。"然后，他好像突然意识到了自己冒了多么大的风险，于是转过身，紧张地揉着自己的膝盖。他轻声说："去提要求对我来说非常艰难。我从来没有跟任何人要求过这些东西。"

查理脸上显露出的情感打动了京子。她温柔而又坚定地回答道："查理，我就在你身边。我唯一想要的就是和你在一起。我不需要一个完美的丈夫。如果我们能够像这样说话，就能够再次变得亲近了，这就是我一直想要的东西。"查理看上去如释重负，又有些觉得难以置信。他咯咯笑着说："噢，这真是太好了，这实际上是非常'符合道理'的。"京子也跟着笑了起来。

当轮到京子去表露自己的需求时，她首先讲到她现在已经知道自己想要得到肯定和安慰的渴望是"适当，甚至是自然而然"的。这有助于她去思考她需要查理做什么。但随后她偏离了航向。她看着天花板，用第三人称说："我想，我想让他……"我打断了她，让她倾听自己内心深处的感受，并把椅子转向查理，直接看着他说话。

京子转向查理，深吸了一口气说："我希望你能接受我比你更情绪化的事实，觉得这样没关系，这不是我的缺陷。我没有办法从讲道理和那些'应该'中得到安慰，这也不是我的错。我希望你能和我在一起，与我亲近，在我感到脆弱的时候让我知道你在意我。我还想要你抚摸我、拥抱我，告诉我我对你很重要。我只想要你和我在一起。这就是我所需要的。"

查理看起来完全惊呆了，他说："你是说，你只要我亲近你就好了？"京子问他："听到我说这些话，你会有什么感受？"查理摇了摇头，说："这就好像我一直在努力让我们保持在同一条轨道上，却不知道旁边就有一条简单又容易的岔路，能带我们直达目的地。"然后，他轻声笑着说："这种感觉真好。比以前更好。我能做到这一点，我可以和你一起做到。"

现在，查理和京子都能够理解彼此的核心需求，也能够就这些需要向对方发送清晰的信号。他们能够做到有稳定安全感的伴侣所能做到的事。通过明晰和接纳自己的情绪，克服自己的恐惧，他们变得更加强大，不论是作为个体还是伴侣。只要伴侣能做到这一点，他们就能更容易面对冲突，修复裂痕，形成一种彼此滋养的爱的联结。

查理与京子不仅变得更具有可接近性、回应性，更加情感投入，他们也分别对自己有了更多的了解。京子变得更加自信，查理则变得更加灵活。既然他们已经学会了如何邀请对方进入A.R.E. 对话，他们也就能够在个人成长的层面上帮助彼此。

让我们来看看另外两对伴侣在"请抱紧我"对话中的关键时刻。与查理和京子相比，这两对伴侣的个人经历更加复杂，情感上的安全感也更加脆弱，但他们仍然能够说出内心深处的依恋需求。

黛安娜和戴维已经经历了 35 年的婚姻挣扎，两人的关系充满了恐惧、剥夺和抑郁，这些都源于他们过去曾遭到重要他人的虐待和暴力。在治疗刚开始时，黛安娜告诉戴维："我不得不离开了。我不能在你每一次害怕的时候都被你缠着。连续几天躲在我的房间已经不管用了。我实在无法跟你在同一个屋檐下生活。"现在，在"请抱紧我"的对话中，黛安娜对戴维说："我爱你。我确实想要亲近你，但我不能被逼着和你亲近。我希望和你在一起时能有安全感，我希望你给我一点儿空间。当我告诉你我快要崩溃的时候，我希望你能听到。你想挪动我的脚步好让我与你保持步调一致，但这样不管用。这么多年过去了，我希望你能相信我不会让你离开，也不会放弃我们的关系。当我们可以一起跳舞时，那种感觉非常美好。我希望你能帮助我，让我觉得和你在一起时很有安全感，然后你再向我求助或者来安慰我。这个时候我就能放心地向你敞开心扉并与你共舞了。"

当轮到戴维分享他的需求时，他没有将自己的依恋焦虑转化成对黛安娜的恶意批评，而是谈到了自己对失去黛安娜的恐惧，以及这种恐惧的反面，也就是他对情感联结的渴望。他的信息连贯、完整，既考虑到了他的妻子，也清晰地表达了自己最深层的情绪和需求。这是一段"安全的对话"，没有人陷入下意识的愤怒或是通过理智化来进行回避。他现在已经能够触及他的妻子。

"我不知道该怎么说。"戴维说，"这就好像我在部队时从飞机上跳下来一样，只不过这里没有降落伞！我是个胆小的人，黛安娜，我已经习惯了时刻警惕危险。我想，我很难不直接进入'掌控模式'。但现在我知道，正是我的掌控欲让你为难，并把你推开。"他沉默了一会儿，然后继续说："所以我内心的某个部分总是害怕你不是真的爱我。所以我才会总想逼你承认，我对你很重要。我一直想要这样的保证，想要知道我是被爱着的，即使我的问题很多，脾气也不好。但我实在是难以开口和你说。我感到自己好像又在从飞机上跳下来！我需要那种确定性。我也很难开口问你：即使我有那么多问题，你也愿意继续爱我吗？"

黛安娜的表情表明她感受到了戴维的痛苦与恐惧。她前倾身体、靠向戴维，非常缓慢而郑重地说："我爱你，戴维。我从 16 岁起就爱上了你，我现在都不知道该怎么停下来。当你这么说的时候，我想要永远抱着你。"

他们的脸上绽放出灿烂的笑容。

菲利普和塔比莎与戴维和黛安娜的情况完全不同。他们都有过一段不幸的婚姻，都在各自成功、引人注目的事业上投入了大量精力。他们这五年来的关系危机在于，每次他们谈到同居的时候，菲利普就会改变主意。他们都是高智商的事业有成者，但每当关系出现紧张时便会双双退缩。菲利普习惯把他那顶昂贵的软呢帽拉下来遮住眼睛，沉浸在他的信仰世界和与其他女人的柏拉图式友谊中，而塔比莎则会购买更优雅的西装和艺术品，或者疯狂地投入到工作项目中。令两人都感到惊讶的是，他们似乎都无法离开对方，于是塔比莎给菲利普下了最后通牒：要么同居，要么分手。

菲利普最初的立场可以从他的话中看出来："我不相信我需要依赖别人。我很久以前就认为这种想法非常愚蠢。我有许多朋友，但我一个人的时候感觉最好。我从来都不知道怎么说这些情意绵绵的废话。"而现在，他对塔比莎说："我知道，每当我们非常亲密并谈论到承诺的时候，一部分的我就会陷入恐慌，想要把人拒之门外。我想我在很久以前就决定再也不要把全部鸡蛋放在同一个篮子里了，我绝不会再给任何人伤害我、击垮我的力量。我很难承认自己需要你的关心，把自己完全交给你。即使现在，当我在说这些话的时候，我心里也有一片哭泣的海洋。我需要知道你永远不会离开我，把我拒之门外。我好像看到了小时候的自己，在我妈妈生病时，我却被要求只能离开。从某种意义上说，当我开始觉得需要你的时候，那个小男孩就会告诉我快跑。我其实想要让你接近。你能帮助我学会信任吗？你能告诉我你无论如何都不会离开我吗？"

塔比莎能够做到这一点，而且随着他们的关系进入更深层次的情感联结，她会继续这么做。轮到她参与 A.R.E. 对话时，她已经能够说："在某种程度上，我知道你会因为恐惧而远离我。但我必须知道，我在你心中足够重要，足以让你与这种恐惧做斗争。我没办法面对所有这些不确定性，那太痛苦了。我希望你能为这份感情和我们的情感联结投入点什么。我爱你，我也认为你可以信任我。但我需要那种稳定感，需要一个能让我依靠的人。我很难将这些话说出口。我很害怕我自己不够好、不够完美，不能对你提出这样的要求。我之前一直担心这会不会是我自己的问题，才会让你感到害怕，是我不应该要求这么多。在此之前，我的这些担心与害怕让我退缩不前。我真的值得拥有这些吗？我有资格吗？好吧，不管我有没有资格，我都需要你对我的承诺，我想知道我对你而言很重要！如果没有这种安全感，我一点儿也不敢冒险，那太可怕、太痛苦了。我想让你冒险，想让你对我敞开心扉。我不会让你失望的。"

菲利普显然被她的话打动了，他轻声回答说："是的。我觉得你想和我在一起。你绝对值得我冒这个险。我一直被自己的恐惧困住了，害怕得根本不敢真正敞开心扉。但我不能失去你。所以我正在努力为我们的关系投入一些东西。尽管这很可怕，但我会在这里。"

一旦菲利普能够以一种投入的、爱的方式给塔比莎这种保证，这段关系就会为他们彼此提供一个安全基地。

从神经科学的角度看待和谐

我进行的研究表明，每当伴侣进行"请抱紧我"的对话时，他们之间就会出现情感紧密联结的时刻。物理学家称之为"共振"（resonance），即两个元素之间的共同振动，这种共振使它们能够突然同步信号，并以一种新的和谐方式行动。我在巴赫奏鸣曲的高潮部分听到的是同样的振动，即当那么多音乐、音调汇聚在一起时，我身体里的每个细胞都有反应，使我与音乐融为一体。当我观察到母子、伴侣、人与人之间相互能够敞开心扉，寻找到深层情感联结的时刻，我也总是会有与听奏鸣曲时相同的反应：感到一阵突如其来的喜悦。

这种联结感不仅体现在我们的情绪上，也反映在我们身体的细胞中。我从最近的一项研究中了解到，每当伴侣们以同理心回应彼此时，他们大脑前额叶皮质中被称为镜像神经元（mirror neurons）的特定神经细胞会发出共鸣信号。这些神经元似乎是一种基本的生理机制，使我们能够真实感受到他人正在经历的事情。这是以一种不同层面的领悟力去理解他人的经验，而非仅仅是通过我们的理智。当我们看到一个人的行为时，这些脑细胞就会发出信号，就好像我们自己在做这个动作一样。镜像神经元是我们"情感联结本能"的一部分，它是我们去爱与被爱的生理基础。

1992 年，神经科学家很意外地发现了镜像神经元。当时有一名研究人员正在一边扫描猴子的大脑，一边吃冰激凌蛋筒，结果他发现那只猴子的特定脑区亮了起来，就好像它也在吃冰激凌一样！镜像神经元能够帮助我们读懂他人的意图与情绪，将他人的意图与情绪带入我们的内心。神经科学家借用物理学的说法，认为同理与共鸣会产生回响状态。这句话读起来非常抽象，不过对于恋人来说，这意味着在他们真正注视彼此的过程中会产生一种真实的力量。这种力量会帮助我们把情感投入到当下，并捕捉到伴侣的非言语信息。如此一来，两人在不够坦诚的对话中所丧失的情感投入和对彼此的同理心就能够因此重新出现。镜像神经元帮助我们看见别人表达的情绪，并在自己的身体里感受到这种情绪。镜像神经元理论是对依恋概念的科学证明，后者认为真正的情感联结就在于真正"感受到对方的情绪"。

在咨询初期，查理和京子之间并没有产生共鸣。他们几乎不会看对方一眼，两人的对话也仿佛完全不同频。然而，在"请抱紧我"的对话中，每当查理的嘴角下垂，京子的眼角也开始下垂。每当查理微笑，京子也会微笑。他们的情绪之歌演变成了一曲二重奏。这种回应似乎是同理心的核心。在具有同理心的状态下，我们真的能够对另一个人的体验感同身受，言行也自然变得更加温柔。

这种心灵、身体和情感的融合，就像幸福的伴侣在过性生活时所感受到的那样，或者像母亲和婴儿在凝视、抚摸和轻声细语时所感受到的状态。他们会在情感的同频中前行，而不需要刻意的思考或过多的言语。这之中满是平和与喜乐。

镜像神经元只是其中原因之一。有许多重要的研究能够帮助我们增进对依恋的神经化学基础的理解。研究表明，在回应性的情感投入时刻，我们的脑部会产生大量的催产素（oxytocin），又称"拥抱激素"（cuddle hormone）。这是一种只有哺乳动物才会分泌的激素，与幸福满足的状态有关，会给人带来一连串的快乐、舒适与平静的体验。

研究人员在比较两种不同草原田鼠的交配习惯时发现了催产素的力量。在第一种田鼠中，雄性和雌性实行一夫一妻制，共同抚养后代，相伴终身；在另一个田鼠群体中，雄性和雌性采取随意交配的方式，让后代自己照顾自己。结果表明，相伴终身的田鼠会产生催产素，而随意交配的田鼠则不会。然而，当研究者们给一夫一妻制的田鼠注入了一种化学物质来抵消催产素后，这些小动物尽管发生了性行为，但不再与伴侣相傍。而当研究者们给同一种田鼠注射额外的催产素后，无论这些田鼠是否交配，它们都会紧密地联结在一起。

对于人类而言，当我们接近或与依恋对象有身体接触，尤其是在情绪高涨时（如性高潮和哺乳时），体内就会释放出催产素。瑞典神经内分泌学家克斯廷·尤纳斯－莫伯格（Kerstin Uvnas-Moberg）发现，仅仅是想到我们所爱的人就会诱发催产素的激增。同时，催产素还能减少皮质醇等应激激素（stress hormones）的释放。

初步研究表明，给人注射催产素能够增加其对他人的信任，并提高其与他人互动的意愿。这些发现有助于解释我个人的观察：一旦陷入困境的伴侣能够学会紧紧拥抱对方，他们就会继续向对方伸出援手，试图一次又一次地创造这些发生转变和令人满足的时刻。我相信 A.R.E. 的互动模式开启了这种经由数百万年进化而来的神经化学性质的爱情药剂。催产素仿佛就是大自然赐予我们的促进情感依恋的礼物。

♥ 扮演与练习

请仔细阅读查理与京子跨越鸿沟、建立安全的情感联结的过程。

请你仔细回想一段你在过去与伴侣、父母或亲密朋友之间的安全的关系。想象一下他此刻就在你眼前，如果要你告诉对方你最深层次的依恋需求，你会说什么？你觉得他会如何回答你？

现在，请再回想一段让你感觉没有那么安全的关系。当时，你真正需要从这个人身上得到的是什么？请用两句话简单地表述。

你觉得他会如何回答你？

　　现在，请把注意力转移到你和现任伴侣的关系上。想想你最需要什么才能感到安全和被爱。把它写下来，然后和你的伴侣认真地开启对话 4。

　　下面是大家在对话中经常用到的一些句子。如果对你有帮助，你可以简单地选择最适合你的，然后给你的伴侣看。

　　我需要感觉和体会到的是：

- 我对你来说很特别，你真的很珍惜我们之间的关系。我需要你向我保证，我是你最重要的人，对你而言，没有任何事比我们更重要。
- 我是你所渴望的伴侣和爱人，我能够快乐对你而言很重要。
- 尽管我有缺点、不完美，对你而言也并非完美，但你仍然爱我、接纳我。
- 我是被你需要的，你想要与我亲近。
- 我感到安全，因为你在意我的感受、伤痛和需要。
- 我可以指望你陪伴在我身边，在我最需要你的时候，你也不会丢下我一个人。
- 我说的话能够得到你的倾听与尊重，请不要不理我或把我往坏处想。请给我机会，去学习如何与你相处。
- 我能够指望你听我说话，并把其他事情都暂时放在一边。
- 我可以请求你抱着我，并且你能够理解，仅仅是说出这个请求，对我而言也并非易事。

　　如果你觉得这么做太难，那就先迈出一小步，谈一谈要明确地表达并陈述自己的需求是多么困难。请告诉你的伴侣，他可以用什么方法来帮助你。这种对话包含了我们生命中关键的情感历程，所以有时候我们需要慢慢切入正题。

如果你是倾听方，却发现自己不确定该如何回应，或是由于太紧张而不知道如何回应，那就请你直接分享你的这些感受。这里的诀窍就是感受当下，而不是以任何固定的方式去回应。要想积极地迈出第一步，你可以告诉他，你确实听到了他想说的话，也很感激他与你的分享，你也愿意给予对方回应。然后你就可以开始探索自己能够如何去满足爱人的需求。

请和你的伴侣讨论其他哪一对夫妇的故事——戴维与黛安娜还是菲利普与塔比莎——更能引起你的共鸣。

在你们两人进行了"请抱紧我"的对话之后，请分别写下你们的关键性陈述。在异性恋伴侣中，女性可能会觉得这项任务更加容易。许多研究表明，女性对情感事件的记忆比男性更强烈、更生动。这似乎只是大脑生理差异的反映，而不能表明一个人情感投入的程度。如果有必要，女士们可以在这方面稍微协助一下自己的伴侣。

这些关键性的陈述能帮助你们进一步厘清自己的内心想法与现实遭遇，并成为之后你们进行"请抱紧我"对话的指引。

"请抱紧我"对话是一种培养积极情感联结的对话。它是一味良药，可以让你摆脱情感分离和不良的互动模式，并帮助你们作为一个联盟来一起面对这个世界。除此之外，更重要的是，每当你们能够创造出这些情感共鸣的时刻时，你们之间的联结就会更加紧密。这些对话能够有力地帮助你们重建联结，改善彼此间的关系。你将从接下来的对话中看到，这种对话会对人际关系的所有其他方面都带来重大的影响。

第 8 章

对话 5：创伤与宽恕

人人都说宽恕是一种美德，直到他们遇到了需要宽恕的事情。

——刘易斯（C. S. Lewis）

康拉德和他的妻子海伦沉浸在"请抱紧我"的对话中，空气中充满了情感共鸣的乐声。"让我抱着你，"康拉德恳求道，"告诉我你需要什么。"海伦转向他，微笑着，似乎正准备回应他的请求。但突然间，她的表情变得茫然。她盯着地板，接着用空洞的声音说道："我当时就在那里，坐在楼梯上，对你说，'医生说我可能得了乳腺癌。我一生都在等待这一天，清楚地知道它必将到来。我母亲就是死于乳腺癌，我的祖母也是。现在到我了'。"

她的声音变了，听起来有些不知所措。"我坐在那儿的时候，你从我身边走过，"她摸了摸自己的肩膀，仿佛那种被触碰的感觉还在，"你说，'振作起来。当遇到不确定的事时，惊慌失措、沮丧不安是没有意义的。先冷静点儿，我们可以等会儿再讨论该怎么办'。你上楼走进你的办公室，关上了门。你好久都没下来，留我一个人坐在那儿。你把我丢在楼梯上，任由我自生自灭。"

然后，她的声音又发生了变化。她用一种愉快而正式的语气告诉我，她和康拉德已经在咨询中取得了很大的进步，不再像以前那样争吵到只能向我求助的地步了。事实上，情况已经好多了，基本没有什么需要讨论的部分了。康拉德对刚刚发生的事情感到疑惑不解。那次楼梯上的谈话发生在3年前，医生的疑虑也是错误的——海伦并没有患乳腺癌。为了避免引起麻烦，他很快同意了妻子的看法，认可咨询进展顺利，没有什么需要讨论的了。

小事件，大影响

我以前也见过这种情感突然中断的情形。伴侣原本稳步前进，柔软的感情流淌在两人之间，然后……砰！一方提起了某件事，有时明显是一件微不足道的小事，但房间里的氧气就好像突然被完全抽走了。霎时，温暖的希望变成了冰冷的绝望。

一件小事怎么会有如此压倒性的力量？显然，这不是一件小事。至少对伴侣中的一方来说，这是一件非常严重的事。

经过几十年的研究和治疗，我发现某些事件不仅会触碰我们的伤痛之处或"伤害我们的感情"，它们还会造成极深的伤害，甚至颠覆我们的世界。这些事件是关系创伤（relationship traumas）。在字典中，"创伤"被定义为一种伤口，它会使我们陷入恐惧和无助之中，对原以为可预测和控制的所有事情产生怀疑。

哈佛医学院精神病学教授朱迪思·赫尔曼（Judith Herman）观察到，当这些创伤涉及"人类情感联结的断裂"时，就会变得特别严重。的确，没有任何创伤会比依恋对象带给我们的创伤更加严重，因为他们本是我们期待能够给予自己支持和保护的对象。

海伦和康拉德面临的正是关系创伤。尽管楼梯上的事已经过去 3 年了，但它仍然历历在目，消除了海伦伸手去找丈夫的任何可能。事实上，自那件事发生以来，海伦在面对康拉德时就变得易怒和警惕。一开始那件事会闪回（创伤性事件清晰地重复出现），后来她逐渐变得麻木，避免与丈夫亲近。过度警觉、闪回和回避相关刺激是创伤后应激障碍的公认标准。当海伦试图讨论她的感受时，康拉德却对这件事表现得轻描淡写，这让她更加难过。所以现在，当康拉德让海伦和他一起冒险，把自己交到他手中时，她立刻想起了那段被他彻底伤害的经历。警报响起，她拒绝再踏入那里。我把这个称为"绝不重来"（never again）的时刻。难怪"请抱紧我"的对话走入了死胡同。

明尼苏达大学的杰夫·辛普森和得克萨斯农工大学的史蒂文·罗尔斯（Steven Rholes）两位依恋研究专家的观察显示，在受到威胁的时刻，如果缺乏所爱之人提供的情感支持，会使整段关系染上阴影。它会掩盖无数积极的小事，并在一瞬间破坏关系的安全感。这类事件之所以有这么大的影响，就在于它们对"当我最需要的时候，你会在我身边吗？你会在意我的痛苦吗"这个永恒的问题给出了伤人的否定回答。

当我们迫切需要爱人的支持时，没有多少妥协或模糊的余地。结果只有两种：合格和不合格。这些时刻粉碎了我们对爱的积极假设，也粉碎了我们对爱人的信任，让伴侣的关系陷入困境，或是进一步磨损本就摇摇欲坠的关系。在这些事件被正视、被解决之前，真正的情感接近和情感投入是不可能的。

当我和我的同事们第一次看"请抱紧我"对话的录像带时，我们认为让一段关系流血的伤口总是"背叛"。然而，当我们倾听受伤的伴侣诉说他们的痛苦时，"背叛"似乎没有那么符合。"在我们的关系中有很多伤痛和艰难的时刻，"在约瑟夫和他的同事发生了婚外情时，他的伴侣弗朗辛对他说，"我可以接受你在双胞胎出生后感到被忽视，以及当你遇到这个女人时，你并没有得到满足。对我来说，我最不能接受的是你向我坦白的方式。我不断地想起这件事。你看到我有多么伤心绝望，整个人倒在地板上。而在我最失落的时候，你做了什么？你把你的婚外情归咎于我，你列出了我所有的缺点，然后不停地说如果没有我，你的生活可能会怎样。就好像我根本不在那里，你根本没有考虑过我的感受。这是我一直在回想的。如果你曾经爱过我，你怎么可能那样做呢？"

显然，弗朗辛不仅是因为约瑟夫的不忠和背叛而感到痛苦。我渐渐明白，虽然伴侣中受伤的一方经常感觉受到了背叛，但他们的痛苦主要来源于被伴侣抛弃的感觉。他们的呼喊通常是某种形式的"你怎么能在生死关头丢下我"。伴侣通常会在强烈的情感压力下遭受关系创伤，包括孩子的出生或流产、父母的离世、突然的失业、被诊断出严重的疾病或在疾病的治疗期间，因为这些时候的依恋需求通常很高。

造成这些伤害的伴侣并不是出于恶意或故意漠不关心。事实上，他们往往出于最大的善意。大多数人只是不知道如何倾听、回应爱人的依恋需求并提供情感上的安慰。他们中的一些人，也在努力控制自己感到的害怕和担忧。正如萨姆悲伤地告诉他的妻子："当我看到那摊血的时候，我完全吓坏了。我根本没想到失去孩子，我只以为你快要死了，我就要失去你了。我立刻进入了'解决问题'的模式。我把你一个人留在出租车的后座，自己坐在前面，在司机边上告诉他去医院的路。我不知道当时你需要我为你做什么。"

伴侣经常试图通过忽视或掩盖的方式来处理关系中的创伤。这是关系中的一个大忌。日常生活中的小伤很容易缓解，伤痛之处也会逐渐消失（如果我们不在魔鬼式对话中触碰它们），但未处理的伤口不会自动愈合。依恋创伤引起的无助感和恐惧感几乎是不可磨灭的，它们启动了我们的生存本能。从生存的角度看，与信任后发现存在危险相比，保持警惕，确保没有真正的危险才是更明智的。然而，这种警惕会限制受伤的一方冒险进行更深层情感接触的能力。最后，伤口会溃烂。海伦越是要求康拉德为把她留在楼梯上道歉，康拉德就越是合理化自己的离开。而这么做只会证实海伦感受到的孤独，让她更加愤怒。

有时，伴侣们确实成功地将创伤分隔开了，但这会导致一段冷淡且疏远的关系。这种分隔只能维持一段时间。当依恋需求出现时，受伤的感受就会瞬间爆发。拉里是一名位高权重的高管，多年来一直忽视了妻子苏珊。自从退休后，他一直试图向苏珊"求爱"。他们的关系已经有所改善，但在"请抱紧我"的对话中，当拉里伸出手向妻子寻求安慰时，妻子爆发了。她告诉他，从"在莫里斯街的厨房里"发生的那件事之后，她决定再也不让他靠近，以免自己再次被他伤害。

拉里完全不知道苏珊在说什么，但他知道他们已经 17 年没有住在莫里斯街了！苏珊一直没有忘记在那个炎热的下午发生的事情。当时，她因为一场车祸身体不适，同时还要照顾 3 个年幼的孩子，她不堪重负，陷入了抑郁的状态。拉里回到家，发现妻子在厨房地板上哭泣。她平常是一个非常矜持的女人，但这次她恳求他抱抱她。他却告诉她要努力振作，然后就走开去打电话了。苏珊告诉拉里："那天下午，我躺在那里，那是我最后一次哭泣。我心寒了。我告诉自己，我永远不会再犯这样的错误，不会再期待你能给我关心。我会去依靠我的姐妹们。这么多年来，你都没注意到！而现在，你突然说需要我，还想让我敞开心扉？"

摆脱这种依恋创伤的唯一方法是面对它们并一起修复它们。最好是立刻就做。我意识到这件事是在我和丈夫约翰举办的夏季湖边派对上，那时我 8 岁的儿子急性阑尾炎突然发作。我带着儿子冲到最近的医院，同时吩咐约翰暂停聚会，尽快跟我们去医院。由于当地的小医院无法做手术，我和儿子不得不焦急地长途赶到城里。我们到城里的医院时，情况看起来很不乐观。一位外科医生急匆匆地过来给我儿子做了检查，宣布他必须"现在"动手术。我又打电话给我丈夫，他竟然还在湖边！两个小时后，当我看着儿子被推进加护病房时，我的丈夫才轻快地从走廊那头走来。我爆发了。看到我如此害怕和孤独，他感到十分惊诧。他包容了我的愤怒和痛苦，解释了他迟到的原因并安抚我。尽管如此，我仍然需要确定他真的理解了我的受伤。在接下来的几个星期里，在这个创伤完全愈合之前，我们重复谈了这件事好几遍。

对于康拉德和海伦来说，治愈的起点在我的咨询室，那时康拉德坦承，在他把她留在楼梯上后，他独自哭了一个小时。他原以为把自己的恐惧和无能表现出来会让她失望。所以，在此之前，他一直隐藏着自己的羞愧，同时试图说服他的妻子，她没有受到伤害，但这往往只是徒劳。

伴侣的第一个目标是学会宽恕。就像爱一样，宽恕最近才成为社会科学家研究的课题。大多数学者把宽恕视为一种与道德相关的决定，认为放下怨恨，原谅其他人的过失是一件正确的事，也是一件好事。但是仅仅做出这个决定，并不能恢复受伤的一方对伴侣和关系的信任。伴侣需要的是一种特殊的，能够疗伤的对话，使他们不仅能宽恕彼此，也愿意再一次信任对方。重建信任是最终的目标。

大约在 5 年前，我开始设计"宽恕与和解"之舞的步骤。我和我的学生、同事一起观看了咨询会谈的录像带，看到一些伴侣陷入"绝不重来"的时刻后如何被困在原地，而另一些伴侣又是如何走出伤痛的。我们发现，伴侣必须能够先完成对话 1～3，并在关系中建立起基本的安全感，然后才能进行"创伤与宽恕"的对话。

最近的一个研究项目进一步加深了我们对依恋创伤的理解。我们了解到，依恋创伤并不总是显而易见的，重要的不是事件本身，而是它们引发的脆弱的感受。在某些特定的时间，对一些伴侣而言，与别人调情可能比婚外情更伤人。我们还发现，伴侣双方可能会遭受多重创伤，而且创伤的数量越多，重建信任就越困难。最重要的经验是，你必须认真对待伴侣的伤痛，即使你认为这只是一件小事或是伤痛有点儿被夸大了，你仍然要坚持下去，耐心询问，直到这件事的意义变得清晰。

玛丽和拉尔夫已经识别出了他们的魔鬼式对话，可以谈论他们的伤痛之处，也能够"重返崎岖处"并进行回放，但玛丽仍然回避开启"请抱紧我"的对话。相反，她一直喋喋不休地谈论拉尔夫和秘书们在办公室派对上的不雅照片，而且拉尔夫在知道她会定期整理抽屉的情况下，还把这些照片留在了书桌的抽屉里。拉尔夫向她道歉，承认那场派对确实有点儿失控，那些照片也确实不合适，但他坚称自己没有偷情。他不明白她为什么那么受伤。他一直试图倾听理解玛丽说的事，最后终于发现玛丽不断重复的一句话："就在那时，在'那次'之后。""是什么让这一切发生的时间如此重要？"他问道。

玛丽突然大哭起来："你怎么能这样问我？你难道不记得了吗？就是在那次可怕的对话之后，你说对你而言，我实在是太拘谨了。你要我去买些丝质内衣，读一些有关性的书籍。我在一个那么严格的家庭中长大。我告诉过你，我太害羞了，无法这么做。但你很坚持。你告诉过我，除非我这么做，否则我们不可能在一起。所以我去做了，为了我们。我全部都做了，但我觉得很羞耻，很难堪。而你似乎根本没有注意到。你甚至从没说过你很高兴！连一次也没有。但你在那些照片里的样子看起来很开心，那些女孩看起来也很开心。她们不像我那么害羞。我想尽办法把自己彻底改造成照片里的那些女孩，但这并没有什么用。最后一点是，你明明知道我整理了你的书桌，你却根本没想过如果我发现了那些照片会有什么感受！你心里根本没有我！"拉尔夫现在终于理解了妻子的痛苦。他握紧妻子的手并安慰她。

玛丽和拉尔夫都表现出了勇气和决心，仔细地检查这一件事，直到其中重要的依恋信息显露出来。有时候，我们不知道某件事为什么让我们如此痛苦，除非我们可以真正地和伴侣一起探寻答案。有时候，只是向伤害我们的人展示内心最深处的创口就已经非常困难了。但是，如果我们能够把痛苦与依恋需求和恐惧联系起来，就能够找到这种痛苦的真正意义。

宽恕的 6 个步骤

"创伤与宽恕"对话有哪些步骤呢？

（1）受伤的一方要尽可能坦率地、简洁明了地说出自己的痛苦。要做到这一点并不容易。这意味着要避免把过错推到伴侣身上，并聚焦于描述痛苦本身，包括痛苦发生时的具体情况，以及它如何影响了自己在和伴侣一起时的安全感。如果很难捕捉到创伤的本质，我们会尝试通过问以下问题帮助伴侣理解到情绪层面。

在迫切需要安慰的时刻，我是否感觉这种需求没有被满足？我是否感到孤单和被遗弃？当我非常需要确认我和我感受的重要时刻，我是否觉得被伴侣贬低了？我的伴侣是否突然变成了我感受到的危险的来源，而不是我所需要的安全避风港？这些问题直接说明了由依恋问题导致的伤痛是有创伤性的。

要从混沌的情绪中找出伤痛的实质，是一件很困难的事。对于"有罪"的一方来说，坚持下去并努力倾听伴侣的痛苦，也同样是很困难的事。探索过魔鬼式对话和每一方的伤痛之处，有助于伴侣倾听、理解彼此的分享，哪怕伴侣说的话会引发对方的焦虑。一旦双方都能理解深层的依恋创伤、依恋需求和恐惧，就能够放慢脚步，帮助彼此解决这些问题。

在几个月的相互指责之后，薇拉终于能够告诉特德："那几次你无法陪我化疗的事，现在都已经过去了。我知道这对你来说很困难，这让你回想起 12 岁的时候看着你的妈妈死于癌症，而她是唯一关心你的人。但那个让我窒息的画面是：那天我回到家，一直在哭泣，我告诉你我撑不下去了，而你什么都没说，也什么都没做。但后来我妹妹过来了，你记得吗？她难过极了，突然大哭起来，而你立刻从椅子上跳起来去安慰她。你抱着她，轻声对她说着话。"薇拉突然开始抽噎，她接着说："你能做到，只是那个人不是我。你的安慰，你的触摸，都不是给我的。那天晚上我告诉自己，我宁愿孤独地死去，也不会再向你寻求关心。但是那种痛苦还在这里，我仍然在独自承受着。"特德注视着薇拉，突然理解了她的悲伤和愤怒。这个信息虽然很可怕，但至少它是有意义的。薇拉指出了伤口的位置。特德也看到了伤口。现在可以开始疗伤了。

（2）造成伤害的一方保持当下的情感投入，并承认伴侣的痛苦和自己在其中的责任。直到受伤一方感受到自己的痛苦已经真正被看见，他们才有能力释怀。他们会一次又一次地呼唤伴侣，专注于抗议和要求。如果我们了解依恋的理论，就能明白其中的原因。如果你不知道你是如何伤害我的，那我怎么能够依赖你，和你在一起又怎么可能感到安全？

在过去对创伤的讨论中，造成伤害的一方可能会因羞愧和自责而逃避。记住这一点是有帮助的：在爱情中，犯错在所难免。我们都有可能会错过爱人对亲密关系的呼唤，也会发现自己有分心的时候。我们都会陷入自己的恐惧或愤怒之中，而无法在爱人跌倒时抓住他们。这个世界上没有完美的灵魂伴侣，也没有不会犯错的爱人。在学习爱的舞蹈时，我们都跌跌撞撞，不小心踩到彼此的脚是很正常的。

也许你的伴侣以前从未注意过依恋信息，直到现在才开始理解他所造成的痛苦。重要的是请记住：即使事件发生在过去，造成伤害的一方还是能够改变这件事对未来的影响。帮助受伤的一方了解造成伤害一方的回应，有助于恢复伴侣间的默契。保持当下的情感投入，能够让受伤的一方以一种不同的方式处理他的伤痛。

特德说："现在我明白了。之前几次我们谈到这个问题的时候，我可以告诉你，你的癌症是如何让我像'车灯下的鹿'那样僵住的，这就像是我母亲生病的重演。不过，你说得对。那天，你看着我站起来，给了你妹妹你渴望已久的支持……"薇拉哭着点头，看到这个情形，特德的声音变得更加柔和："那是你无法承受的。"她又点了点头。"那甚至比我僵住，什么都没做还要糟糕。我过去没有给你安慰，现在也没能真正安慰你，即使我已经看到你受伤了。为什么我没有去做呢？我想这可能是因为在我眼中，你是那么坚强，肯定比我更加坚强。我知道这很愚蠢，但我当时觉得向你妹妹伸出援手是更简单的，因为每次看着你，我看到的都是自己的失败和无助。因为你对我来说太重要了。"薇拉思考了一会儿，然后扬起嘴角，露出试探性的微笑。

（3）伴侣开始改变"绝不重来"的誓言。我把它想象成伴侣们在修改他们的剧本。薇拉从她的保护墙后走出来，与特德分享她是多么孤独、悲伤和绝望。她告诉他："那件事发生后的第 2 天，我告诉自己，这一切对你来说太难了。我不确定你是不是真的在意我是否能够挺过来。因此，我与癌症的斗争突然变得毫无意义。我想过干脆放弃好了。"她一边说，一边看着特德的脸。他看起来也很痛苦。他告诉她："我不想让你有这种感受，我也无法接受你有放弃的念头。你想放弃，是因为我无法安慰你，那实在是太可怕了。"

（4）造成伤害的一方现在要为自己对爱人造成的伤害负责，向伴侣道歉并表达悔意。不可以用冷淡的或防御性的方式道歉。用冷静的语气说出"我很抱歉，行了吗"并不能表达出悔意，只会表达出对伴侣痛苦的漠视。如果我们想让伴侣相信，必须按照上文中第 3 步的方法倾听并关注伴侣表达的痛苦。我们必须表达出：爱人的痛苦对我们有重要的影响。当特德看着薇拉说话时，从他的声音中和表情中都能感受到悲伤和悔恨。他对她说："我真的让你失望了，对吗？没有陪在你身边，我真的很抱歉，薇拉。我被完全压垮了，竟然留你一个人对抗你的敌人。承认这件事对我来说很困难。我不希望自己是那样的人，那种会让你如此失望的丈夫。但我这样做了，你完全有权生气。我从来都不知道我的支持对你来说那么重要。但我现在知道我深深地伤害了你。我当时不知道该做什么，所以我犹豫不决，最后什么也没做。如果你愿意给我机会的话，我想试着做得更好。"

薇拉显然被特德的道歉深深打动了。特德到底做了什么，让这一切如此有效？第一，他的态度清楚地表明了，他能够感受到薇拉的痛苦，并且他很在意。第二，他明确地告诉她，她的伤心和愤怒都是合理的。第三，他确切地承认了自己的所作所为对薇拉的伤害。第四，他表达了自己的羞愧，告诉妻子，他也对自己的行为感到沮丧和失望。第五，他向妻子保证，从现在开始，他会在她身边，帮助她疗伤。

这是一个精彩的道歉！有一次我严重伤害了女儿的感情，在那以后，我尝试了 3 次，才做到了特德道歉中的一半。特德的道歉不仅仅是一份忏悔的声明，更是一封重新建立情感联结的邀请。

（5）现在可以围绕依恋创伤进行"请抱紧我"的对话了。受伤的一方确认自己现在需要用什么来结束创伤，然后直接请伴侣满足自己的需求。也就是说，他们邀请伴侣用一种与原始事件不同的方式来回应自己。这塑造了一种新的情感联结，这种联结能够成为一味解药，消除那个事件造成的可怕的孤立感和分离感。"那时我需要你的安慰和支持。我需要你的抚慰。我现在也需要！"薇拉对特德说，"那些害怕和无助的感觉仍然伴随着我。每当我想到癌症可能复发，或者甚至是当我感觉我们之间存在距离时，我需要你保证能让我安心。"特德回应道："我想让你感觉到可以依靠我，感觉到我在你身边。我会尽我所能做到我应该做的。我并不总是擅长理解别人的感受，但我在努力学习。我不想让你感到孤单和害怕。"这是一段能够治疗创伤的 A. R. E. 对话。

（6）伴侣现在创造了一个关于创伤事件的新故事，描述了它如何发生，如何侵蚀了彼此的信任和联结，以及如何形成了魔鬼式对话。最重要的是，这个故事描述了他们如何一起面对这个创伤并开始治愈它。这就好像把所有的丝线编成了一幅新的织锦。现在，作为一个团队，他们可以讨论如何互相帮助，从这个创伤中学习，继续治愈伤口，并预防未来再次受伤的可能。在接下来的治疗中，可能需要制订一些能够让受伤的一方安心的规则。例如，在发生婚外情后，一对夫妇可能会同意：任何与前任伴侣的联系，都必须立即告诉受伤的一方；造成伤害的一方也要随时打电话向对方汇报自己的行踪。在这段对话中，特德告诉妻子："很奇怪的是，正是因为你的妹妹在我心里没有你那么重要，所以安慰她反而更加容易！和她在一起时，我不会担心把事情搞砸或犯错误。我明白了为什么在那件事发生以后，你在其他时候也自然地不来找我了，比如你害怕癌症复发的时候。我看到了我们的感情是怎样渐行渐远的。我知道了再一次对我提起这件事，你需要鼓起多大的勇气。你之前试着告诉我的时候，我没有帮你，对吧？你尝试着发送求救信号，我却以为你要把房子烧掉。当我们可以这样分享，而不陷入所有的伤痛中时，我感觉很好。"轮到薇拉时，她告诉特德："我喜欢你的建议，你让我挥舞着旗子来帮你，发送'特德，现在是抱紧我的时间'的信号。它让我感觉你真的在思考如何倾听和理解我，以确保这种情况不会再发生。"

特德和薇拉按照这些步骤顺利地前行。但其他伴侣可能会遇到更多的困难。如果魔鬼式对话长期存在，信任和安全感已经下降到很低的水平，那么"创伤与宽恕"对话可能需要多重复几次。如果有多个创伤性事件，也同样如此。然而，即使在有多重创伤的情况下，通常也会有一个特别突出的创伤。当这个创伤被治愈了，其他的创伤就会像多米诺骨牌一样随之倒塌，相继愈合。

另外，某些事件（尤其是婚外情）也会使宽恕的过程复杂化。引起痛苦的因素很多。但在这种情况下，通常也有一个时刻是这类创伤的缩影。还记得弗朗辛和约瑟夫吗？最让她心碎的是他坦白婚外情的方式。这段婚外情很短暂，而时间长的婚外情则会更棘手。故意的、长期的欺骗会破坏我们对伴侣的熟悉感和信任感，以至于我们无法分辨事实，无法确定真相是什么，也无法确定什么才是"真实的"。正如我们告诉孩子的那样："最好不要相信陌生人。你永远也不知道他们会做什么。"

创伤也许可以被原谅，但永远不会消失。相反，如果能够把它们他们融入伴侣的依恋故事，作为重新开始建立联结的证明，那会是最好的结局。

♡ 扮演与练习

（1）治疗依恋创伤的第一步是辨认出创伤并表达出来。请回想在过去的某个时刻、某个事件中，你被一个对你而言很重要的人深深伤害（但不是你的伴侣）了。这个创伤可能与上文描述的类似，也可能影响相对较小。这个创伤主要是什么？是一句话、一个具体的行动，还是对方在你需要时没有行动？在上文的例子中，薇拉说她最受伤的时刻是：当她意识到特德可以在艰难的时期给别人安慰，而那个人不是她时。在你经历的事件中，你对于这个你生命中重要的人，得出过什么让你惊慌害怕的结论？例如，你断定对方根本不关心你，你是不重要的，还可能会被抛弃？当你受伤的时候，你需要的是什么？如果这很难说清，可以想一想，你当初最希望对方如何回应你。你发现你当时采用了哪些方式来自我保护？比如，你有没有转移话题，走出房间？还是会变得咄咄逼人，要求对方给一个解释？

问问你自己：我是否感觉没有得到支持？我的痛苦和恐惧被忽视了吗？我有被遗弃的感觉吗？我觉得自己被贬低了吗？我是不是突然将这个人看作危险的来源，觉得对方会利用我，背叛我？

当你意识到了过去的伤痛后，看看你是否能够和伴侣分享。马西告诉她的伴侣埃米，当她取消婚约时，她的母亲是如何反应的。"我记得整件事，"马西说，"我和妈妈在厨房里。因为我太害怕说出口了，我几乎是对她耳语的。她转过身来，表情像石头一样僵硬。她说'我会假装你从来没说过这句话，我不想知道，你要怎么过你那愚蠢、疯狂的生活，都随便你'。我觉得我的胸口像重重挨了一拳。所有被剥夺、被遗弃的感觉，在那一刻我全都感受到了，而且我确信自己还被贬低了。于是我转头离开。这就是发生的事情，也是我对母女关系的决定。从那以后，我再也没有跟她说过任何私事。她不想了解我，所以我就把我的墙高高筑起。我想，我其实是渴望她能接纳我，安慰我的，当时我感觉好无助。但我还是放弃了。事实上，在很长一段时间里，我都没有让任何人靠近到有可能伤害我的程度。"

（2）思考一下道歉对你来说是容易还是困难（即使是在一件小事上道歉）。用 1 到 10 分评估自己道歉的能力，10 分意味着你能够欣然接受自己有盲点，接受自己会犯错误。回忆一下，你是否曾经用以下某一种方式表达过你的歉意？

- 4 秒的"找台阶下"式道歉："嗯，好吧，对不起。我们晚餐吃什么？"
- 责任最小化道歉："嗯，也许我是那么做了，但是……"
- 被迫的道歉："我想，我应该要说……"
- 将道歉作为手段。"除非我说这句话，否则什么都行不通，所以……"

这些都是象征性的道歉，有时也许能对非常小的伤害有用，但如果是对于我们正在谈论的创伤，这样的道歉只会加重受伤的一方的痛苦。

（3）你能想起一次曾经伤害到爱人的经历吗？对方是否觉得失去了你的支持和安慰，甚至感觉被你抛弃了？你有什么地方会让对方觉得你是危险的或拒绝他的吗？

你能想象自己真诚地向对方承认自己造成的伤害吗？你可能会怎么说？什么可能会让你觉得承认伤害很难？当伴侣谈论自己对爱人的伤害时，常常用到以下这些简单的句子。

- "那时候我离开了。我让你失望了。"

- "我没有看到你的痛苦，也不知道你是多么需要我。我当时
  太不知所措了，我害怕、生气、忧心忡忡。于是我就封闭
  了自己的心。"
- "我不知道该怎么办。我完全陷入了自己很愚蠢的感觉里，
  担心自己做错事。"

想一想特德向薇拉道歉时的五个要素。他说他在意她的痛苦；
他告诉她，她的伤痛是合理的；他承认了自己伤人的行为；他为
自己的行为表达愧疚；他向她保证，他会帮助她康复。特德道歉
时的哪一步是你最难完成的？

你认为你的坦诚会让受伤的一方有什么感受？这可能会对对
方有什么帮助？

（4）现在，轮到你来处理在当前关系中的某个特定创伤了。
你可以一个人做这件事，也可以邀请你的伴侣来倾听你，试着让
对方理解你。如果你觉得分享那个特定的创伤很困难，可以从最
近一个相对较小的伤害开始。然后如果你愿意，可以选一个更大
的创伤，重复这个练习。尽量把创伤说得具体一点，因为庞大而
模糊的伤痛很难处理。也许你经历过一段艰难的时期，其间有很
多受伤的感觉。有没有一个时刻伤痛是清晰可见的？引起伤痛的
是什么？你最主要的感受是什么？对于这段关系，你做了什么决
定？你采取了哪些方式来保护自己？

玛丽告诉吉姆："那时候我刚开始学习那些新课程，我对自
己很没有信心。有一天在晚饭后，我鼓起勇气问你，你对我所有
的努力和目前取得的进展有什么看法。我真的很希望你能对我说，
你知道我取得了多大的进步，希望你告诉我，你对我有信心。但
你似乎没有在听我说，我觉得自己被忽视了。我没告诉你我有多

难过，也没有表现出我多么需要你的鼓励。我决定独自去实现我的梦想。现在，我把我的生活从我们两个人的生活中完全独立出来了。"

（5）现在，尝试告诉你的伴侣，在那个创伤事件中，你原本的期待是什么，当你没有得到期望的回应时，你有什么感受。你也可以分享现在你冒险分享那些期望时，感受到了什么。分享时，尽量不要指责你的伴侣给你带来了伤害，那只会破坏你们的对话。如果你是倾听的一方，试着倾听伴侣的脆弱，并分享听到这些时，你内心的感受。通常，当我们真正听到爱人表达对我们的需要时，我们会给出充满关心的回应。

（6）如果你是伤害爱人的一方，试着帮助你的伴侣理解你在造成伤害的时刻为什么做出了那样的回应。你可能需要深入挖掘，自己"发现"那种反应是如何演变和形成的。请把这个看成帮助伴侣更好地理解你的反应的一步。看看这是否会让你的伴侣感到足够安全，能够向你透露他的脆弱感受，这样你也可以从依恋需求的角度看到整个事件的意义。

（7）作为造成伤害的一方，你现在了解到对方的经历了吗？你能承认自己如何伤害了对方，并且，特别重要的是，能够向对方道歉吗？这是很难做到的，因为承认对自己的行为感到失望是需要勇气的；承认自己的迟钝或漠不关心会让人感到羞愧。也许只有当我们允许自己被爱人的伤痛和恐惧触动时，我们才能将道歉说出口。如果能够发自真心地道歉，这会是我们给爱人最好的礼物。

（8）作为受伤的一方，你能接受对方的道歉吗？如果可以，这会在你们之间建立起新的信任基础，让你们的信任重新开始构建。当这个创伤在未来再次出现时，你可以安心地寻求安慰，因为你知道伴侣会尽最大的努力体贴地回应你，并且可以提供在最初的创伤事件中没能给予你的爱。

（9）最后，用一个简短的故事来总结这段对话。故事涉及这个创伤事件，它对你们关系的影响，你们如何重修旧好，以及打算如何确保这种事情不再发生。

如果你认为自己无法完成这些，你可以先试着简单地和伴侣分享，进行这种创伤与宽恕的对话对你来说是多么地陌生或困难。另一种开始的方法是，双方一起选择一个需要治疗的创伤，按照上文的步骤，用简单的几句话把可能的答案写出来。然后彼此分享。

如果能够了解依恋创伤，知道在你需要的时候，你能够得到宽恕，你也能够宽恕对方，这会带来惊人的力量，让你们能够建立一种有弹性的、持久的情感联结。不存在没有伤害的关系。但是如果你们知道，即使在跳舞时踩到了对方的脚，你们仍然能够恢复，那么你们就能够投入一段更有热情和活力的舞蹈。

第 9 章

对话 6：借由性与抚触加强联结

> 与其浪费时间寻找完美的恋人，我们倒不如
> 创造完美的爱情。
>
> ——汤姆·罗宾斯（Tom Robbins）

在爱情刚开始萌芽的阶段，双方很容易产生激情。几乎每一句话、每一个眼神、每一次触摸都能激起欲望，这是大自然将两个人拉拢在一起的方式。但经过最初令人神魂颠倒的欲望之后，性在两个人之间的定位又是什么？除了相互吸引外，性能否帮助我们维系感情，建立长久的关系？答案是肯定的。事实上，好的性生活就是一种强烈的联结经历。

但是，我们通常不会从这个角度看待性。由于受到社会文化及各类爱情专家的影响，我们倾向于将激情视为一种稍纵即逝的感觉，而非一种持久的力量。我们被告知，热恋时期熊熊燃烧的爱火终将熄灭，伴侣关系也是一样，虽然曾经充满激情，但最后都会无可避免地转化为平淡如水的友谊。

　　不仅如此，有些人认为，性本身就是目标，追求享乐、满足欲望就是目的，性只是为了获得即刻的身体满足。

　　事实上，稳定的关系与性的满足相辅相成，这两种要素会促进并提升两人的关系。心心相印能够创造美满的性生活，而美满的性生活又能创造更深厚的情感联结。当两个人都敞开心扉，积极回应、相互关注时，性就成为亲密的互动、一次令人安心的探险之旅。情感稳固的伴侣，能够自在、自信地享受在彼此怀中的感觉，探索并互相满足彼此的性需求，同时分享彼此最深的喜悦、渴望与脆弱。

　　美满的性生活对于维系爱情究竟有多重要？研究发现，好的性生活虽然不是美满关系中最重要的部分，却也不可或缺。位于华盛顿的美利坚大学性教育家巴里（Barry）与埃米莉·麦卡锡（Emily McCarthy）曾经在当地做过调查。他们的结论是，关系美满的伴侣只把 15%～20% 的快乐归因于愉快的性生活，然而婚姻关系不快乐的伴侣将 50%～70% 的痛苦归咎于性的问题。美满的伴侣将性视为提供乐趣与亲密感的众多来源之一，关系不好的伴侣则将焦点放在性上面，而且经常把它当成问题的主要来源。

　　为什么性对于关系不好的伴侣会是这么大的问题？因为，当两人关系不稳定时，首先受到影响的通常是性，虽然它并不是问题的真正来源。你可以把来自性的困扰视为一种预警信号，类似"矿坑中预警的金丝雀"（canary in the mine）。但真正的问题是两人正失去联结，彼此间的安全感已消失。结果导致性欲降低以及性生活不美满，这又使得性生活次数减少，造成更多受伤的感觉，导致情感的联结更加不稳定，如此这般循环下去。简而言之：情感联结不稳定，就没有性；而没有性，就缺乏情感的联结。

这并不难理解。哈里·哈洛在《学习去爱》(*Learning to Love*)一书中强调，灵长类动物与其他动物的不同之处，就在于当它们拥有面对面的、深情的性行为时，会"毫无防备地将最脆弱的一面赤裸裸地袒露在彼此面前"。我们天生就无法在担心、害怕的时候还能享受在一起的美好感觉。

情感联结的稳固与否，将决定两人性生活的好坏。我们对于性的期待，取决于两人在亲密时是否舒适自在，以及我们对于回应所爱之人需求的安全感如何。我把性关系分成三类："封闭式性关系""慰藉式性关系"以及"同步式性关系"。

封闭式性关系

"封闭式性关系"的目标是降低性关系紧张、达到性高潮，并为自己的性技巧感到自豪。这种性关系常发生在那些从来都学不会信任，也不愿意敞开心扉，或是对伴侣没有安全感的人身上。他们聚焦于性欲的感觉与表现，情感的联结退居其次。这种性关系对于爱情是有害的，伴侣会觉得自己被利用和被物化，没有被当成"人"得到尊重。

凯尔的伴侣玛丽对我说："对他而言，我就仅仅是个女人，我们之间的性生活很空洞，从开始到结束我都觉得很孤单。"而凯尔则在一旁倾听。"有时候是这样的，"凯尔表示赞同，"但我们的性关系曾经也很亲密。自从我们开始吵架以后，我就放弃了。我不再有感觉，性生活变得机械化。你在我眼里就只是个'女人'，这样对我来说更有安全感，但建立亲密感就比较难了。如果我把你当成'玛丽'，再想到我们之间的种种问题，那只会让我感到难过。

于是，我把注意力放在性这件事上，这让我感觉好一些，至少暂时如此。"

凯尔封闭自己的感情，是因为不知道如何去建立亲密关系。但有一些人，尤其是那些觉得曾遭受伴侣背叛的人，就会习惯性或选择性地在感情上保持疏远。他们更偏好从性生活中获得满足。根据明尼苏达大学心理学家杰夫·辛普森及其科研伙伴的研究，这样的人会回避一切可能引发情感投入的行为。

采取"封闭式性关系"的人似乎多为男性，原因可能来自男性激素引发的性冲动，也可能纯粹是受到文化的熏陶。男性从小就被告知，流露太多情感是懦弱的表现；由于他们不知道具体的界限在哪儿，所以通常会完全避免表露情感。"封闭式性关系"也有可能是男人性欲本能所造成的结果。男性在亲密关系中不需要太多的沟通，而女性在亲密关系中更需要对方的回应，也更需要情感交流与联结。

无论男人或女人，切断感情的投入就等于封锁了性更丰富的内涵。美国堪萨斯大学心理学家奥马里·吉拉思（Omri Gillath）发现，在情感上保持距离的年轻人享受性的程度不如那些能够自在亲近他人的人。"封闭式性关系"会让人感觉刺激，但激情来得快也去得快，这种体验是单一维度的过程。追求更多的感官刺激，是这个游戏的目的。

慰藉式性关系

"慰藉式性关系"通常发生在我们寻求安慰，以确认自己受到伴侣重视与渴望时。性只是一个附属行为，目的在于缓和我们情感依恋上的恐惧。这种性关系所投入的感情比"封闭式性关系"多，但主导这种性行为的主要情绪是焦虑。吉拉思的研究显示，越是急于依赖他人，就越想要被拥抱或被倾慕，而不是性。曼蒂对我说："我和弗兰克之间的性生活还算美满。但说实话，我真正想要的是依偎在他怀里，这让我感到安心。性对我来说就像是个测试，如果他需要我，我就觉得安心；当然，如果他不需要我，我就会觉得自己有问题，然后开始担心害怕。"如果性的作用只是抗焦虑，那就不是真正的激情。

"慰藉式性关系"能够暂时稳定一段关系，但同样也可能刺激伤痛之处，强化消极互动循环。只要和"两情相悦"有关的事情一出错，立即会出现受伤与负面的情绪。如果这种性关系在一段关系中成为常态，两人可能会为了取悦对方陷入过度表现或是予取予求的境地，从而浇灭对性的渴望。一旦性关系上的亲密仅仅是为了补偿依恋缺失与恐惧的手段，就会导致两人渐行渐远。

科里告诉他的妻子阿曼达："我觉得，性生活频繁没什么不好啊？我打赌有很多人性生活频繁。"阿曼达看向我，我们脸上立即浮现出惊愕和无力的表情。科里看到了，扭过头去。他看起来很悲伤，也很受挫。"唉，这和性一点儿关系都没有，对吧？"他说道，"只有当你在我怀里回应我的时候，我才能确定你爱我、需要我，也只有在那时候，我才感觉到和你在一起是安心的。仔细想想，这些性要求对你是太过分了。我越强迫你，你就越不喜欢。老实说，我真的很害怕失去你。自从去年我们闹分手之后，我就时刻在担心，因此性生活就像是我的安全保护伞。"阿曼达将椅子挪近，然后用手臂环抱住他。科里轻轻靠在她的臂弯里，然后用充满惊讶的语气说："嘿，你在抱着我！你会不会因为我说了这些话而瞧不起我?"阿曼达亲了亲他的脸颊。当科里意识到自己可以这样寻求亲密,并得到令人安慰的拥抱时,他们的关系及性生活就出现了积极的变化。

"慰藉式性关系"通常发生在两人正处于魔鬼式对话中,以及他们之间正常的安全感和安慰式抚触——维系感情最基本的联结点——消失时。"性曾经是我们真正能够在一起的方式。"亚历克叹息着说,他和南维持了十年的感情正在瓦解:"但现在她完全不想过性生活,我觉得自己总是被拒绝,所以有时我很生气。每次想到她似乎不太喜欢和我过性生活,我就很受伤。她说我逼得太急,于是她就睡在客房里。事实上,别说是性生活,我们甚至都不再碰对方了。"

每当有伴侣告诉我,他们无法通过日常的关怀行为体贴、关注对方时,我就会担心;当他们告诉我,两人已经没有性生活时,我也会有点儿担忧;然而,当他们告诉我,他们不再触碰对方时,我就知道麻烦大了。

皮肤是我们最大的感觉器官,一个成年人的皮肤面积大约有 1.67 平方米。对多数人来说,温柔的爱抚,在皮肤上抚摸以及这些动作所引发的情感,都是进入爱情关系的最佳通道。抚摸结合了人类的两种基本欲望("性"与"被意中人重视")。正如已故人类学家阿什利·蒙塔古(Ashley Montagu)在其著作《触觉》(*Touching*)一书中指出,皮肤与皮肤的接触是性的语言,同时也是建立情感依恋的语言。

根据美国马萨诸塞大学发展心理学家蒂法尼·菲尔德(Tiffany Field)的观察,从出生到年老,触觉对每一个人而言都是一种不可或缺的需求;她强调,全球最不善于触觉交流的人群当数北美居民，他们都深受"触觉饥饿"之苦。对于儿童而言，缺乏触摸与拥抱，可能会延缓脑部发育以及情绪智力（即整合情绪的能力）的发展。

男性可能更容易被"触觉饥饿"所伤害。菲尔德指出，从出生开始，男孩被抱在怀里及得到爱抚的时间通常都比女孩少。对成年人来说，男性似乎不如女性懂得如何回应温柔的抚触，但在我所见过的男性当中，他们对于触摸的渴望和女性一样多。男人不要求别人拥抱他们，也许是因为受到文化制约影响（真正的男人从不拥抱），也许是缺乏技巧（他们不知道如何开口）。每次有女性来访者向我抱怨男人满脑子都是性时，我就会想到这些。这时我会说，如果除了橄榄球比赛，唯一能够有身体接触与被拥抱的机会是在床上，那么我也会那样（满脑子都是性）。

"我只是希望玛乔丽伸手触碰和抚摸我，"特里强调说，"我想要知道，她想让我靠近她，让我感觉自己被渴望、被需要，而不只是在性方面，是要比那更多。"玛乔丽并不同意："才不是！你要的只是性生活。"特里反驳道："也许我只知道用这个办法提出要求。"我们不能把所有身体与情感的依恋需求全部寄托在卧室的床上，如果我们试图这么做，性生活就会在这些需求的重压之下瓦解。

性生活美满的最佳诀窍建立于稳定的依恋关系之上，通过温柔的抚触与 A.R.E. 对话来联结感情。即使是性治疗专家也同意，"不强求的欢愉"（non-demand pleasuring）是创造健康性关系的基础。正因为如此，我经常建议伴侣持续数周不要进行房事，在这样的情况下，两人都不会感到焦虑或失望，而且可以更专注地探索每一种抚触带来的感觉。若能自在地请求对方给予温柔的抚触，这将有助于深化两人的情感联结，同时更亲密地感受彼此的身体，知道什么抚触可以感动、取悦对方，成为二人之间"只为你，只与你"的珍贵情感联结的部分。

同步式性关系

当情感的敞开与回应、温柔抚触及欲望探索全都到位的时候，就会发生"同步式性关系"。这才是性生活该有的模式，它能够满足需求且联结情感。当两人的情感联结坚不可摧时，身体的亲密接触就能涵盖一切初始的激情、创意以及更多。他们可以在某一阶段专注于性，下一个阶段却徜徉于诗人莱昂纳德·科恩（Leonard Cohen）所说的"千吻之深"（a thousand kisses deep）的所在之处。

我第一次使用"同步"这个词，是在对话 4 里形容伴侣间的情感和谐。我在此处将它延伸，把性关系的和谐也包含在内。康奈尔医学院的精神医学家丹·斯特恩（Dan Stern）也曾经用这个词来描述他所观察到的状况：感情稳固的伴侣会体贴对方，感知对方的内心状态和意图，回应对方热情状态的变化，就像具有同理心的母亲能和她的孩子心灵相通一样。婴儿睁开眼睛，然后愉悦地尖叫，母亲则深情回应，变换语调来配合婴儿兴奋的尖叫。类似地，伴侣一方转头叹息，另一方微笑并顺着叹息的节奏回应他。这种同步状态能为两人带来一种"不言而喻、深层融洽的感觉"，这也是伴侣身心结合的精髓。身体的同频来自安全感，而安全感也来自身体的同频。

伴侣的回应也是会持续的。情感联结稳定的伴侣，能够坦露他们的性弱点与渴望，不会害怕被对方拒绝。卡丽说："看看我！脸上乱七八糟全是雀斑，你见过模特儿有满脸雀斑的吗？我讨厌这些雀斑。每次一想到这儿，我就想把灯关了。"她的先生安迪微笑着。"那就可惜了，"他温柔地说，"我喜欢你的雀斑，它们是你的一部分。我想要和你在一起，而不是和一个模特儿在一起。我喜欢这些小圆点，它们点燃我的欲望，就像你说我这种光头男人最性感。你是这么认为的吧？"卡丽微笑同意。

感情稳固、彼此相爱的夫妻能够尽情放松和沉浸在享受性的过程中。他们可以坦率地表达自己在性方面的偏好或禁忌，而不会觉得尴尬或冒犯对方。内华达大学的德博拉·戴维斯（Deborah Davis）和康奈尔大学的辛迪·哈赞两位心理学家在研究中发现，感情稳固的夫妻比较容易坦率地表达自己的需求与喜好，而且也比较愿意和伴侣在性方面做新的尝试。在电影里，恋人间从来不需要讨论，事情自然而然就会发生。然而，在彼此安全感还不足以支撑真心交谈的情况下发生性行为，就像是在没有飞行指南或塔台的协助下降落一架 747 客机一样危险。

伊丽莎白和杰夫结婚 25 年了，她喜滋滋地向我说道，某天晚上杰夫提到了他最喜欢的性幻想。那天晚上，伊丽莎白试着满足杰夫的性幻想，两人都对这一尝试及其给性生活带来的变化非常满意。

类似伊丽莎白和杰夫的故事总是让我兴奋不已。它们证实了，在一段长达数十年的关系中，我们仍然可以拥有即兴、热情和愉悦的性体验，并且不断从伴侣身上发现惊喜。这些例子也显示，我们的情感可以一次又一次地联结，我们可以一次又一次地坠入爱河，而伴侣之间的欲望，本质就在于寻求欢愉和"放手"去尽情体验身体感受的能力。为了做到这两点，我们必须拥有安全感。

在伴侣稳固的感情关系中，兴奋并非来自试图找回热恋时的新鲜感，而是时时刻刻保持开放的心态，在每一个当下敢于冒险投入身体与情感的联结。这种开放的心态会让你和伴侣的每次性生活都有新鲜的奇遇。我告诉伴侣，获得激情与美满性生活的最佳法则是"熟能生巧和情感投入"，而不是为了对抗"乏味"而无止境地寻找新花样。难怪芝加哥大学的爱德华·劳曼教授（Edward Laumann）在美国所做的调查显示，一起生活多年且建立起安全感的已婚夫妻，其性生活次数与满意度都高于未婚者。

当专家提出，唯有打着"征服"与"热恋"旗号的新鲜恋情才能提供令人兴奋的性生活时，我就想到我所认识的一对结婚多年的夫妻，以及他们跳阿根廷探戈的舞姿。他们完全投入彼此当下的怀抱，动作极其从容，他们对彼此的回应如此敏锐，即使每个瞬间舞步流畅变化，他们也从不踩错一步或错过对方的一个转身，两人如影随形，既优雅又自信。

解决性问题

大多数关系紧张的伴侣都陷入了魔鬼式对话。女性通常会觉得孤单与疏离，她们要么要求"慰藉式性关系"，要么就是完全排斥性生活。男性则变得没有安全感，他们会进入"封闭式性关系"或是产生性方面的障碍。很多时候，只要两人能够建立稳固的情感联结，性生活就能自动或是通过伴侣共同努力而获得改善。性关系改善带来共享的愉悦与亲密感以及性高潮所释放的催产素，反过来又会加强两人的情感联结。

当埃伦更有安全感时，终于能够向亨利坦承她无法从他身上获得性愉悦，多年来她一直都是假装的。亨利并不觉得被冒犯或被威胁，反而给予她安慰和支持。他还到图书馆去查询资料，发现有大约 70% 的女性都是这样，并借此消除了埃伦的顾虑。他们一起讨论出 3 种性爱策略，拟订了一份"给埃伦性愉悦"的计划。

让我们进一步观察关系的联结与情感的培养如何交互运作于一段关系之中。热情并非持续不变，欲望当然也会随着事件、季节、健康情况以及无数的原因而起伏不定。然而，这些变化往往会刺痛我们的心，除非我们能够坦然地表达出来，否则很容易引发或强化两人之间的问题。很多伴侣能忍受性生活次数不够频繁，但无法忍受伴侣对他们失去欲望。处理这样的感受，对大多数伴侣而言是一种挑战，即使是感情关系还算稳固的伴侣亦然，例如劳拉和比尔。

劳拉受到失业的刺激而罹患抑郁症，在她康复后不久，他们就来找我。她的医生知道，健康的伴侣关系是预防抑郁症复发的最好方法，但医生发现她和先生之间有些问题，所以请他们到我这里来做婚姻的"健康检查"。劳拉坦言她的顾虑："我们都深爱着对方。比尔过去一直都比较主动。如果我不想要性生活，可以表示拒绝，而他会接受。不过，我们还是会相互依偎，也会觉得很亲密。但这几年，他就是不肯亲近我。这让我很痛苦。我们在一起快 20 年了，难道是因为我现在老了，对他来说不够性感了吗？我现在总是等他睡着以后才睡，就是不想面对这样的事，而我们之间的距离变得越来越远。"比尔回答说："我只是太累了。白天的工作使我心力交瘁，这你也知道。其实我还是深爱着你，你绝对是个性感的女人。我不认为这里有什么问题，当然，你心情不好的时候除外。"

　　这时候，如果能进行一场 A.R.E 对话将会很有效。问题是，劳拉能否直面她的伤痛并向比尔敞开心扉？而比尔能否听见她的抗议并予以回应？劳拉对我说："就像你刚才所说，我们吵架时，常常会陷入'我一急，比尔就闷闷不乐'的类似模式，但是我们可以说开并且和好。而且我觉得我们的婚姻是幸福的，只是对性生活难以启齿。我们曾经尝试沟通，情况会稍微好转，但过一阵又会恢复原状。"由于他们已经知道如何识别两人关系的负面互动循环，以及如何在彼此间创造更多回应，所以我建议采用同样的方式来讨论他们的性生活。

　　我问他们对性有什么期待。比尔说，他希望大约每两周有一次性生活。劳拉说，她希望十天一次。我们都笑了出来。问题突然变小了，但我们继续深入讨论。比尔说，他认为唯一的问题是，劳拉似乎很容易生气，让他有点儿不敢亲近。他说："晚上我想要她过来拥抱我，她常常不过来，而我想念那种感觉。说实在的，仔细想想，我真的非常想念那种感觉。"劳拉眼里满是泪水："我不想在和你拥抱的同时还怀着你会有兴趣过性生活的期待，但结果以失望收场。我想我一直都很害怕面对这些，甚至都不敢谈。当你问我是否未被满足时，如果我回答'还好'，对话就结束了。"我看到了劳拉的预期性焦虑，以及她采取逃避的策略来保护自己。我们都同意，这种无法讨论两人性生活发生变化的情形，已经开始干扰并伤害他们。

　　我请他们详细说说感觉受伤的地方。劳拉挣扎了一会儿，然后才能整理出让她如此痛苦的原因。"有一部分恐惧是害怕你不再把我当女人看待，只当我是个妻子。我的皱纹多了，身材也比从前胖一点儿。我担心自己可能不再性感，无法满足你。你抱着我就像在抱一个普通朋友，对我的关注似乎也不再那么强烈。而从前那种感觉曾经是那么好、那么亲密。"

比尔很认真地倾听着，然后为了帮助妻子厘清思路，他问道："这就是症结所在吗？你感到被拒绝，觉得我认为你不再吸引人？"劳拉叹了口气，流下眼泪并点点头，说道："还有，当我们进行性生活时，我会觉得很紧张。有那么一瞬间，我确实能感受到你对我的渴望。我知道你的工作量太大，非常疲惫，但我觉得性对你而言可有可无，并不重要。有时我觉得如果我不主动，我们的性生活慢慢就没了，而你会放手让它消失；想到这里，我就生气，所以我告诉自己，'算了，我也不主动了。让他见鬼去吧'。但我又觉得好难过。"她摸了摸胸口。比尔伸出手，拉住她的手。

我问她："这就是原因吗，劳拉？你的难过通常都和悲伤、愤怒与恐惧有关，你觉得比尔不看重你和他之间的性生活，是这样吗？还有没有其他原因？"她点点头，说道："如果我不说出来，主动暗示你，我心里就会塞满这些感觉；如果我主动……"她的声音越来越小，然后抿紧嘴唇，"这实在太难以启齿了，事情本不该这么难。我们有一段美满的婚姻，我也是一个坚强的人。但要我主动去提这件事，对我而言实在太可怕，就像开车冲出悬崖一样。我以前从来不需要这么做。当你对我甜甜一笑，说你累了，然后转身睡去时，我心如死灰。我假装不在乎，可是主动要求性生活，真的耗尽我所有心力。"比尔喃喃道："我从来不知道这些。"

我问劳拉："这些感觉告诉你，你想从比尔身上得到什么？"

她对他说："我想，我需要你再次给我信心，确认你真的很珍惜我们的性生活，你仍然有心力投入，也仍然渴望我。我需要我们一起抽出固定的时间，在这段时间和我在一起是你最重要的事情，这是我所期待的。我需要你像从前那样让我感受到，你依旧是我的男人。"比尔热切地回应她，而且迫不及待地告诉她，一直以来他因工作筋疲力尽，所以很多时候像在"梦游"；还说他爱她，并且会在白天想她。他说："但我不知道主动要求性生活，对你来说那么难。真的很抱歉！我担心如果我主动要求，但因为自己太累而无法顺利地进行，这会让我退缩，除非我有把握。"他们俩开始大笑，而他们最终仅是依偎在彼此的怀里，感受满溢而出的亲密感。

比尔和劳拉需要的就是这种对话，好让他们的性生活回到一种可以安心享乐与培养感情的范畴中。但这种对话也具有提醒作用，我建议他们想出一个合情合理的方案，可以在性生活未达到预期时使用。比尔协助劳拉拟订这个方案，并开始提议增加性生活次数。与此同时，他也会更加注意要让劳拉安心，每当她提议时，他会感谢她的勇气并且明确告诉她，他不希望她疏远或逃避他。他再次重申，他爱她，而且需要她。

比尔和劳拉也开始更加注意他们的性生活。每一个房间，包括卧室在内，偶尔需要稍做打扫与重新布置。他们会一起阅读改善亲密关系的书籍，多年来第一次讨论对彼此的情感和需求。后来他们说，两人的性生活已经得到改善，感情亦如是。

正如我在与他们进行最后一次咨询时告诉比尔和劳拉的：他们已经拥有世上最棒的亲密关系指南，那就是创造亲密感、关注对方并且让彼此的感情进入同步状态的能力。

🗨 扮演与练习

个人部分

本章之中是否有某句话或某个叙述促使你开始思考自己的性生活？这句话激起了你的哪些感受？请写下来。无论是躯体的感觉还是明确的情绪（例如愤怒），它让你对自己的性生活有什么认识？

（1）和伴侣同床时，你觉得彼此心灵相通而且有安全感吗？是什么使你拥有这种感觉？当你失去这种感觉时，你的伴侣可以怎样帮助你？

（2）你通常会采取哪一种性关系模式？"封闭式""慰藉式"还是"同步式"？在一段关系中，这三种模式都有可能在不同的时候出现，但如果你习惯了选择"封闭式"或"慰藉式"的性关系，那么表示你在这段关系中的安全感出了问题。

（3）对于性，你最想要的四个愿望是什么？请仔细考虑你的答案，有时它并不是你一开始想到的东西。有些伴侣告诉我，他们结束后最大的愿望就是被温柔地抱着、轻柔地爱抚，但他们从未对伴侣表达过这种渴望。

（4）你觉得你们的爱抚与拥抱是否足够？轻轻的一个抚摸就能表达感情、安慰和欲望。什么时候你会需要更多的抚摸与拥抱？

（5）如果要你为伴侣写一份"＿＿＿的简易爱情指南"，并且在空格里填上你的名字，你会写些什么内容？指南当中的基本规则可能会包括这个问题的答案：什么事情可以帮助你在情感与身体上坦然面对性？

（6）性生活最能满足你的部分是什么？遇到什么情况你会觉得心慌或不自在？你和伴侣在什么时候觉得最亲密？

如果能将上述答案与伴侣分享，那么当然很好；如果不能，也许两人可以开始谈一谈，为何表达这类想法会如此困难。

伴侣共同完成的部分

你们期待多久享受一次性生活？如果用百分比来计算，你们可以得出一个共识吗？请记住，根据接受调查的伴侣报告，至少有 15%～20% 的性生活过程基本上是失败的，至少对其中一方而言是这样。当你无法从性生活中得到身体上的满足时，你会怎么做？当你无法从性生活中得到心理上的满足时，又会怎么做？你的伴侣能够如何帮助你？想象你们的故事在电影银幕上会是什么样，请共同创造一个剧本。

与伴侣共同设想一个"完美的性关系"，它是这样开始的：

如果我是完美的，我能 / 我会 ＿＿＿＿＿＿，然后你就会觉得更 ＿＿＿＿＿＿。

请至少说出四种答案，然后告诉对方，你觉得他在什么时候是非常性感的。

你们是否有过性生活真的很美满的时候？请和你的伴侣分享这段体验，细节越多越好。听完这段体验后，你们彼此有什么想法？请一起分享。

想出性可能呈现在你们关系中的所有方式：它只是乐趣吗？是互相亲近的方式、单纯生理上的发泄，还是处理压力与心情沮丧时令人觉得舒服的方法？是通向爱情与逃离世界的途径、欲望的探险、温柔地培养情感联结的地方，还是乍现的激情？你能自在地和伴侣共同体验这一切吗？

我们总是以为，刺激的性与安定稳固的关系是彼此对立的两件事，但现在我们知道，最能挑动欲望的体验，需要稳固的情感关系作为跳板。反过来，保持两人在身体关系上的开放、敏锐及专注，有助于维系稳固坚定的情感。下一个也是最后一个对话，将进一步探索如何让你们的爱情生机勃勃。

第 10 章

对话 7：让爱情永葆生机

> 对婚姻感到厌倦，是因为没有用心。
>
> ——一位同事的丈夫

"你们发现彼此间的关系已经发生了不可思议的改变了吗？"在一次非常积极的咨询临近结束时，我问眼前这对快乐的夫妇。伊内兹，这位大嗓门、红头发、总是充满激情的女士回答说："我发现了，但我们能一直保持这种感觉吗？我的妹妹比较刻薄，她告诉我，'你认为你和费尔南多又找到了爱情。但婚姻只是一种习惯，它和牛奶一样有"最佳食用日期"。不出 6 个月，你们又会回到以前那种矛盾重重的状态。没有人可以掌控爱情，因为爱情就是这样'。当她这么说的时候，我很害怕。也许我们又会重新陷入以前的争吵和孤独之中？"

那次咨询到此就结束了。但在我写咨询记录的时候，我的脑海中出现了两个声音。一个是希腊哲学家赫拉克利特（Heraclitus）所说的："万物皆会流逝，没有什么是永恒的。"我想，爱情一定是这样的，只需要看看有多少伴侣在接受治疗后又恢复原状便知。也许伊内兹的妹妹只是比较现实。但另一个声音在我脑中突然响起，那是 11 世纪中国诗人苏东坡的一首词："料得年年肠断处，明月夜，短松冈。"也许恋人们深情依恋的时刻便已拥有足够的力量，好让他们年复一年地长相厮守。我认为我们的研究表明，即使伴侣处于巨大的生活压力之中，他们也依然能够延续自己在 EFT 咨询中所创造出的那种满足感和幸福感。

这么一来，我就知道该如何回答伊内兹的问题了。下一次咨询时，我告诉她："一切事物都会变化，但对于爱情关系来说，不会再有'爱情就是这样'的定论了。我们终于学会了如何'制造'和'维系'爱情，现在由你和费尔南多来决定你们的关系将如何发展。没错，如果你不积极地关照你们的关系，那你们来之不易的成果将会渐渐消失。但爱情就像一种语言，如果你勤于使用，就会越说越流利。如果你不这么做，就会渐渐生疏。"

A. R. E. 对话是爱的语言。它为我们的关系提供了安全的避风港，并且培养了我们灵活、探索的能力，让我们的爱情充满活力、继续成长。对话 7 是一幅引领爱情未来走向的地图，这些步骤包括：

- 回顾反思你们关系出现危机的时刻，也就是你缺乏安全感、陷入魔鬼式对话的那些时刻。这有助于你们找到重建安全情感联结的捷径。
- 庆祝你们有过的幸福时刻，无论大小。要做的事包括：第一，仔细回忆日常生活中那些促进你们真诚开放、互相回应，并且帮助你们理解彼此会给到对方积极影响的时刻；第二，清晰地表述在你最近的亲密关系里，那些使得你们爱情升温的转折时刻。

- 在日常生活中，为离别或重聚的时刻安排一些仪式，来纪念你们之间的情感联结、支持与回应。这些仪式是在喧嚣嘈杂的世界中维系你们安全情感联结的一种方式。

- 帮助彼此识别出在反复发生的分歧与争执中潜藏的情感依恋问题，并共同决定如何预先化解这些问题，以有意识地创造情感安全与信任感。这能够帮助你们真正解决问题，而不会让棘手的情感依恋问题成为妨碍。我称之为"安全第一"策略。一旦情感安全得以建立，一方就可以用更温和、不那么咄咄逼人的方式去提出问题，而另一方也可以在讨论中做到情感投入，即使他并不同意伴侣所提出的观点。

- 创作一个有弹性的爱情故事。这个故事描述了你们如何建立并持续建立着一连串的爱情联结。故事内容包括你们曾经如何陷入冲突与疏远，又如何学会修复裂痕、重新联结并宽恕伤害。这是一个关于不断坠入爱河的故事。

- 创作一个未来的爱情故事，这个故事大致描绘了你们对未来五年或十年后情感联结的期待，你希望对方如何帮助你实现这一愿望。

对话 7 建立在这样一种理解之上：爱是一个不断寻找情感联结、失去情感联结，继而又将它寻回的持续过程。爱情的联结是有生命的。如果我们不去照顾它，它自然就会开始枯萎。在一个发展速度越来越快，要求我们处理越来越多任务的世界里，活在当下、满足自己和伴侣对情感联结的需求是一项挑战。这最后的对话要求你对你的爱深思熟虑。让我们看看它是如何工作的。

绕过前方险路

伊内兹和费尔南多很容易就识别出他们之间出现危机的一些时刻。他们的"抗议之舞"已经持续多年，费尔南多的过度饮酒以及伊内兹的激烈恐吓使抗议之舞变得越来越激烈。现在，在这段对话中，伊内兹告诉费尔南多："每当你变得无动于衷、转身离开我时，我就会感觉到害怕。我很想告诉你，'喂！费尔南多，你可不可以留在我身边'。你能听见吗？这对我很有帮助。不然，在那个当下我是无法摆脱自己内心的焦虑的。"费尔南多也反过来告诉伊内兹，他希望她能简单地直接说出她是在生他的气，并且明确地说出是什么让她心烦，而不是立即向他发出最后通牒。两人都同意，这些迂回的方法可以帮助他们保持情绪平衡，远离消极的循环。

另一对伴侣，克里斯蒂娜和戴伦差一点就因为戴伦的出轨而离婚。"我想我们正在从那段婚外情中恢复过来。"她对他说，"但我想让你知道，现在，哪怕是你最轻微地暗示说我们没有足够的性生活，都会让我想要逃跑和躲藏。只要一想到我永远不能满足你，就会让我瞬间充满恐惧。虽然这种想法不再支配我的身体，但在那一刻我还是觉得胃很难受。"戴伦说："我理解。那天晚上我说出那些话的时候，我是想用笨拙的方式告诉你，我渴望你。我怎么样才能够帮助你？"克里斯蒂娜显然松了一口气，轻声说道："也许你可以现在立刻告诉我，我们的性生活很好，和我在一起你很开心。"他笑着回答说："这一点我可以做到。"

纪念心灵相通的时刻

通常情况下，我们不会告诉伴侣自己是如何被对方的某些特别而细致的言行所打动的，可能一个自发的词语、一个无心的动作，就能给彼此创造出一种归属感。费尔南多有点儿不好意思地承认，当听到伊内兹在两人经历了那么多事情之后，依然向她的同事介绍"这是我亲爱的老公"时，他感到自己的心都被融化了。这句话让他觉得自己对她而言很珍贵。他每天都会想起这件事。

没有人会忘记爱情突然变得更加清晰的那些转折点。这些 A.R.E. 时刻一直伴随着我们，分享它们是很重要的。凯告诉唐："对我来说，愈合我们之间裂痕的关键时刻是那天晚上，虽然我们已经结婚 45 年，你还是告诉我，我牵着你的手对你来说有多重要。你总是会伸出你的手，我想有时我会握住它，有时不会。当你告诉我牵着你的手对你来说有多重要，对你来说这意味着我们在一起，我们可以做任何事情时，我被深深触动了。我突然觉得你是一个需要我的人，而不是一个喜欢制订规则的大男人。"

在与另一对伴侣的会谈中，我们讨论了劳伦斯的抑郁症是如何毁掉他的生活的。他对妻子南希说："如果没有你，我想我是无法渡过这个难关的。尽管我很孤僻，但你一直在我身边。那天我去面试，结果他们把工作给了另一个人，我回到家后，觉得自己是世界上最失败的人，你还记得你说了什么吗？"南希摇头。"你吻了我，然后说，'你是我的男人。无论如何我们都会挺过去的。我爱你，先生'。我会永远记得这番话，当我遇到困难或怀疑自己的时候，这段记忆仍然能够帮到我。"

即使在伴侣陷入魔鬼式对话的时候，其中一方也能够产生同理心，这令我大为惊叹。我鼓励他们要抓住那一刻，把它当作黑暗中的一束光，努力重建他们的关系。玛克辛通常都会因里克的"沉默"而生气，但她突然间很平静地对他说："我想我明白了，虽然你看起来很冷静，但你其实很害怕。你就像我们家壁炉上挂着的你小时候的照片里那个孤独的小男孩，那是世界上最孤单的小孩。你从来不属于任何地方。而如今，你却和我这个世界上最健谈的女人在一起，我让你不知所措了。所以你就躲进自己的内心世界，试着让自己冷静下来。真的好悲哀！你心里某个地方一定仍然觉得很孤单。"里克记得这一刻，他突然觉得自己被看见了、被理解了，尽管他的妻子在生他的气，但她爱他。

要让你的爱保持活力，一件很重要的事情是铭记这些情感紧密联结的关键时刻，并把它们置于你们都能看到的地方，就像我们对待留存了美好时光的家庭照片一样。它们会提醒我们，我们的关系是多么珍贵，而亲密又是怎样的感觉。这些关键时刻会提醒我们有一些简单的方法，即只要我们注入关怀的力量，就能改变伴侣的内心世界。

用仪式来纪念分离与重聚的时刻

仪式是归属感中很重要的组成部分，它们是为了识别出一段特别的时光或情感的联结而重复的、刻意安排的仪式。仪式在情感上和身体上都能吸引我们，这样我们就能以一种积极的方式专注于当下。

对于所有的灵长类动物而言，相聚与分离都是关键的依恋时刻。从我们与年幼孩子相处的过程中就能够感受到这一点。我们习惯性地与他们吻别，并在他们回到我们身边时拥抱和迎接他们。为什么不花点儿时间以同样的方式认真对待我们与爱人的关系呢？经常性的小举动可以传达"你对我很重要"的信息，这对维系一段安全而健康的关系大有帮助。

伴侣之间有时很难识别这些分离与重聚仪式的重要性。当我问乔尔在他和埃玛的婚姻中有哪些仪式时，他一脸茫然。他告诉我："见鬼，我知道当我回家的时候，我们家的狗总是会蹦蹦跳跳地向我打招呼，我总是坐下来拍拍它。但我想我忽略了埃玛。你是指，在我们日常生活中，有哪些我留意到、有规律地去做的让我们活跃起来的事情吗？我不确定。"乔尔挠着脑袋，埃玛则在一边咯咯地笑着，助他一臂之力："你这个傻瓜，当然不仅仅是狗！除了我们两人疏远的那段时间外，你总是会走进厨房，温柔地说，'我的宝贝还好吗'。然后你也会拍拍我，通常是拍拍我的背，我非常喜欢你这么做，也常常期待你这么做。"乔尔看起来松了一口气，对她说："噢，那太好了！从现在开始，也许我应该拍两下再加一个吻。我指的是给你，而不是给我们的狗。"

我们没有意识到的东西通常会慢慢溜走。关系紧张的伴侣有时会因为失去了这些生活中的小仪式而伤心地抱怨。凯茜对尼克说："你早上出门前都不来抱我。事实上，你甚至连再见都不跟我说，就好像我们只是室友。我们生活在两个完全不同的世界里，而你对此毫不在意。"在经过了几次 A.R.E. 对话之后，凯茜和尼克决定恢复这些仪式，并互相关心、询问彼此当天的工作计划。有时，我们也会把这些仪式延伸到家庭生活中。我还记得，在我的孩子降临后，星期日的晚餐从一个特别的两人晚餐变成了一个家庭活动。我也记得多年以后，我的儿子抱怨说："我很忙的，为什么一定要在周日晚上聚餐呢？"我的小女儿冷淡地回答他："因为今天是星期日，我们是一家人。这很特别，傻瓜。"

我会帮助夫妻们设计他们自己的亲密仪式，尤其是让他们意识到相聚与分离，或是感到有归属感的关键时刻。这些都是为了持续培养情感联结而精心设计的情境。以下是我经常提出的建议。

- 在起床、睡觉、离家和回家时，定期、有意识地与伴侣相互拥抱和亲吻。
- 给彼此写信或留便条，尤其是当其中一人要离开，或是当两人吵架和好或经过一段时间的疏远之后走到一起的时候。
- 共同参加一些例行活动，比如正式的家庭聚餐，在家庭花园里种植初春的花朵。
- 白天习惯性地打电话问候对方。
- 设定一个专属的伴侣分享时间，这是一段只能分享个人事情以及培养两人感情的时间，而非解决问题或进行事务性的讨论的时间。皮特和玛拉每天都有一个联结仪式，即其中一人问"你还好吗"或者"我们之间相处得怎么样"，他们就会从其他话题转移到两人的联结上。萨拉和内德已经约定好了每周的固定时间，那就是在星期五的晚餐后，一起喝咖啡聊天至少 30 分钟。他们称之为"分享"时间。
- 安排一段属于彼此的二人时光。例如，周末早晨在床上用餐，不带孩子；或者挪出时间每天一起吃早餐。
- 保持定期的约会之夜，即使一个月一次也行。
- 每年都一起去修读一个课程，学习一些新的东西，甚至一起做一个项目。
- 以私人化的方式纪念及庆祝结婚纪念日和生日等特殊的日子。每当我想要淡忘与所爱之人的重要日子时，我总是记得这些日子都是具体的符号，它们表明你存在于他人心中，而这正是安全依恋的真谛。
- 有意识地关注你的伴侣在日常生活中的奋斗以及成就，并且常常给予肯定。例如，"这对你来说很难做到，但你还是勇敢地去做了"或者"你在那个项目上非常努力，没有人会比你更努力了"，抑或"我真的看到你在努力做一个好父亲/母亲"。这些鼓励几乎总是比具体的建议更有效。我们经常给予孩子这种认可，却忘了去肯定我们的伴侣。

- 找机会公开地承认你的伴侣或你们的关系。你可以在特殊的纪念日重申爱的誓言，也可以当着朋友的面简单地向伴侣说一声谢谢，无论是感谢伴侣做了一顿美味的晚餐，还是帮助你实现了一个个人目标。

有些伴侣需要经由这类郑重设计的安排来改变原先已习惯的、缺乏亲密关系的平淡生活习惯。肖恩和埃米正在努力从相互疏远转变为更亲密的关系，他们意识到，彼此的生活被工作需要、长时间的通勤以及孩子们的活动所占据，即使是在周末也难以共处一室超过 10 分钟。

长期强制性的过度工作以及工作倦怠已经成了我们文化的一部分。大家都觉得这很正常。波士顿大学社会学系的教授朱丽叶·斯格尔（Juliet Schor）在其著作《过度劳累的美国人》（*The Overworked American*）一书中指出，美国（加拿大也差不多）是"世界上'工作狂'最多的国家，在工作天数和工作时间方面领先于其他国家"。

肖恩是一个典型的美国人。他每个周末都要工作，公司有任何会计或财务方面的危机，他都必须随传随到，甚至带着他的黑莓手机和电脑度过了一年一度的两周家庭假期。"自愿简约运动"（voluntary simplicity movement）的领导者之一塞西尔·安德鲁斯（Cecile Andrews）在她的调查报告中指出，北美地区的伴侣平均每天只在一起聊天 12 分钟。而肖恩和埃米估计，他们每天交流的时间更为准确地说只有 5～6 分钟，谈话的内容主要是安排时间表和做家务。性生活方面就更不用说了。他们总是太累了。

他们决定将两人的关系放在首位。用肖恩的会计术语来说，他们将会经营好他们的"主要投资"。这意味着他们会减少与孩子一起活动的时间，每个月安排一次两人约会，在周日上午抽出时间享受性生活，每周要有三个早上一起共进早餐。埃米在家工作，所以肖恩白天会打电话给她，聊表关心，有时候还会叫她的昵称。如果埃米旁边有人问她是谁打来的电话，埃米会说："是我的关系修复专家。"这对夫妻终于重新找回了他们的时间，并且刻意找到了滋养他们感情的方法，使得两人的关系得以成长与加深。

安全第一

把实际冲突中的依恋议题厘清，以便后者可以很容易地得到解决，是维系彼此间坚韧爱情的关键。20 世纪 80 年代，在我们第一次使用情绪聚焦疗法进行研究时发现，那些能够迅速学会相互支持并迅速建立更安全情感联结的伴侣，更善于解决那些过去曾经困扰他们关系的日常问题。他们会突然变得合作、开放且灵活。我们发现，这是因为对他们而言，日常生活中的问题就是问题本身。他们不再会将伴侣间的依恋恐惧和未满足的需求搬上荧幕。

吉姆和玛丽现在终于可以在谈论吉姆的深海潜水之旅的同时不陷入魔鬼式对话中了。但就在不久前，只要一提起这些旅行，玛丽就会对吉姆"大男子主义的疏远"和"疯狂的冒险"感到愤怒和焦虑。现在，当吉姆要进行一次长途潜水旅行，而玛丽感到不安时，吉姆会首先问玛丽，她是否需要一些帮助，让她在这次谈话中感到安全。吉姆会问玛丽："你有什么想要分享的感受吗？"

玛丽很感谢吉姆的询问，并表示自己的确有些害怕。虽然当吉姆去旅行时，她不再感到自己被抛弃，但她还是会有点焦虑。她提到吉姆的一个潜水伙伴是出了名地鲁莽。但吉姆向她保证，他绝对会遵守他们已经商定的安全规则，并且提出，如果这个潜水队伍真的让玛丽担心，他就放弃这次旅行。玛丽感到自己的想法被听到并且得到了保证，于是能够以开放的心态去理解到这次旅行对她丈夫而言有多么特别。然后，在大约十分钟内，他们就一同解决了吉姆这次旅行所涉及的重大实际问题。

我会鼓励伴侣在规划未来的过程中，围绕着某个目前持续存在于两人之间的问题（比如妻子希望丈夫能更多参与孩子的生活）先开启一段 A.R.E. 对话，并分享由这个问题引发的依恋需求与恐惧。然后，他们可以界定实际问题，并作为一个共同体去考虑解决方案。珍妮特过去常常向丈夫莫里斯抱怨，说他从来不帮忙给儿子设立规矩；当珍妮特有需要时，莫里斯只会对她不理不睬，然后退出讨论。现在，珍妮特会先表达自己的脆弱面。"我觉得我不是一个好母亲。"她说，"对我来说，给孩子的行为立下规矩太难了。我一会儿觉得自己像一个泼妇，一会儿又觉得自己是个懦夫，我已经要被这些事压垮了。立规矩，应付孩子找的借口，和老师沟通，开车送他去参加一堆课外活动……要忙的事情真的没完没了。我生气是因为我真的需要你的帮助，我没有办法一个人独自面对这一切。我知道你是因为感到挫败所以才会退缩，但每次当你那么做时，就会让我感觉自己是孤零零的一个人，不知所措。我们能不能想个办法一起来做这件事？"

当莫里斯知道他的妻子重视并依赖自己时，他终于感到放心，因而能够继续倾听妻子说话，并回应她的痛苦。他们承认，两人都被教养孩子的重担压得喘不过气来，需要彼此的支持。他们把这个问题定义为儿子与一群生活节奏快的朋友过度交往，因而决定一同为孩子设定一些规则。当儿子不把这些规则当回事时，他们会特别讨论如何在与儿子交流的过程中给予彼此支持。

讨论如何一起养育儿女的对话还是比较容易做到的。然而，如果对话陷入了被遗弃的极度愤怒或是绝望的逃避中，那就永远不会有可行的解决方案。解决问题的精髓就在于保持专注与灵活。情感上的安全能够促进团队合作与创造性的问题解决。无数研究表明，情感上的安全感和安全联结与我们表达需求、共情他人、容忍不确定性以及清晰且有条理地思考的能力有关。因此，在试图找到对问题可行的解决方案之前，先关注那些隐藏在现实生活争执背后棘手的情感联结问题，其实是很有道理的。有时候，当生活中出现争执时，仅仅是明晰争执过程中的情感乐章，就能让问题本身也有所改观。

当哈利逼迫唐接受她做人工受孕时，唐犹豫了。他们从很多不同方面描述了这个问题，比如权力斗争、对孩子的不同渴望、唐的自私、哈利的依赖以及两个人并不适合成为伴侣。

这确实是一个棘手的问题！但在 A. R. E. 对话中，这些问题不断地转移并缩小，唐已经有能力谈到，哈利对孩子的痴迷如何让他觉得自己是多余的。"有时我会害怕，对你而言我只是个精子库。"唐说，"我需要知道，我这个人本身对你而言就很重要。"

一旦哈利与唐能够谈论这个问题，而唐也能确信，哈利对孩子的渴望是爱他的一种表现，那么问题就缩小为"什么时候要孩子"了。唐意识到，如果他们能再在一起一年时间来巩固他们的关系，他会更加愿意接受人工受孕的医疗程序，而哈利也表示赞同。

创作一个修复关系的故事

　　每当伴侣陷入魔鬼式对话时，对话通常没有清晰连贯的内容，而只有一种"我们之间到底怎么了"的混乱感觉。两人的叙述都有可能是混乱而片面的。他们通常一会儿说两人的关系没问题，但下一秒就立刻对彼此麻木不仁的指责感到愤怒。他们说需要对方的关心，但在讲述的事件中他们又会拒绝对方的关心。情绪的反复无常破坏了两人对亲密关系历史的理解，也让他们失去了合理描述事件的能力。但是，当伴侣能够相互关注并感受到自己被对方理解时，他们就能够在生理与心理上恢复到平衡的状态，并且能够有条理地调整思维，为他们的情感和关系创造一个连贯一致的故事。

　　我们用故事来理解自己的人生，也以故事为榜样指引我们的未来。我们塑造故事，而故事也塑造着我们。只要伴侣双方有安全感，他们就能够为他们的关系描绘出一个条理清晰的故事，找出从情感失联中重归于好的方法，并使两人的关系更加牢固。这不仅以一种有意义的方式总结了他们的过去，同时也为他们的未来提供了一幅蓝图。

　　在你自己的"修复关系的故事"中，你应该回顾你们俩是如何陷入缺乏安全感的旋涡，之后又是如何找到方法一起走出困境的。

当妮科尔和伯特一开始来找我的时候，他们两个人描述的故事版本完全不同，以至于他们都不认为对方的说法有任何的正确性。他们生活在一个如此迥然不同的婚姻里，两个人的说法都不太合理。然而，几个月后，随着两人的感情渐趋稳定，他们能够创造一个清晰、合乎逻辑的故事，来讲述他们的问题是如何演变，他们又是如何挽救婚姻的。他们将其命名为"妮科尔和伯特如何征服恶魔与疏远，并最终创造了亲密无间的拥抱"。

"是的，我们一见钟情。"伯特说，"尽管我们不知道自己在做什么，我们各自也从未经历过真正良好的关系，即使与我们的父母相处也是如此，但我们相处得很好。我们都爱着对方。但当我们的三个女儿相继出生后，我们之间的关系就变得越来越冷淡。妮科尔的领域是家庭，而我的领域则是工作与运动。在她的身体出现健康问题之后，我们就不再有性生活了，我们开始真的失去联结。我想，这在某种程度上是我的错——因为我没有给予她足够多的支持，而是躲回了工作和与朋友的交往中。"

"不过，这不完全是你的问题。"妮科尔大声说道，"我当时也有点儿迷失，开始对你的一切都吹毛求疵。于是我们就陷入了'妮科尔攻击－伯特逃避'的恶性循环中，一直到我们眼里都只有对方的糟糕之处。最后，我们终于意识到我们正在失去彼此，于是我们开始非常努力地去冒险分享彼此的伤痛之处与需要。最后，我们意识到，原来我们双方都感觉到极度的孤独。"

伯特继续讲他们的故事："我认为对我们帮助最大的是理解我们其实没有那么不同。我们只是在用不同的方式来表达我们的沮丧。我必须知道，我的疏远是如何让妮科尔感到脆弱与害怕的。当她冒险告诉我这些的时候，我对她产生了一种全新的感觉。"

妮科尔笑着对丈夫补充说："对我来说，我的转折点是你告诉我，你已经不想再听到我数落你身上的所有缺点，你已经筋疲力尽了，感到悲伤，并以为我不再爱你。我不想让你这么做。所以我们都找到了一种方式来交流我们的伤痛之处，互相帮助，再给彼此一个机会。当我们回顾并谈到最小的孩子出生的那个晚上时，你帮我放下了过去所有的受伤和怨恨。因为你承认自己没有像我期待的那样在医生面前为我挺身而出。你的坦承对我来说太重要了。它让我能够再次开始相信你。"

伯特转向我，笑着说："我想，我们听起来对彼此相当满意，但其实这更像是我们付出了很多才做到的。我觉得我再一次拥有了我的妻子。我们找到了重新亲密的方法，我喜欢我们可以交流沟通的感觉，也喜欢交流我们是如何做到这一点的。这会带给我信心。"

伯特和妮科尔不需要太多协助就能整理出这个故事。有时候，我也会给伴侣们一点儿提示，让他们更清楚地表达故事中的要素。如果你需要帮助，我建议你们可以互相帮忙回答下列问题。

- 用 3 个形容词或画面来描述当你们的关系陷入不安全感与消极循环时的情景。例如，"死胡同""筋疲力尽""雷区"。
- 用两个动词来描述你们两个各自是如何陷入消极互动的，以及你们是如何改变这个互动模式的。比如："我推了你，你转身离开。但我们最终学会了表达各自内心的恐惧，并向彼此伸出援手。"
- 你们之间是否有过这样的关键时刻：你们以不同的方式看待对方、感受到新的情绪体验，能够彼此互相帮助？例如："我记得我离家出走的那个星期六的下午。当我回到房间

时，你正在哭泣。你脸上的表情真的打动了我。我所感受
到的只有我们彼此的悲伤，于是我走到你身边告诉你，我
想和你重归于好，我需要你的帮助。我们必须互相帮助才
能做到这一点。"

- 用 3 个形容词、情绪或者画面来描述你现在的亲密关系。
  比如："活泼的""心满意足的""高兴的""幸福的""手牵手"。
- 有没有一件你们现在会做的事，用以保持你们之间的情感
  联结足够真诚且不断发展。比如："入睡前拥抱，醒来时
  亲吻。"

玛丽昂和史蒂夫在成功地将他们的关系从无休止的争吵转变
为安全的情感联结之后，回顾出了下面的故事。"一开始，我们
的关系非常冷淡、紧张而且孤单。"玛丽昂说，"当史蒂夫推门或
用力敲门的时候，我就会转身躲起来。我们都认为是对方的问题。
但那天，当我们都开始谈论离婚的时候，我们才意识到原来我们
都害怕失去对方。于是我们开始互相帮助，冒着风险去一点点学
习互相信任。"

此时，史蒂夫插话道："谈论事情真正好转的时候是最有趣的。
对我来说，那个关键的时刻是玛丽昂哭着告诉我，她一直认为自
己不够漂亮、不够聪明，她很抱歉最终会让我感到孤独。她想敞
开心扉和我在一起，但她会害怕。我觉得我从来没有像那一刻那
样与她亲近过。我一直不明白她内心的感受。原来她疏远我的时
候并不是想伤害我。我从来都不明白我的愤怒言论对她的影响有
多大，会让她觉得自己有多渺小。"

我问道："那你呢，玛丽昂？你还记得有那么一刻，全新的体
验出现，让你对史蒂夫有了全新的看法吗？""噢，是的，"她回答，

"有一天晚上，我们谈到他一直逼我，直到我崩溃为止。然后他突然看起来很悲伤，他告诉我：'好吧，我宁愿你生我的气，也不愿你一点儿都不在乎。至少如果你生气了，我还能知道我对你而言很重要。'我明白了他的意思。现在，当我再次开始疑神疑鬼时，我就会回想起脑海中的那一刻。它让我平静下来。我那强壮有力的丈夫需要我在乎他。这很神奇，不是吗？"她歪着头笑了笑，好像她刚刚发现了一个最微妙的秘密，正是这个秘密改变了她的内心世界。

对于两人目前的关系，史蒂夫和玛丽昂很轻松地就能够想到一些积极的画面。他们一致认为，最能代表他们现在如何相处的画面是他们在晚上互相问候和拥抱的情景。玛丽昂说，自从他们的关系好转之后，她感觉自己更加"自信"了。现在，她觉得和史蒂夫很"亲密"，这在某种程度上让她处于一种"平静的幸福"中。史蒂夫措辞谨慎地说："当她冒着风险向我靠近时，我的心就被她融化了。我感觉很兴奋。我们之间的信任上升到了一个新的高度。融化、兴奋和信任，这么形容可以吗？"我告诉他，在我看来，他们会做得很好。我让他去问玛丽昂，而她以开怀大笑作为回应。

然后我们谈到，有时候他们会错过彼此的依恋信号，因而很难对对方做出回应，进而陷入消极的互动循环。他们精确地回顾了他们目前是如何能够做到在魔鬼式对话中阻止负面情绪"蔓延"的。每当这时，史蒂夫就会对玛丽昂说："我们都快要失控了，两个人都很受伤。"玛丽昂告诉我："我真正唯一能做到的就是深吸一口气，然后逃离当下的情境。我对史蒂夫说，'这太可怕了，我们需要慢下来'。"他们一致认为，当那些受伤的感觉出现时，他们能够愿意花时间去倾听和安慰彼此。

我请他们告诉我一件他们目前正在做的，维持了他们在情感上积极互动循环的事情。他们告诉我，每隔几天，他们就会给对方写一封充满爱意的信，并把信贴在枕头上、公文包里或仪表盘上。真不错！我有时也会为我的孩子们这么做。我怎么从没想过要为我的丈夫做这件事呢？他们还告诉我，在每次性生活之后，他们总是告诉对方一件他们真正喜欢的事情。在经历了那么多争吵后，他们都对自己的性吸引力和性能力失去了信心，而他们所采取的是一个能够让他们彼此互相支持，让两人重拾信心的办法。

创作一个未来式的爱情故事

我会让伴侣们创作一个他们未来的爱情故事。我们会谈论他们未来 5～10 年的个人梦想是什么。我们越能从所爱之人身上获得安全感，我们就会越自信、坚定、敢于冒险。当我们的所爱之人在我们身边时，我们往往会对自己更有信心，并且能够以一种全新的、宽广的视野去构想未来。在这个故事中，伴侣们讲述了他们对未来关系的看法。然后，他们可以相互寻求支持，并讨论如何共同实现未来的目标。

"就我个人而言，我想要开一家公司。"史蒂夫告诉玛丽昂，"哪怕是一家小公司也没关系。但如果没有你的支持，我就做不到。我希望用一种让你觉得有参与感而不是感到被冷落的方式来做这件事。你的想法对我真的很有帮助。"轮到玛丽昂的时候，她告诉史蒂夫，她在考虑也许她也还是想要去完成她的学位。她很感激他在她上夜校时帮她照看孩子。然后她提到，大约 5 年后，

206 第二部分 7 种转变关系的对话

他们可能会有另一个孩子。一听到再要一个孩子，史蒂夫立马翻了个白眼，假装要从椅子上摔下来。但他同意他们可以讨论这个问题，尽管他对此有些顾虑。玛丽昂始终关注着史蒂夫，并同意对他的保留意见持有认真倾听的态度。

然后我们谈到了他们如何设想两人未来的关系。他们都想维持住彼此间新体验到的那种亲密感，并承诺会坚持用他们新学会的方式来守护他们的二人时光。玛丽昂告诉史蒂夫，她希望改善两人的性生活，并希望他和她一起读一些关于性的书籍。史蒂夫答应了。他希望他们能花更多的时间和孩子在一起，而不总是和她的家人。这对玛丽昂来说很难，但她愿意倾听他的观点，并对此保持更加开放的态度。她告诉史蒂夫她的底线所在，那就是"不能放弃"和家人一起过某些节日，而史蒂夫也对此予以尊重。她看着我，对我说："我们之间还不错吧？几个月前，我们甚至都不能就什么时候去杂货店购物达成一致，更别提应对这些变数和给未来做计划了。"是两人间安全的情感联结让一切都变得不同了。

最后，我问他们，当他们年迈时，他们希望怎样和他们的曾孙描述他们之间的关系。史蒂夫说："我想告诉他们，我是一个好丈夫，我真的尽力让我的妻子快乐。她是我生命中的光，就像她现在一样。"玛丽昂一时失语。她双眼噙泪，喃喃说道："我也是。"

维持积极的改变：创作新的范例

在玛丽昂和史蒂夫离开后，我发现自己回想起在 EFT 的发展初期，我们并没有太过注意去询问夫妇他们打算如何去维持他们身上发生的积极改变。我曾以为，只要你理解了爱情，接受你自己的依恋需求，并找到进入 A.R.E. 对话的方法，这些时刻会非常令人陶醉，以至伴侣们自然而然地就能够保持它们。你不需要刻意地去计划如何让爱情永葆生机。但我的伴侣来访者们告诉我情况并非如此。当你与伴侣形成新的情感联结方式后，将新的感受、认知及反应整合到一个能包容这些变化的故事中是很有帮助的。你们创作的"修复关系的故事"能够为你提供一种连贯的方式来反思你自己的亲密关系戏剧。但无论你的焦点多么清晰，这场戏剧总是在反复上演。伴侣来访者们告诉我，这个故事能让他们更容易保持已经做出的积极改变，并为他们的关系提供一个范例，能让两人共同建造亲密关系的安全港湾，并且使他们有能力一次次地重建它。

伴侣也可以随时调用这些积极的范例来帮助自己处理当下的互动，尤其是在触碰到彼此的伤痛之处时。它们帮助我们控制受伤后的情绪波动，处理我们的疑虑，并让我们保持情感的联结。这就像我们驾驶飞机遭遇乱流并变得恐慌时，通过回想我们之前是如何处理这种情况并安全着陆的，就有助于我们平静下来。

弹性关系修复故事就有点儿类似起到这种作用。玛丽昂有一次告诉我："有时候我的整个身体都在尖叫着，让我快点儿逃跑。这一刻的情景就像我和我父亲以及和前夫的关系一模一样。之后，我想起自己曾冒险向史蒂夫敞开心扉时的美好体验，这帮助我回过神再次冒险，而不是把他拒之门外。有时候我的理性告诉我，回不回应取决于他，我不应该报以希冀；但之后我又想起他曾经告诉我，除非我帮助他，向他吐露心声，否则他根本不知道自己该怎么做。这个感觉就好像我的部分大脑在说，'我正身陷于鲨鱼出没的海域'。但我又回想起那些积极的画面，它们提醒我，其实我只是泡在一个小小的池子里，我和史蒂夫在一起是很安全的。"

新的积极情感联结模式不仅挑战了我们过去看待和回应伴侣的惯有方式，也挑战了我们与父母和过去恋人成千上万次互动所形成的关系模式。它们改变了我们对亲密关系以及关系中可能发生的事情的认知，也改变了我们对人本身的看法。我指的是那些由我们的过去引发的愤世嫉俗与不信任他人的心理。我们甚至不曾意识到自己的这些想法，直到我们陷入恐慌，无法安全地与爱人建立情感联结时，它们才突然出现。

史蒂夫告诉我："有时候，当我无法靠近她的时候，我就会陷入那种真正的消极状态中，我的大脑告诉我，所有的关系都是扯淡。你不能信任或依赖任何人，只有傻瓜才会试着这么做。时刻小心自己的背后，保持对自己的掌控感才是唯一的生存之道。这个时候，我就会变得充满敌意，而敌人是玛丽昂。但这些天里，我和玛丽昂能够建立情感联结了。每当这些想法出现时，有一部分的我非常平静，并且会想起这个关系修复的故事。也许它更像是一部电影，而不是一个故事。当我想起我们创造的故事中的那些画面时，过往的痛苦似乎就会消失。我认为这个方法有助于我对妻子和其他人保持更开放的态度。"

约翰·鲍尔比认为，我们通常会将与所爱之人成千上万次的小互动进行归纳，在脑海中建构起爱与被爱的模型，而这些模型指导着我们现在的期望与反应。如果这些我们过去归纳的模型是清晰、一致而积极的，那就没有什么不良影响；但如果是消极、令人困惑又混乱的，那就不妙了。我们总是更偏向相信已经知道的东西。如果这些过往经历带来的信念是消极的，它就会把我们困住，使我们难以相信自己仍然可以与所爱的人拥有积极的未来。消极的模型告诉我们，亲密关系是危险的，依赖他人是愚蠢的，我们不值得也不要期望被爱；积极的模型则告诉我们，他人基本上是值得信赖的，我们是值得被爱、有权得到关心的。当我们学会与伴侣建立安全、有爱的互动，并将新的体验整合进能够肯定我们与他人互动的模型中时，我们就进入了一个全新的世界。那些从过往的关系中产生的旧的伤害和消极的看法会阻碍我们以协调的方式回应我们的爱人，而现在我们能够将它们抛在一边。

　　加利福尼亚大学的心理学家玛丽·梅因（Mary Main）以那些对他人有内在信任感和安全感的成年人为对象进行了研究。研究发现，这些人拥有这些品质的关键并不在于他们过去总是与父母和照料者之间保持愉快的关系，而是在于他们能够在情感上保持开放的态度，清晰地描述过去的人际关系，反思过往经历中的好与坏并试图理解它们。当我鼓励伴侣们将他们新的互动模式与他们关于爱和被爱的观点融合到一起时，我是在鼓励他们从积极的角度去重塑他们无意识中的模型，以便与他人建立紧密的联系。这种新的模型会帮助两人能切实地活在当下，而不是活在过去的情感阴影中。

　　如果是在咨询中，我也许会说："我知道你的杏仁核，也就是大脑中掌管情绪的区域，正在聆听新的信息，并在这里做出了不同的反应，但可不可以请你将这个新信息整理、制成表格并储存到你的前额叶皮质，也就是你的脑部负责推理的区域中，以备未来参考之用？"神经科学相关的研究能够说明，我在这里不仅仅是在使用比喻。丹尼尔·西格尔（Daniel Siegel）是将这些脑部科学的发现整合进我们对于情感关系理解中的主要支持者。他在著作

《由内而外的教养》(*Parenting from the Inside Out*) 一书中指出，心智模型以神经放电的形式根植于我们的大脑，神经元之间相互传递信息。正如加拿大心理学家唐纳德·赫布 (Donald Hebb) 告诉我们的那样，如果同一信息一再被重复传递，这些神经元就会同步发射信号并且连成网络。也就是说，新的经验如果经过反复思考与内化，真的能够重塑我们的大脑。

因此，玛丽昂和史蒂夫其实是在忙着将新的互动模式转为他们大脑中新的网络通道，这些通道会强化两人积极看待和关注彼此的方式。我认为，在对话 7 里所提到的所有让爱情永葆生机的方法都有助于将神经元连接在一起，创造一个充满希望与信心的神经网络，这将帮助伴侣们在未来也能够保持他们之间的情感联结。

最后，所有这些回顾、仪式与故事，都是鼓励伴侣们持续关注他们关系的一些简单方法。这种关注是让一段关系保持活力与健康的氧气。心理学家罗伯特·卡伦 (Robert Karen) 在其著作《依恋的形成》(*Becoming Attached*) 一书中提醒我们，想要拥有一份强烈而持久的爱情，帮助两人在情感与智力上蓬勃发展，我们不需要变得富有、聪明或幽默，而只需要"在那里"(在这个短语的所有意义上)。如果我们能够做到这一点，爱情就能永葆生机——它会一次又一次地开花结果。

💟 扮演与练习

- 在你们目前的关系中，是否出现了存在危机的时刻，或者是刚萌芽的不愉快或焦虑感？你能准确指出你最后一次有这样的感觉是在什么时候吗？你的身体会给你传递一则信息——"我现在感觉不太好"，然后你会突然被某种情绪充满，你能说出这种情绪是什么吗？你的爱人能够怎么帮助你呢？什么能让你平静下来，让你安心，并停止即将展开的恶性循环？你能与爱人分享这些事情吗？

- 你能从现在的亲密关系中发现微小的积极时刻吗？这些时刻可以非常细微，只要它们触动了你的心，让你嘴角露出微笑就算数。你的伴侣知道这些时刻吗？请告诉对方。

- 你能够列举出你们关系中的关键时刻吗？在这些时刻，你们的关系进入了下一个阶段，或者是你或你的伴侣敢于冒险去变得更加开放和具有回应性。这一切是怎么发生的？你或伴侣到底做了什么，以至出现了这样的效果？有时，我们会想起初吻，大吵一架后的重逢，或是爱人向我们靠近并满足我们需求的那个时刻。

- 你们现在有象征着归属、分离或重聚的仪式行为吗？你们会有意识地互相问好或道别吗？试着与你的伴侣一起列出你们之间的仪式行为。你们能够创造一套日常生活中用来增进感情的新仪式，以帮助你们变得更加开放、更具有回应性、更投入地关注彼此吗？

- 想象一次你和伴侣试图解决问题但以失败告终的讨论。看看你能否把潜藏在讨论之下的依恋需求和依恋恐惧写下来。你会如何向你的伴侣表达这些依恋需求与恐惧？你希望对方能够如何帮助你？如果你真的得到了对方的帮助，你认为这会对你们的讨论产生什么样的影响？

- 和你的伴侣一起精心构思一个修复关系的故事的开端，内容包括你们曾经是如何陷入魔鬼式对话又是如何摆脱它，如何创造一个 A. R. E. 对话并重新建立你们之间情感联结的过程。你们从这个故事中学到了什么？如果你感到创作这个故事有些困难，请和你的伴侣讨论这个问题，并运用之前在对话 7 中提及的要素（比如，用 3 个形容词来描述你们之间的关系）来帮助你。讨论对话 7 中所举的例子也会有所帮助。

- 共同创作一个未来式的爱情故事，描述你们在未来 5～10 年内期望拥有的亲密关系。选择一件你自己当下就能做的、能够帮助你实现这个期望的事情，并与你的伴侣分享。你的伴侣会如何帮助你实现这个期待？你每天在做哪一件小事，能让你的爱人觉得你把对方放在了心上？询问你的伴侣，这件小事会对你们的关系产生怎样的影响。

至此，你已经完成了一段新的爱情科学的观光之旅。这项科学告诉我们，爱其实比最甜蜜的情歌所强调的还要重要。爱情并不像那些情歌里唱的那样，是一种神秘莫测、令人神魂颠倒的力量。爱情其实是我们生存的行为法则，其中包含着我们已经能够理解的精妙逻辑。这就意味着拥有一段坚韧、能够令人深深满足的爱情关系并非遥不可及，而是我们所有人都能够实现的目标。正是它改变了一切。

HOLD ME
TIGHT
第三部分

抱紧我的力量

第 11 章

爱的力量能够疗愈创伤

和妻子聊天，能让我从这里发生的一切中解脱……
就像潜入水底很久之后呼吸到的第一口空气。

——乔尔·布坎南（Joel Buchannan），

美国士兵，2006 年 2 月 12 日

《华盛顿邮报杂志》

　　每当人们聚在一起，谈论自己认识世界的经历和故事时，总会提到怪物、怪兽或鬼魂之类的角色。它们的称谓很多，例如"北方的疯女巫""四头龙""死亡天使"。这些怪物反映出我们所感受到的生活是多么危险、不可预测。当这些怪物出现时，我们唯一能寻求的就是他人的支持与安慰。即使事情看起来毫无希望，我们还是能在人与人的关系中找到慰藉与力量。

　　我们知道，当生活变得既危险又难以预料时，我们有多么需要他人的帮助来面对这些命运带来的挑战。而经历搏斗之后，当我们浑身疼痛或受伤，或当我们曾想尽办法维持的独立自主表象

破灭之后，他人的关心就成了我们最紧迫、最核心的需要。我们最核心的人际关系质量将会影响我们如何面对及疗愈创伤，而由于每件事的运行都会受到彼此的互动循环影响，创伤本身也会影响我们与所爱之人之间的关系。

创伤（trauma）这个词源于拉丁文，意思是受伤、负伤。早期心理学的观点认为，只有少数人会在生活中直面真正的创伤。但现在人们开始意识到，由创伤引起的痛苦几乎就像抑郁一样常见。一项大型调查报告显示，美国有超过 12% 的女性曾经在某一人生阶段遭遇严重的创伤后应激障碍。

所谓创伤就是任何一件会让我们认识的世界在瞬间颠覆，让我们陷入无助与崩溃的可怕事件。我们已经在"对话 5：创伤与宽恕"中，讨论过伴侣造成的依恋创伤（即使双方不是故意的）。现在即将探讨的是一种更为严重的创伤，是由伴侣关系之外的人和事所造成的。多年来，我和我的同事遇到过童年虐待的幸存者、性侵或家暴的受害者、失去孩子的父母，以及曾遭遇重大疾病或可怕意外的受害者。我们也曾见过因同伴殉职而陷入痛苦的警察人员、因无法救出每个处于危险中的人而备受打击的消防队员，以及战后被"闪回"折磨的军人。

如果拥有一个善于回应你的伴侣，你就能在喧嚣的世界中找到一个安全基地。而如果在情感上孤立无援，你的生命就会像在经历一场自由落体。拥有一个你可以依靠的人来给予你支持和情感联结，会让创伤更容易疗愈。这一点，伊利诺伊大学的研究人员克里斯·弗雷利（Chris Fraley）和他的同事在研究中发现了证据。研究发现，对那些当时正处于或靠近纽约世界贸易中心的"9·11"事件的幸存者而言，在这一恐怖事件发生后的 18 个月，那些不依靠他人的人比那些感受到安全依恋联结的人出现了更多的闪回、高警觉及抑郁等症状。事实上，根据他们的亲友反馈，那些拥有安全依恋联结的幸存者在经历恐怖袭击事件之后，似乎比之前适应得更好，他们似乎能够突破困境并从中获得成长。

如果不能有效地与他人建立联结，那么我们为疗愈创伤所做出的努力将会变得不那么有效，而我们的主要资源——伴侣关系——往往就会开始不堪重负。与之对应的，在爱人的陪伴下一起面对"怪物"，是我们找到自身力量与韧性的最好机会。与此同时，两人并肩作战也更强化了彼此的联结。

封闭情感

即使我们从直觉上知道自己需要爱才能抚平创伤，但真的要敞开心扉去寻求那种关怀也并非易事。通常，为了在危险的时刻求生，我们必须封闭自己的情绪，就只是简单直接地行动，对于那些在日常工作中出生入死的人来说尤为如此。

有一位纽约的消防队员告诉我："当我们前往火灾（尤其是一场大火）现场时，我会非常亢奋。我们一路呼啸着穿过街道冲向火场救人，我们知道该怎么做：在烈火中，你就只是在行动。根本没有害怕和怀疑的空间，即使有，你也只是装作没有这些感受。"

但问题会在事后浮现。有时要我们承认自己受到创伤是件很难的事，我们认为这会让自己显得渺小，或者不那么为人赞许。因此，很多人都会将这些恐惧与怀疑深锁心中，并认为让自己有这种感觉是软弱的表现，会削弱我们再次面对"怪兽"的力量。

有些人以为，封闭并将"怪兽"隔离起来，是保护家庭生活的唯一办法。军人认为他们应该严守纪律，绝口不提军队服役的经验，这不仅是为了保护自己，也是为了保护所爱的人，因为他们一直被鼓励这么做。有一位军队的牧师告诉我："我们告诉士兵，'别把你不愉快的经历告诉太太，那只会吓到和伤害她们'。我们也会告诉他们的妻子，'不要问有关战场上的事，那只会勾起你丈夫的痛苦回忆'。"

然而，这些"怪兽"不会永远留在盒子里，它们会跑出来。这样的事件将会永久地改变我们的世界观，以及我们对自我的认知。创伤会打破我们的认知，让我们发现这个世界并不公平，而人生也是变化莫测的。经历这样的事件之后，我们和爱人的相处模式，以及我们传递给他们的情感信号都会改变。"怪兽"口中喷出的热气改变了我们。

一位驻非洲的加拿大裔维和人员，曾被迫眼睁睁看着妇女和儿童惨遭屠杀。回到家乡之后，他发现自己无法拥抱妻子和儿女，他仿佛从自己孩子的脸上看见那些死去孩子的面容。他感到非常困扰和羞愧，以至于无法告诉妻子，干脆就把自己彻底封闭起来。他的妻子觉得很受挫，她说："他从未回来过。"她抱怨道，他的心根本不在这里，她"找不到"他。

一位刚结束作战任务、经过重大手术后在家休养的军人，在他的妻子准备出门购物时，突然莫名其妙地大发雷霆。他对她说，他再也不会相信她，他们之间完了。她一头雾水，又深感绝望。他一直很少向家人提起他在战场上受到的伤害，直到他终于说出来，妻子才得以解开疑团。他当时满身是血，躺在医院推送病人的病床上，虽然那些血迹大多不是他自己的，却有人为他做了临终仪式，然后离他而去。她霎时明白他何以会因为她突然离去而感到恐惧，也终于理解了他为何拒绝服用止痛药，因为，他继续向她坦承，他相信疼痛是对他在战场上所犯"过错"的惩罚。

我们必须将压抑的情绪释放，与我们所爱的人分享，这表示我们所爱的人也必须看一下那个"怪物"的面孔，只有这样他们才能真正理解我们的痛苦和需要，抱紧我们并帮助我们复原。那位加拿大裔的维和人员，还有那位在战场上受伤的军人，都做了你们在本书所学到的事情。他们在伴侣的支持之下，允许自己去触碰并分享自己的情绪世界。虽然他们并未将受苦的细节全盘托出，但他们已学会向所爱的人表达自己痛苦与挣扎的根源。

这些伴侣能够共同看到，丈夫如何被他们的遭遇所改变，他们有哪一方面是需要被治愈的，以及他们可以如何更好地向妻子寻求联结与安慰。两位妻子表达了在丈夫服役期间她们所受的煎熬，以及丈夫回家后变得疏离与愤怒带给她们的绝望。协助军人与伴侣时，我们会将两人都视为战士：一个在真正的战场上作战，一个则在家门口作战。

无论我们是否毫无保留地分享我们的遭遇，创伤永远都会成为两个人的问题。看着伴侣面对伤害，不仅自己会感受到伤痛与压力，也会为两人关系发生的变化感到哀伤。

马西的先生是一位消防队员，她告诉我："自从一场大火夺走他四个队友的生命之后，我就开始噩梦连连。梦境总是以我接到电话或是有警察来到我家门口开始，然后我就知道哈尔死了。我会全身湿透地醒来，在床上抱着他的背，为了不吵醒他，我只能静静地流泪。我知道发生那样的事他很不好过。当我们开始把事情摊开来说的时候，一切开始好转了。他告诉我，他很痛苦，但

CMP BOOKS

打开心世界·遇见新自己

华章分社心理学书目

扫我！扫我！扫我！新鲜出炉还冒着热气的书
籍资料、有心理学大咖降临的线下读书会的名
额、不定时的新书大礼包抽奖、与编辑和书友
的贴贴都在等着你！

扫我来关注我的小红书号，
各种书讯都能获得！

机械工业出版社
CHINA MACHINE PRESS

当良知沉睡
辨认身边的反社会人格者

[美] 玛莎·斯托特 著

吴大海 马绍博 译

- 变态心理学经典著作，畅销十年不衰，精确还原反社会人格者的隐藏面目，哈佛医学院精神病专家带你辨认身边的恶魔，远离背叛与伤害

这世界唯一的你
自闭症人士独特行为背后的真相

[美] 巴瑞·普瑞桑
汤姆·菲尔兹－迈耶 著

陈丹 黄艳 杨广学 译

- 豆瓣读书 9.1 分高分推荐
- 荣获美国自闭症协会颁发的天宝·格兰丁自闭症杰出作品奖
- 世界知名自闭症专家普瑞桑博士具有开创意义的重要著作

友者生存
与人为善的进化力量

[美] 布赖恩·黑尔
瓦妮莎·伍兹 著

喻柏雅 译

- 一个有力的进化新假说，一部鲜为人知的人类简史，重新理解"适者生存"，割裂时代中的一剂良药
- 横跨心理学、人类学、生物学等多领域的科普力作

你好，我的白发人生
长寿时代的心理与生活

彭华茂 王大华 编著

- 北京师范大学发展心理研究院出品。幸福地生活，优雅地老去

读者分享

《我好，你好》
◎读者 若初

有句话叫"妈妈也是第一次当妈妈"，有个词叫"不完美小孩"，大家都是第一次做人，第一次当孩子，第一次当父母，经验不足。唯有通过学习，不断调整，互相理解，互相接纳，方可互相成就。

《正念父母心》
◎读者 行木

《正念父母心》告诉我们，有偏差很正常，我们要学会如何找到孩子的本真与自主，同时要尊重其他人（包括父母自身）的自主。
自由的前提是不侵犯他人的自由权利。或许这也是"正念"的意义之一：摆正自己的观念。

《为什么我们总是在防御》
◎读者 freya

理解自恋者求关注的内因，有助于我们理解身边人的一些行为的动机，能通过一些外在表现发现本质。尤其像书中的例子，在社交方面无趣的人总是不断地谈论自己而缺乏对他人的兴趣，也是典型的一种自恋者类型。

拥抱你的抑郁情绪
自我疗愈的九大正念技巧（原书第 2 版）

[美] 柯克·D. 斯特罗萨尔
帕特里夏·J. 罗宾逊 著
徐守森 宗焱 祝卓宏 等译

- 你正与抑郁情绪做斗争吗？本书从接纳承诺疗法（ACT）、正念、自我关怀、积极心理学、神经科学视角重新解读抑郁，帮助你创造积极新生活。美国行为和认知疗法协会推荐图书

自在的心
摆脱精神内耗，专注当下要事

[美] 史蒂文·C. 海斯 著
陈四光 祝卓宏 译

- 20 世纪末世界上最有影响力的心理学家之一、接纳承诺疗法（ACT）创始人史蒂文·C. 海斯用 11 年心血铸就的里程碑式著作
- 在这本凝结海斯 40 年研究和临床实践精华的著作中，他展示了如何培养并应用心理灵活性技能

自信的陷阱
如何通过有效行动建立持久自信（双色版）

[澳] 路斯·哈里斯 著
王怡蕊 陆杨 译

- 本书将会彻底改变你对自信的看法，并一步一步指导你通过清晰、简单的 ACT 练习，来管理恐惧、焦虑、自我怀疑等负面情绪，帮助你跳出自信的陷阱，建立真正持久的自信

ACT 就这么简单
接纳承诺疗法简明实操手册（原书第 2 版）

[澳] 路斯·哈里斯 著
王静 曹慧 祝卓宏 译

- 最佳 ACT 入门书
- ACT 创始人史蒂文·C. 海斯推荐
- 国内 ACT 领航人、中国科学院心理研究所祝卓宏教授翻译并推荐

幸福的陷阱
（原书第 2 版）

[澳] 路斯·哈里斯 著
邓竹箐 祝卓宏 译

- 全球销量超过 100 万册的心理自助经典
- 新增内容超过 50%
- 一本思维和行为的改变之书：接纳所有的情绪和身体感受；意识到此时此刻对你来说什么才是最重要的；行动起来，去做对自己真正有用和重要的事情

生活的陷阱
如何应对人生中的至暗时刻

[澳] 路斯·哈里斯 著
邓竹箐 译

- 百万级畅销书《幸福的陷阱》作者哈里斯博士作品
- 我们并不是等风暴平息后才开启生活，而是本就一直生活在风暴中。本书将告诉你如何跳出生活的陷阱，带着生活赐予我们的宝藏勇敢前行

刻意练习
如何从新手到大师

[美] 安德斯·艾利克森
罗伯特·普尔 著

王正林 译

- 成为任何领域杰出人物的黄金法则

学会提问
（原书第 12 版）

[美] 尼尔·布朗
斯图尔特·基利 著

许蔚翰 吴礼敬 译

- 批判性思维领域"圣经"

内在动机
自主掌控人生的力量

[美] 爱德华·L. 德西
理查德·弗拉斯特 著

王正林 译

- 如何才能永远带着乐趣和好奇心学习、工作和
  生活？你是否常在父母期望、社会压力和自己
  真正喜欢的生活之间挣扎？自我决定论创始人
  德西带你颠覆传统激励方式，活出真正自我

聪明却混乱的孩子
利用"执行技能训练"提升孩子学习力和专注力

[美] 佩格·道森
理查德·奎尔 著

王正林 译

- 为 4~13 岁孩子量身定制的"执行技能训练"
  计划，全面提升孩子的学习力和专注力

自驱型成长
如何科学有效地培养孩子的自律

[美] 威廉·斯蒂克斯鲁德
奈德·约翰逊 著

叶壮 译

- 当代父母必备的科学教养参考书

父母的语言
3000 万词汇塑造更强大的学习型大脑

达娜·萨斯金德
[美] 贝丝·萨斯金德 著
莱斯利·勒万特 - 萨斯金德

任忆 译

- 父母的语言是最好的教育资源

十分钟冥想

[英] 安迪·普迪科姆 著

王俊兰 王彦又 译

- 比尔·盖茨的冥想入门书

批判性思维
（原书第 12 版）

[美] 布鲁克·诺埃尔·摩尔
理查德·帕克 著

朱素梅 译

- 备受全球大学生欢迎的思维训练教科书，已
  更新至 12 版，教你如何正确思考与决策，避
  开"21 种思维谬误"，语言通俗、生动，批
  判性思维领域经典之作

红书

[瑞士] 荣格　原著
[英] 索努·沙姆达萨尼　编译
周党伟　译

- 心理学大师荣格核心之作，国内首次授权

身体从未忘记
心理创伤疗愈中的大脑、心智和身体

[美] 巴塞尔·范德考克　著
李智　译

- 现代心理创伤治疗大师巴塞尔·范德考克"圣经"式著作

打开积极心理学之门

[美] 克里斯托弗·彼得森　著
侯玉波　王非　等译

- 积极心理学创始人之一克里斯托弗·彼得森代表作

精神分析的技术与实践

[美] 拉尔夫·格林森　著
朱晓刚　李鸣　译

- 精神分析临床治疗大师拉尔夫·格林森代表作，精神分析治疗技术经典

成为我自己
欧文·亚隆回忆录

[美] 欧文·D. 亚隆　著
杨立华　郑世彦　译

- 存在主义治疗代表人物欧文·D. 亚隆用一生讲述如何成为自己

当尼采哭泣

[美] 欧文·D. 亚隆　著
侯维之　译

- 欧文·D. 亚隆经典心理小说

何以为父
影响彼此一生的父子关系

[美] 迈克尔·J. 戴蒙德　著
孙平　译

- 美国杰出精神分析师迈克尔·J. 戴蒙德超 30 年父子关系研究总结

- 真实而有爱的父子联结赋予彼此超越生命的力量

理性生活指南
（原书第 3 版）

[美] 阿尔伯特·埃利斯　著
罗伯特·A. 哈珀
刘清山　译

- 理性情绪行为疗法之父埃利斯代表作

跨越式成长
思维转换重塑你的工作和生活

[美] 芭芭拉·奥克利 著

汪幼枫 译

- 芭芭拉·奥克利博士走遍全球进行跨学科研究，提出了重启人生的关键性工具"思维转换"。面对不确定性，无论你的年龄或背景如何，你都可以通过学习为自己带来变化

大脑幸福密码
脑科学新知带给我们平静、自信、满足

[美] 里克·汉森 著

杨宁 等译

- 里克·汉森博士融合脑神经科学、积极心理学跨界研究表明：你所关注的东西是你大脑的塑造者。你持续让思维驻留于积极的事件和体验，就会塑造积极乐观的大脑

深度关系
从建立信任到彼此成就

[美] 大卫·布拉德福德
卡罗尔·罗宾 著

姜帆 译

- 本书内容源自斯坦福商学院50余年超高人气的经典课程"人际互动"，本书由该课程创始人和继任课程负责人精心改编，历时4年，首次成书
- 彭凯平、刘东华、瑞·达利欧、海蓝博士、何峰、顾及联袂推荐

成为更好的自己
许燕人格心理学30讲

许燕 著

- 北京师范大学心理学部许燕教授，30多年"人格心理学"教学和研究经验的总结和提炼。了解自我，理解他人，塑造健康的人格，展示人格的力量，获得最佳成就，创造美好未来

延伸阅读

自尊的六大支柱

习惯心理学
如何实现持久的积极改变

学会沟通
全面沟通技能手册（原书第4版）

掌控边界
如何真实地表达自己的需求和底线

深度转变
让改变真正发生的7种语言

逻辑学的语言
看穿本质、明辨是非的逻辑思维指南

达成目标的 16 项刻意练习

[美] 安吉拉·伍德 著

杨宁 译

- 基于动机访谈这种方法，精心设计 16 项实用练习，帮你全面考虑自己的目标，做出坚定的、可持续的改变
- 刻意练习·自我成长书系专属小程序，给你提供打卡记录练习过程和与同伴交流的线上空间

精进之路

从新手到大师的心智升级之旅

[英] 罗杰·尼伯恩 著

姜帆 译

- 你是否渴望在所选领域里成为专家？如何从学徒走向熟手，再成为大师？基于前沿科学研究与个人生活经验，本书为你揭晓了专家的成长之道，众多成为专家的通关窍门，一览无余

如何达成目标

[美] 海蒂·格兰特·霍尔沃森 著

王正林 译

- 社会心理学家海蒂·格兰特·霍尔沃森力作
- 精选数百个国际心理学研究案例，手把手教你克服拖延，提升自制力，高效达成目标

学会据理力争

自信得体地表达主张，为自己争取更多

[英] 乔纳森·赫林 著

戴思琪 译

- 当我们身处充满压力焦虑、委屈自己、紧张的人际关系之中，甚至自己的合法权益受到蔑视和侵犯时，在"战或逃"之间，我们有一种更为积极和明智的选择——据理力争

| 延伸阅读 |

学术写作原来是这样
语言、逻辑和结构的
全面提升（珍藏版）

学会如何学习

科学学习
斯坦福黄金学习法则

刻意专注
分心时代如何找回高
效的喜悦

直抵人心的写作
精准表达自我，
深度影响他人

有毒的逻辑
为何说服力的话反
而不可信

生命的礼物
关于爱、死亡及存在的意义

[美] 欧文·D. 亚隆 著
玛丽莲·亚隆

[美] 童慧琦 译
丁安睿 秦华

- 生命与生命的相遇是一份礼物。心理学大师欧文·亚隆、女性主义学者玛丽莲·亚隆夫妇在生命终点的心灵对话，揭示生命、死亡、爱与存在的意义
- 一本让我们看见生命与爱、存在与死亡终极意义的人生之书

诊疗椅上的谎言

[美] 欧文·D. 亚隆 著

鲁宓 译

- 亚隆流传最广的经典长篇心理小说。人都是天使和魔鬼的结合体，当来访者满怀谎言走向诊疗椅，结局，将大大出乎每个人的意料

部分心理学
（原书第 2 版）

[美] 理查德·C. 施瓦茨 著
玛莎·斯威齐

张梦洁 译

- IFS 创始人权威著作
- 《头脑特工队》理论原型
- 揭示人类不可思议的内心世界
- 发掘我们脆弱但惊人的内在力量

这一生为何而来
海灵格自传·访谈录

[德] 伯特·海灵格 著
嘉碧丽·谭·荷佛

黄应东 乐竟文 译
张瑶瑶 审校

- 家庭系统排列治疗大师海灵格生前亲自授权传记，全面了解海灵格本人和其思想的必读著作

人间值得
在苦难中寻找生命的意义

[美] 玛莎·M. 莱恩汉 著

邓竹箐 译
[美] 薛燕峰 邹海皓

- 与弗洛伊德齐名的女性心理学家、辩证行为疗法创始人玛莎·M. 莱恩汉的自传故事
- 这是一个关于信念、坚持和勇气的故事，是正在经受心理健康挑战的人的希望之书

心理治疗的精进

[美] 詹姆斯·F.T. 布根塔尔 著

吴张彰 李昀烨 译
杨立华 审校

- 存在 - 人本主义心理学大师布根塔尔经典之作
- 近 50 年心理治疗经验倾囊相授，帮助心理治疗师拓展自己的能力、实现技术上的精进，引领来访者解决生活中的难题

情感操纵
摆脱他人的隐性控制，找回自信与边界

[美] 斯蒂芬妮·莫尔顿·萨尔基斯 著

顾艳艳 译

- 情感操纵，又称为煤气灯操纵，也称为 PUA。通常，操纵者会通过撒谎、隐瞒、挑拨、贬低、否认错误、转嫁责任等伎俩来扭曲你对现实的认知，实现情感操纵意图
- 情感操纵领域专家教你识别和应对恋爱、家庭、工作、友谊中令人窒息的情感操纵，找回自我，重拾自信

清醒地活
超越自我的生命之旅

[美] 迈克尔·辛格 著

汪幼枫 陈舒 译

- 樊登推荐！改变全球万千读者的心灵成长经典。冥想大师迈克尔·辛格从崭新的视角带你探索内心，为你正经历的纠结、痛苦找到良药

静观自我关怀
勇敢爱自己的 51 项练习

[美] 克里斯汀·内夫 著
克里斯托弗·杰默

姜帆 译

- 静观自我关怀创始人集大成之作，风靡 40 余个国家。爱自己，是终身自由的开始。51 项练习简单易用、科学有效，一天一项小练习，一天比一天爱自己

不被父母控制的人生
如何建立边界感，重获情感独立

[美] 琳赛·吉布森 著

姜帆 译

- 让你的孩子拥有一个自己说了算的人生，不做不成熟的父母
- 走出父母的情感包围圈，建立边界感，重获情感独立

与孤独共处
喧嚣世界中的内心成长

[英] 安东尼·斯托尔 著

关风霞 译

- 英国精神科医生、作家，英国皇家内科医师学院院士、英国皇家精神科医学院院士、英国皇家文学学会院士、牛津大学格林学院名誉院士安东尼·斯托尔经典著作
- 周国平、张海音倾情推荐

原来我可以爱自己
童年受伤者的自我关怀指南

[美] 琳赛·吉布森 著

戴思琪 译

- 你要像关心你所爱的人那样，好好关怀自己
- 研究情感不成熟父母的专家陪你走上自我探索之旅，让你学会相信自己，建立更健康的人际关系，从容面对生活中的压力和挑战

硅谷超级家长课
教出硅谷三女杰的 TRICK 教养法

[美] 埃丝特·沃西基 著
姜帆 译

- 教出硅谷三女杰，马斯克母亲、乔布斯妻子都推荐的 TRICK 教养法
- "硅谷教母"沃西基首次写给大众读者的育儿书

儿童心理创伤的预防与疗愈

[美] 彼得·A.莱文 著
玛吉·克莱恩
杨磊 李婧煜 译

- 心理创伤治疗大师、体感疗愈创始人彼得·A.莱文代表作
- 儿童心理创伤疗愈经典，借助案例、诗歌、插图、练习，指导成年人成为高效"创可贴"，尽快处理创伤事件的残余影响

成功养育
为孩子搭建良好的成长生态

和渊 著

- 来自清华博士、人大附中名师的家庭教育指南，帮你一次性解决所有的教养问题
- 为你揭秘人大附中优秀学生背后的家长群像，解锁优秀孩子的培养秘诀

正念亲子游戏
让孩子更专注、更聪明、更友善的 60 个游戏

[美] 苏珊·凯瑟·葛凌兰 著
周玥 朱莉 译

- 源于美国经典正念教育项目
- 60 个简单、有趣的亲子游戏帮助孩子们提高 6 种核心能力
- 建议书和卡片配套使用

延伸阅读

儿童发展心理学
费尔德曼带你开启孩子的成长之旅
（原书第8版）

正念父母心
养育孩子，养育自己

高质量陪伴
如何培养孩子的安全型依恋

爱的脚手架
培养情绪健康、勇敢独立的孩子

欢迎来到青春期
9~18岁孩子正向教养指南

聪明却孤单的孩子
利用"执行功能训练"提升孩子的社交能力

当代正念大师卡巴金正念书系
童慧琦博士领衔翻译

卡巴金正念四部曲

正念地活
拥抱当下的力量

[美] 童慧琦　顾洁　译

正念是什么？我们为什么
需要正念？

觉醒
在日常生活中练习正念

孙舒放　李瑞鹏　译

细致探索如何在生活中系
统地培育正念

正念疗愈的力量
一种新的生活方式

朱科铭　王佳　译

正念本身具有的疗愈、启
发和转化的力量

正念之道
疗愈受苦的心

张戈卉　汪苏苏　译

如何实现正念、修身养性
并心怀天下

卡巴金其他作品

正念父母心
养育孩子，养育自己

[美] 童慧琦　译

卡巴金夫妇合著，一本真
正同时关照孩子和父母的
成长书

多舛的生命
正念疗愈帮你抚平压力、
疼痛和创伤（原书第2版）

[美] 童慧琦　译
高旭滨

"正念减压疗法"百科全
书和案头工具书

穿越抑郁的正念之道

[美] 童慧琦　译
张娜

正念在抑郁等情绪管理、
心理治疗领域的有效应用

王俊兰老师翻译

正念
此刻是一枝花

王俊兰　译

卡巴金博士给每个人的正
念入门书

为什么我们总是在防御

[美] 约瑟夫·布尔戈 著

姜帆 译

- 真正的勇士敢于卸下盔甲，直视内心
- 10 种心理防御的知识带你深入潜意识，成就更强大的自己
- 曾奇峰、樊登联袂推荐

你的感觉我能懂

用共情的力量理解他人，疗愈自己

[美] 海伦·里斯
莉斯·内伯伦特 著

何伟 译

- 一本运用共情改变关系的革命性指南，共情是每个人都需要培养的高级人际关系技能
- 开创性的 E.M.P.A.T.H.Y. 七要素共情法，助你获得平和与爱的力量，理解他人，疗愈自己
- 浙江大学营销学系主任周欣悦、北师大心理学教授韩卓、管理心理学教授钱婧、心理咨询师史秀雄倾情推荐

焦虑是因为我想太多吗

元认知疗法自助手册

[丹] 皮亚·卡列森 著

王倩倩 译

- 英国国民健康服务体系推荐的治疗方法高达 90% 的焦虑症治愈率

为什么家庭会生病

陈发展 著

- 知名家庭治疗师陈发展博士作品
- 厘清家庭成员间的关系，让家成为温暖的港湾，成为每个人的能量补充站

延伸阅读

完整人格的塑造
心理治疗师谈自我实现

丘吉尔的黑狗
抑郁症以及人类深层心理现象的分析

拥抱你的焦虑情绪
放下与焦虑和恐惧的斗争，重获生活的自由
（原书第 2 版）

情绪药箱
应对 12 种普遍心理问题的自我疗愈方案
（原书第 5 版）

空洞的心
成瘾的真相与疗愈

身体会替你说不
内心隐藏的压力如何损害健康

创伤疗愈 & 哀伤治疗

心理创伤疗愈之道
倾听你身体的信号

[美] 彼得·莱文 著

庄晓丹 常部辰 译

- 有心理创伤的人必须学会觉察自己身体的感觉，才能安全地倾听自己。美国躯体性心理治疗协会终身成就奖得主、体感疗愈创始人集大成之作

创伤与复原

[美] 朱迪思·赫尔曼 著

施宏达 陈文琪 译
[美] 童慧琦 审校

- 美国著名心理创伤专家朱迪思·赫尔曼开创性作品
- 自弗洛伊德的作品以来，又一重要的精神医学著作
- 心理咨询师、创伤治疗师必读书

拥抱悲伤
伴你走过丧亲的艰难时刻

[美] 梅根·迪瓦恩 著

张雯 译

- 悲伤不是需要解决的问题，而是一段经历
- 与悲伤和解，处理好内心的悲伤，开始与悲伤共处的生活

危机和创伤中成长
10位心理专家危机干预之道

方新 主编 高隽 副主编

- 方新、曾奇峰、徐凯文、童俊、樊富珉、马弘、杨凤池、张海音、赵旭东、刘天君10位心理专家亲述危机干预和创伤疗愈的故事

哀伤咨询与哀伤治疗
（原书第5版）

[美] J. 威廉·沃登 著

王建平 唐苏勤 等译

- 知名哀伤领域专家威廉·沃登力作，哀伤咨询领域的重要参考用书

伴你走过低谷
悲伤疗愈手册

[美] 梅根·迪瓦恩 著

唐晓璐 译

- 本书为你提供一个"悲伤避难所"，以心理学为基础，用书写、涂鸦、情绪地图、健康提示等工具，让你以自己的方式探索悲伤，给内心更多空间去疗愈

当代正念大师卡巴金作品

乔恩·卡巴金（Jon Kabat-Zinn）

博士，享誉全球的正念大师、"正念减压疗法"创始人、科学家和作家。马萨诸塞大学医学院医学名誉教授，创立了正念减压（Mindfulness-Based Stress Reduction，简称 MBSR）课程、减压门诊以及医学、保健和社会正念中心。

Jon-Kabat-Zinn©-Jaume-Cosials

21 世纪普遍焦虑不安的生活亟需正念

当代正念大师
"正念减压疗法"创始人卡巴金
带领你入门和练习正念——

安顿焦虑、混沌和不安的内心的解药
更好地了解自己，看清我们如何制造了生活中的痛苦
修身养性并心怀天下

—— 卡巴金老师的来信 ——

Dear Mark:

Thank you for the beautiful notes that you included in the package of books (vol 1 and 4) that you send to me recently. I am very happy to hold them in my hands and enjoy the elegance of the designs of both the book covers and the interiors. They strike me as extremely inviting to the reader. Thank you.

Your notes did not include an email address, but Hui Qi Tong, copied here, kindly gave it to me, as I wanted to thank you personally for your kindness and all the great effort that went into producing them.

Thank you as well for the lovely poem of Hui Tu that you gifted to me. I actually included the last two lines of it in Whenever You Go, There You Are which you also published, of course. I love that poem. It says it all. And I appreciate your translation every bit as much as the one I used.

Hui Qi also gave me a copy of the CMP edition of Everyday Blessings. My wife, Myla, and I were so happy to see it, and how beautifully designed it is as well. And very happy to see that you kept the dandelion imagery. I hope it proves inviting and helpful for parenting in China.

I am very touched to learn that in the process of editing these books, you have taken up your own mindfulness practice in the service of waking up to the actuality of things in the present moment. I am deeply touched to know that, because that is the whole purpose of my writings and my work in the world. As you say, "This moment is already good enough." And I would add, "for now".

With a deep bow and warm best wishes, and much gratitude.

Jon

亲爱的马克：

非常感谢你最近寄给我的中文版"正念四部曲"（《正念地活》《觉醒》《正念疗愈的力量》《正念之道》）以及随信附上的优美留言。手捧这些书，我深感欣慰，不仅为封面和内页的典雅设计而感叹，更因为它们对读者散发出的极大吸引力而心怀感激。

虽然你的留言中未附电子邮件地址，但童慧琦细心地向我提供了你的联系方式，使我能亲自向你表达谢意。感谢你和你的团队在这些图书的制作过程中所付出的巨大努力和无私的善意。

感谢你赠予我的无门慧开禅师的诗作。其实，我在《正念：此刻是一枝花》一书中引用了这首诗的最后两句，而这本书也是由贵社出版的。我深爱诗中的意境，它已然道尽一切。我对你的翻译倍感珍惜，丝毫不逊色于我所使用的版本。

慧琦还赠送了一本贵社出版的《正念父母心：养育孩子，养育自己》。我和我的妻子梅拉看到这本书的精美设计时，心中充满了喜悦，更为你保留了蒲公英意象而感动。我希望这本书能在中国的育儿方面发挥鼓舞和帮助的作用。

听闻你在编辑这些图书的过程中，也开始了自己的正念练习，以此唤醒当下真实的存在，我深感触动。因为这正是我在这个世界上写作和工作的全部目的。正如你所说，"此刻，已经足够美好"（this moment is already good enough）。我想我会补充一句，"正是当下的圆满"（for now）：

再次致以深深的敬意、祝福与我的感激。

乔恩·卡巴金

还是热爱他的职业。然后我告诉他，有时做一个消防队员的妻子实在很不容易。"

卡罗尔两年前遭遇了一场严重的车祸，至今仍有慢性疼痛和行动不便的状况，每当她的伴侣劳伦斯静静流泪却不肯说出心里话的时候，卡罗尔就非常不耐烦，指责她冷酷无情。最终，劳伦斯终于能够平静地承认："是的，我的确不知所措。看医生、见律师、不同的诊断结果、自己一个人照看孩子们，这一切都让我无法招架。我如此筋疲力尽，却发现自己竟然因为你受伤而怨恨你。我怎么能在你那么痛苦的时候，告诉你，我也很难过？当你发脾气的时候，我只能离开现场，免得我情绪爆发，那样只会更加伤害你。也许我想要你知道，这件事不只影响了你，也改变了我。那场意外永远改变了我的人生，我也需要得到关注。"

向所爱之人寻求安慰

安全的情感依恋如何帮助我们面对创伤？

丹 3 年前经历了一场严重的中风，医生担心丹和妻子梅维斯经常吵架会阻碍丹的复原，所以请他们来找我。丹的疾病造成了严重的后果，46 岁的他失去了工作，这对夫妻差点儿沦落到无家可归。中风之后，有一年的时间丹不能说话，现在虽然可以了，但语速非常慢，而且走路很困难。咨询进行到一半的时候，我发现这对伴侣根本不需要我的帮助，他们已经拥有彼此！他们的互动充满感情而且有来有往，当梅维斯描述丹凭着制造精美家具开始新事业时，她脸上绽放着骄傲的光芒。我问他们如何面对中风的问题。梅维斯说："大家都觉得我们需要做出明确的计划，但其实我们需要的是一起感受哀伤，我们失去得太多了。"

通过为彼此提供安全的港湾来哀伤，梅维斯和丹正在帮助彼此从伤痛中复原。一开始两人都不知所措，但他们互相陪伴，终于能够接受丧失。丹提到，梅维斯一直安慰他说，她会支持他，而且相信他有力量和能力可以找到办法渡过难关。我对梅维斯说："你是丹的安慰和港湾，也是他信心与希望的源泉，因此能帮助他一步一步地向前迈进。"

梅维斯带着悔意承认，她并不是一直都那么宽容与贴心，有时她也会像丹一样泄气、烦躁。"有一天我对他失去耐心，脱口说出他必须更努力让自己恢复行走，因为我实在没办法一肩扛下所有的事情。之后他一整天都不愿再看我一眼或跟我说话。"丹笑着说："所以那天晚上我告诉她，我又瘫又没用，她那么美丽，随时都可以再找别的男人。但她说，即使我真的瘫了，她也不会离开我。"

每当丹找不到努力的动力时，梅维斯就会为他打气，丹描述道："她会说，'就唱我们那首歌里其中的一句吧，就当是为我而唱'。我就是这样开始再次学会说话的。"梅维斯在受伤的丈夫身上看见好的一面，并且安慰他，让他知道，即使受了伤，她依然珍惜他。她不断地告诉他，她相信他会越来越好，为自己创造新的生活。她阻止丹坠入绝望与沮丧之中，给了他继续前行的理由。

我发现，即使丹说话的速度很慢，有时还口齿不清，但两人诉说的内容非常一致。我们知道，要疗愈创伤，有一部分工作是要能理解灾难性的事件，然后将它整理成一个有条理的故事，一个能够在混乱中找出意义，为重获生活掌控感创造希望的故事。每当其中一方将事件往负面循环方向推时，另一方就要介入并给予安抚，给予对方更宽广的视野。

梅维斯坦承："几个月之后，当许多医疗资源似乎逐渐减少的时候，我觉得压力好大，难以应对。我总觉得同样的灾难一定会再发生，我满脑子都是丹的药物，以及如何避免一切导致中风的风险因素。于是，我们坐下来，将医生说过的话全部回想一遍，然后得出结论，中风极有可能是因为他的高血压以及家族病史。所以我们从他的家族中筛选出他 87 岁高寿的伯父奥斯丁，研究他的生活方式。我们做了 4 项改变，相信已经为预防再度中风做足了准备。我们罗列出所有已经做过的应对事项及其相应的功效，然后我就没那么焦虑了。"他们所做的重点就是联手制服"怪兽"。

安全的情感联结能够通过下列方式帮助我们处理及治疗创伤。

- 安抚我们的伤痛并给予我们安慰。身体与情感上的亲密感确实能够安抚我们的神经系统，帮助我们找回生理与情绪的平衡。对于受到创伤的人而言，伴侣的安慰是他们迫切需要的，而且就像药物一样有效。有时我们不愿意表达同情是因为我们害怕，认为我们的情绪反应会在某种程度上导致伴侣更加软弱。我们不知道的是，自己所拥有且能够付出的爱，力量有多么强大。

- 帮助我们抓住希望。我们的亲密关系让我们有坚持下去的理由。丹轻声地对我说："当初梅维斯如果离开我，我可能就会向病魔投降，完全放弃。"正是梅维斯，在丹中风大约一年以后，送给他一套木工工具！这套工具为丹开启了一个全新的事业，而梅维斯为他感到非常自豪。

- 使我们确信，自己虽然已经和从前不一样，但仍然是值得被爱与被珍惜的。我们需要别人告诉我们，被困境击垮并不代表失败。

- 帮助我们理解自己的遭遇。通过分享经验，我们可以从混乱中找到苦难事件的意义，整理出头绪，找回对生活的掌控感。

情感的联结是治愈创伤的关键。事实上，创伤专家大力主张，预测创伤造成的影响的最佳指标并不是事件本身的严重程度，而是我们能否寻求并得到他人的安慰。

然而，并非每个人都能像丹和梅维斯那么灵活地应对"怪物"。正如我们在前几章中所看到的，人们常常错过彼此的依恋信号，看不到对方对情感安慰或联结的渴望，而是马上进入行动模式，去解决逻辑性与事务性的问题，把伴侣独自留在孤单与伤痛之中。或是，我们不能清楚地传递自己需要对方安慰的信息，于是我们的需求、对感情的渴望、找不到避风港的孤单、情感的失衡，全都因为这个灾难性事件给我们带来的情绪混乱而加剧。而当我们找不到爱和情感联结时，情绪就变得更加混乱。

创伤遗留

有时我们表达的情绪和发出的信号十分混乱，那是因为创伤的余音太过喧嚣。这些回音也可能会吓到我们的伴侣，并让他们感到困惑。闪回、过度警觉、一触即发的反应、易激惹与易怒、绝望与严重退缩，这些都是遭遇创伤的标志。正在面对创伤后遗症的人，通常不愿意告诉伴侣他们身上发生的事，觉得自己应该可以独自应对，或者认为伴侣不会理解。这样的人会将这些症状视为隐私，于是陷入痛苦和防御心态之中。

泽娜和威尔在为了昨晚到底是什么原因打断了两人的性生活而争吵，威尔因为被泽娜拒绝而生气，泽娜则默默垂泪。最后泽娜终于告诉威尔，当她躺在床上，听着他上楼的脚步声时，她的意识突然回到自己遭遇强暴的停车场，仿佛再一次听到身后沉重的脚步声，于是瞬间被恐惧淹没，此刻她最不想要的就是性生活。当她告诉威尔这些事时，他原本紧绷的表情从怨恨转变成怜悯与关切。泽娜的坦诚非常关键，它让威尔不再把她的拒绝当成对自己的侮辱并停止发怒，否则他的怒气会让泽娜更加确定自己必须一直保持防卫。泽娜向他解释，虽然她知道家里很安全，但她身体的反应好像她仍处于危险之中。于是当泽娜因为失去安全感与控制感而哭泣时，威尔就能安慰她了。

在遭遇可怕的事件之后，我们的神经系统会有一段时间因为惊恐而震颤，这是很自然的反应。我们的大脑会保持警觉，随时注意危险的信号，只要有一点点不确定因素，就会陷入高度紧张。我们不仅会出现闪回，还会感到"亢奋"，导致无法入睡、无法自控而且容易被激怒。不幸的是，这股怒气通常会撒在伴侣身上，使对方也变得紧张和焦躁。于是创伤引起的压力将会渗透整个关系。

特德已经在作战地完成了 3 次任务。在作战地，道路的边缘是危险区域。回国后，有一次当一辆车迫使他驶向路肩时，他的情绪完全失控了。特德高速追赶了肇事司机几英里[⊖]，还去追撞对方的车尾。他的妻子朵琳要求他减速并冷静的时候，特德还诅咒她，飙脏话。之后过了很久，他才能回溯这件事并向妻子道歉，然后和妻子一起讨论如何用不同的方式处理这种情况。焦虑与暴

　㊀　1 英里≈1.609 千米。

怒之间的界线很模糊，即使在最好的状况下也很容易越界。受到创伤之后，这条界线还会更加模糊。朵琳觉得，特德的脾气让她害怕，而特德很难接受她这个想法。经过一番讨论，两人选择了几组词语，让朵琳可以用来提醒特德，让他知道"激动与反抗"的情绪正在控制他，帮助他冷静下来。这也让他们拉近了彼此的距离。

自我孤立与隔绝

遭受创伤之后独自承受，通过封闭所有情绪来控制混乱的感受，这样的做法对于受创者和他们的情感关系都是灾难性的。这会导致受创者的伴侣陷入恐慌与不安的旋涡，削弱两人的情感联结，还会让受创者接收不到一切具有疗效的正面情绪，包括与爱人亲近的喜悦。封闭情感是件困难的事，所以受创者通常会依赖药物或酒精来减轻烦忧，如此一来，只会让所有可能建立情感联结的机会都消失殆尽。

乔是一位执勤多年的警察，他在一次残酷的枪战中失去了他的搭档，为此他请了3个月的病假。在他女儿6岁生日的派对上，一位好友来看望他，他才意识到自己一直在封闭情感。他的朋友对他说，他很幸运，家人显然都非常爱他，这一点一定可以帮助他面对搭档去世的伤痛。乔赞同自己是幸运的，但除此之外他没有任何感觉。那天晚上，他终于能够敞开心扉对妻子梅根说，他觉得搭档的死是他的错，他感到羞耻并害怕去感受任何情绪。而他妻子的爱与理解，成为乔对抗这种羞耻感与恐惧感的最有力解药。

　　乔和梅根的关系很快就能恢复。然而，如果受创者一直封闭自己，会发生什么情况呢？创伤后遗症不会消失，而持续不断的症状会逐渐侵蚀两人的情感联结与信任。伴侣双方必须明白，逃避情绪将会使两人的关系陷入魔鬼式对话。我曾经对乔提出警告："乔，这里有个陷阱。你越是感到有压力与失控，就越容易封闭自己，这样很难康复。你的生活将迷失在追逐自我麻痹与逃避'怪兽'的方法里。而如果你失去感觉，就会将妻子拒于心门之外，这样她无法支持你。事实上，她将变成孤单一人，你们的关系也会开始动摇，你看到这种情况，会更加痛苦，于是这成为一种恶性循环，反复重演。"

　　受创者的无助感通常会导致他们在最需要伴侣时，反而做出拒绝伴侣的行为。这是简和艾德第四次来咨询，他们都不约而同地望着窗外。简第一次联系我是通过电话，她告诉我，她的问题是在这段婚姻里觉得很孤单。简通常是扮演相对投入与强势的角色，他们这次来找我是因为在最近几次争吵时，简的一句话加剧了他们的恶性互动循环，她说自杀是唯一能摆脱这些痛苦的方法。不幸的是，这一句绝望的抗议反而导致两人更加疏远。艾德通常扮演相对退缩的角色，而他现在既感觉受到威胁又很困惑，于是退缩得更加厉害。

　　简承认，她一直都在对艾德发牢骚，她也同意我的观点，认为她是在抗议艾德的不断疏远。艾德则告诉我，他越来越晚回家是为了应对她的"暴躁"脾气。这对年轻夫妇过去很幸福，直到两年前，简为一个年轻人开门，没想到对方竟然是个野蛮的强盗，他残暴地用刀砍她，她差点儿因为失血过多而死亡。她在医院待了好几个月，留下了长期疼痛的后遗症。艾德认为简如今应该释怀了，但她被袭击的噩梦越来越严重，甚至还提出想要自杀。

　　我们探讨他们的不良互动循环，也谈到简威胁要自杀的举动，其实都是在请求丈夫帮助她摆脱那些萦绕在她心头的可怕感受。我可以从他们的争吵中听到她受创的阴影，但艾德不同意。他告诉我："没错，自从那次袭击事件发生后，我们的关系的确发生了变化。但我不明白它为何会导致我们不断争吵。就像我们刚才的吵架，只是因为我打高尔夫球的时候，有两个小时忘了打开手机，她就对我发飙。现在她又以伤害自己作为威胁，我实在没办法了。"他长叹了一口气，而简开始啜泣。

　　简一直不愿意将那次遭受袭击的细节告诉艾德，也不愿意告诉他，当时的情景还会经常出现在她脑海中。她觉得会被他责怪，说她蠢到为攻击她的人开门。我突然想起她描述那可怕的一天时，其中有一个和电话相关的细节，我说："等一下！简，你是不是告诉过我，当你遭到袭击，躺在地上渐渐失去意识时，你看见茶几旁边的地毯上有一部电话，但你全身动弹不得，无法伸手去拿那部电话？"她点头，于是我继续说："我还记得你说，虽然你已经快要失去意识，觉得自己就要死了，你仍然用尽全身力气想要拿那部电话，打给艾德。你还告诉自己，'只要联系上艾德，他就会来救我'，是不是这样？"简哭着轻声说："但我无法联系他。""是的，但是那部电话是你唯一的希望，它是你的生命线，所以现在，当你试着打电话给艾德，他却关机的时候，我猜，你就开始恐慌了，你又无法联系上他了，是不是？"简哭了起来，而艾德用手理了理头发，脸上突现恍然大悟的神情。

　　随后，简和艾德进入一个新的对话，内容是关于每当有些事让她想起那次袭击事件时，她就会迫切想要与艾德取得联系。如果找不到他，她身体的感觉就犹如又躺在地上慢慢死去一般。她告诉艾德："当我发现你关机，而我又是孤单一人时，我整个人都崩溃了。我的心跳加速，无法呼吸。"她之所以说出自己不如自杀算了，是为了让艾德明白她的绝望以及那种生命危在旦夕的感觉。但艾德承受不住这个威胁，更难以做出回应。

艾德和简一旦进入 A. R. E. 对话，就建立起了一个可疗愈简创伤的安全基地。艾德发现，轻视简的伤痛和恐惧于事无补。如果他觉得无法承受，最好直接说出来，而不是走开。随着两人关系的改善，艾德不再那么消沉，简做噩梦和出现闪回的频率也大幅下降。更重要的是，艾德了解到他能给予简别人无法给予的安慰，那就是让简安心，让她知道她的痛苦已经被看见与被理解，她不是独自一人处在恐惧之中，而他还会支持她的人生继续往前迈进。

虽然受创者极度需要爱人的支持，但他们的反应常常是将对方推开。这会导致他们的情感关系长期处于扭曲状态，甚至造成一辈子的影响。不过，如果伴侣之间能互相敞开心扉，共同面对创伤，他们就能制服"怪兽"。

对于我们这些不需要前往战地或等待亲人归来的人而言，战争已经过去很长一段时间了。但对于道格来说，战争仿佛还在昨天。他仿佛还是那个 23 岁、斗志昂扬的陆军中尉，带领着他的突击队员们出生入死、平安返回，或是说，"几乎"全部平安返回。道格依靠伤残抚恤金生活，目前正在戒酒中，这是他的第四次婚姻，伴侣关系依旧不是很好。他告诉我，他知道妻子宝琳一定会离开他。也许他想得没错，因为他们在一起的大多数时候，都困在魔鬼式对话的"抗议之舞"中：宝琳抱怨，道格则退缩。宝琳的年纪比道格小一点儿，之前没结过婚，她生气地表示两人"摆明了就是渐行渐远"。她告诉道格:"我爱你,但你的坏脾气让我筋疲力尽,你不是大发脾气就是心不在焉,你的心根本不在这。如果我试着告诉你,我多么需要你,你就发脾气。我已经不知道该怎么办了。"他转头望向我,苦笑着说:"你看,我就知道她会离我而去。我会做好准备,每个人都必须准备好去面对最坏的结果。"这句话对于军人也许是至理名言,对于伴侣却不然。

宝琳和道格详细探讨了他们的"抗议之舞",他们的"舞步"比我所见过的大多数伴侣的都更加急促与极端。创伤总是会加快恶性互动循环的节奏,因此我开始明白为什么每次道格提起他的作战经历,他们之间就会展开"抗议之舞"。他说:"很简单!绝不表现恐惧、绝不犯错。只要犯错,就会有人死亡,那就会变成你的错。这两个原则救了我的命,它们深深烙印在我的灵魂之中。"这些"原则"如何影响了道格的应对方式,其实不难理解,只要道格感到宝琳在暗示他不够完美,他就会封闭自我并进入高度防御的状态。

当这对伴侣在"寻找伤痛之处"的对话中分享彼此脆弱的时候,关键的突破点出现了。道格不仅承认自己"安全地躲藏在黑暗的隧道中",而且告诉妻子,他最大的恐惧是被她看到他的真实模样。宝琳回应他:"我之所以大吼大叫,对你有所求,是因为我找不到你,那太可怕了。我爱你,即使你浑身是战争留下的伤疤。"道格嘶吼道:"如果你知道我在那里做了什么,就不会爱我了。我的确把我的队员带回家了,但没有人应该经历我们所经历的事情。"他说出了自己从未提到过的一次可怕的枪战,以及当时他所下的让他深感羞愧的命令。他说:"如果你知道真相,一定会离开我,没有人会爱上一个曾经做出那种事的人。"

　　经过几次咨询之后，在"请抱紧我"的对话中，道格终于能够坦诚地说出隐藏在他心中的羞耻感。尽管他没有将所有的细节告诉宝琳，但他所表达的部分，足以让自己摆脱最大的恐惧，那就是害怕没有人会爱他。宝琳用爱与体恤回应他，她说："你是一个优秀、可爱的男人，你已经尽力了，做了你必须做的事。从那之后，你每天都在为它付出代价。现在，我比以前更加爱你，因为你冒险对我敞开了心扉。"

　　道格必须打破他那"绝不言败"的规则和永远不向别人示弱的信念。他解释说，打仗时，恐惧会令人瘫痪，唯有完美的表现才能确保安全。他告诉妻子："唯有保持完美，不犯错，杀戮才会停止，也只有这样才能回家。"她哭着告诉他："但是你一直没有达到心目中的完美，所以你永远回不了家，即使我渴望你回来，张开双臂站在你面前，你还是没有回来。"于是轮到他开始哭泣。

　　他们关系的真正转变发生在宝琳温柔地对道格说"我需要你让我进入你的内心，让我靠近你，我非常爱你，非常需要你"之时。但道格并没有听到宝琳的邀请，他听到的是指控。他盯着自己的鞋子说："你要求得太多了。"宝琳的脸因为绝望而黯淡，但道格停下来想了想，又看着她，问道："你说什么？我听到你说，我没有尽到责任，我把我们的关系搞砸了。你说，如果你很快乐，就不会要求这些。但是，你刚刚对我说了什么？"在接下来的几分钟，道格第一次了解到，是他的恐惧在对他说："她不可能需要你。你一定会搞砸，她会离开你。"这个声音淹没了宝琳爱的言语，把它们扭曲为批评。于是宝琳拥他入怀，然后道格告诉她："我也需要你。我需要你的安慰，也想要陪伴在你身边。"历经 40 年，道格终于回家了。

最大的阻碍

在所有的创伤中，长期的恐惧与愤怒都是难以解决的后遗症。但我认为，在情感关系中，最棘手的问题是羞耻感，它会导致受创者陷入长期的痛苦之中。经历创伤之后，我们会觉得自己伤痕累累，遭受玷污；觉得自己应该为灾难事件负责，不配得到他人的关心与关注。我们怎么可能开口要连自己都认为不配得到的东西呢？刚开始接受咨询时，简告诉我："老实说，谈论这些和感情有关的话题，我觉得是在浪费时间。谁会愿意和我在一起？自从遭到那次袭击之后，我就是个遭人嫌弃的麻烦。"遇到这种时候，我们就需要所爱之人帮我们减轻这种有害的羞耻感，给予我们安慰。艾德告诉妻子："你是我最珍重的人，我差点儿失去你。听到你这么说，我很难过。你受到了伤害，本来就不需要觉得羞耻。现在我知道怎么抱住你，才会让你不那么害怕了。"

我们需要伴侣成为避风港，也需要他们感同身受我们的伤痛，安慰我们，让我们不必为遭遇而自责，理解我们并不是因为软弱无能才陷入无助感与不知所措。遇到"怪物"与"怪兽"的时候，安全稳固的情感联结会成为我们的盾牌，还会在逆境之后帮助我们复原。

在咨询快结束时，道格决定去联络所有一同参与那次战争的战友，虽然他担心他们可能还会认为他是个"顽固的暴君"。他说："事情到了最后，真正的问题在于你看见了黑暗面，那是人人都害怕的事情，于是你的世界就变得和别人的不一样，这让你孤单一人，被排除在外。虽然，偶尔有些人会丢根绳子给你。"他转向宝琳，"但是亲爱的，你直接就走了过来，你接纳了我，连同我的'怪兽'一起。因为有你，我再次找到归属感。"

　　如果能够学会运用爱的力量，我们就能从痛苦中获得能量，建立更深层的联结感。法国基督教神秘主义者及作家德日进（Pierre Teilhard de Chardin）写道："有朝一日，在我们能驾驭气流、海浪、潮汐及重力之后，我们也将学会如何驾驭爱的力量，这与'人类发现火'一样重要，将再度载入史册。"这一次的"火"将不是焚烧与肆虐的火，而是带来光明与温暖的火。爱不仅能够改变关系，也能改变世界。

第 12 章

终极联结：爱是有待挖掘的宝藏

> *即便如此，这一生你得到了你想要的吗？*
>
> *我得到了。*
>
> *那你想要什么？*
>
> *叫我自己亲爱的，感觉自己*
>
> *在这个世上被爱。*
>
> ——雷蒙德·卡佛（Raymond Carver）

学会如何培养爱的联结是一项重要的任务。爱的联结提供了一个可依靠的亲密网络，让我们能够面对人生的风浪，更好地生活。这也是我们人生的意义所在。对大多数人而言，在临终之际，与珍视之人情感联结的质量是最重要的。

我们本能地知道，那些掌握了依恋法则的人会生活得更好。然而，西方社会鼓励我们彼此竞争而非联结。尽管在数百万年的进化过程中，本能告诉我们应该不断追寻归属感和亲密联结，但人们依然坚称健康的人是不需要依赖他人的人。当我们无休无止地追求用更短的时间做更多的事情，以及用越来越多的财富填满我们的生活时，我们的共同体意识就会被慢慢地侵蚀，这是特别危险的。

我们正在构筑一种与我们的本能相悖的、疏离的文化。正如托马斯·刘易斯（Thomas Lewis）和同事在著作《爱的起源》中所写的那样："如果我们给人类婴儿提供衣服和食物，却剥夺其情感联结，那他就会死去。"这是我们知道的。但我们一直被教导要相信成年人是另类。我们到底是怎么走到这一步的？

精神科医生乔纳森·谢伊（Jonathan Shay）在关于战争创伤的著作《奥德修斯在美国》（*Odysseus in America*）中提醒我们，人类有两个"重要的共性"：我们天生就是无助且需要依赖的；我们都知道自己终究会死亡。应对这种脆弱性唯一的健康方式是伸出手互相搀扶。然后，在平静和坚强中，我们就可以走出去面对世界。

依恋观点认为，我们与他人建立情感联结的需求是必然存在的。无数关于母亲和孩子的发展心理学研究、关于成人关系的研究以及现代神经科学的研究都证实：当处于亲密关系中时，人与人之间是真正相互依赖的。我们绝对不是互不相干又绕着彼此旋转的小行星。

这种健康的依赖是浪漫爱情的本质。伴侣的身体在"脑神经二重唱"中相联结。一个人发出的依恋信号会改变另一个人的激素水平、心血管功能、身体节律，甚至免疫系统。在爱的联结中，俗称"拥抱激素"的催产素会充满伴侣双方的身体，带来一种平静的喜悦，让人感觉世界上的一切都是美好的。我们的身体系统就是为了这种联结而设计的。

甚至可以说，我们的自我认同也是一种与我们最亲近的人的

"二重唱"。一段爱的关系能够扩展我们对自己的认识和信心。如果我没能想办法让我的丈夫相信我可以写这本书，如果我没能抓住他那些让我安心的话语并坚持写下去，而是选择了放弃，你就不会读到这本书了。当所爱之人真正进入我们内心和脑海的那一刻，他们就会改变我们。

我们感受到的爱的质量使我们走上特定的道路。明尼苏达大学的杰夫·辛普森教授表示，只要评估一岁的孩子在陌生情境中与母亲的情感联结是否安全，就能预测这些孩子小学时的社交能力，以及青春期时与朋友的关系有多亲近。与母亲的安全联结以及早期友谊的亲密程度，也预示着这些孩子到 25 岁时爱情关系的质量。我们就是自己的关系史。

爱是如何运作的

为了维持长久的爱的联结，我们必须能够倾听自己内心深处的需求和渴望，并将它们转化为明确的依恋信号，帮助我们的爱人回应我们。我们也必须能够接受他人给予的爱并回报对方。最重要的是，我们必须能够识别并接受依恋的原始信号，而不是试图否认或避开它。在许多爱情关系中，依恋需求和恐惧是隐藏的议题，它们指导着人们的行动，却从未被承认。是时候坦承这些议题了，只有这样，我们才能真正塑造出我们渴望的爱情。

为了塑造爱情，我们必须在情感上和身体上保持开放和回应的态度。从加利福尼亚大学的比尔·梅森（Bill Mason）和萨莉·门多萨（Sally Mendoza）对毛茸茸的伶猴的研究中，我们可以看到爱包含了什么。雌性喂养婴儿，却不提供任何其他的母性回应。它们不为幼猴梳毛，也不触摸幼猴。真正的养育者是雄性，它们承担了 80% 的照顾婴儿的责任。它们会抱着幼猴，把幼猴带在身边，它们有情感投入，是幼猴安全的避风港。当母猴暂时从家庭中被带走时，幼猴似乎一点儿也不在意，但当公猴被带走时，幼猴的应激激素皮质醇水平明显升高了。

在我的咨询室里，有越来越多情感疏离的伴侣告诉我："我用尽一切办法来表达我的关心，修剪草坪，赚丰厚的薪水，解决遇到的问题。为什么到最后，这些似乎都没有什么用，我的妻子唯一在意的却是我们'不谈论感情上的事情，不拥抱'？"我告诉他们："因为我们生来就是这样。我们需要有人真正关心我们，紧紧抱住我们，时常和我们亲近，以一种充满情感的方式回应我们，这种方式能够触动我们，也能在伴侣之间形成联结。这是任何事情都无法取代的。你自己也有同样的需要，你忘了吗？"无论是在接受还是给予，情感联结总是甜蜜的，拥抱则会让我们感到深深的平静与满足。我们大多数人都喜欢抱着婴儿。那种感觉很好，就像拥抱我们的爱人一样美好。

但是，依恋和情感联结能够代表全部吗？成人的爱还包括性和生活照顾。依恋是底线，是构建其他元素的基础。其中的关系是显而易见的：当有安全的情感联结时，性也会变得更融洽。拥有美好性关系的关键并非源于持久的表象上的新鲜感，而是源于向伴侣敞开心扉的能力。

当我们感到彼此之间有亲密的情感联结时，就会自然而然地关怀对方，并提供事务上的支持。欧内斯特·海明威（Ernest Hemingway）写道："当你爱的时候，你希望付出，你希望奉献，你希望为对方服务。"我们从研究中也得知，有安全情感联结的伴侣，更能敏锐地觉察到彼此对关爱的需要。

罗斯和比尔是一对正在读研究生的伴侣，所有事情都会引发他们的争吵，而且他们在情感联结和事务性支持方面的争吵最为激烈。尽管他们已经取得了相当大的进步，但在咨询的最后，他们还是因为比尔没有按照罗斯的要求把儿科医生的电话号码存在手机里而争执起来。因为这样一来，当孩子生病时，她就无法用他的手机给医生打电话。最终，他们终于找到了退出争论的方法。"找不到那个号码的时候，我很害怕，"罗斯对比尔说，"当我请你做这类事情时，我需要你认真听。"比尔现在能够为她提供支持。"我听到了，"他说，"这就像你在对我说：'你会支持我吗？'你说需要依靠我。对我们的孩子来说，你是一位伟大的母亲。我已经把电话号码存进手机里了，也给你订购了一部属于你的手机，这样就不会再发生这种事了。还有什么我现在可以支持你的方式吗？"在后来的一次咨询中，罗斯告诉比尔：当她需要在他想学习的晚上照顾孩子时，她已经不再感到气愤了。现在她觉得和比尔更亲近了，她真的很享受端杯咖啡给他，听他讲讲课业的情况。建立一种更安全的情感联结可以解放我们的注意力，这样我们就可以倾听并积极支持我们所爱之人。

在一段浪漫的爱情关系中，安全的依恋、性和支持都很重要，它们使得伴侣间能够创造一个亲密、彼此回应、有关怀和渴望的良性循环。在第一次咨询时，查理郑重宣布他已经聘请了一位离婚律师。现在，经过了几个月，他告诉我："我们亲密多了。我从未想过我们会如此亲近。不知道为什么，我不再那么容易紧张和嫉妒了。我信任她。当我需要她帮助我平复心情时，我可以直接告诉她，她也可以向我寻求帮助。我们在床上变得更亲密了，性生活更加融洽。我想我们都能感受到被对方需要，也可以说出自己想要什么。当我们像这样变得亲近后，我更喜欢照顾她了。当她背痛的时候，我会去给她找一个小的加热垫。她也在帮我戒烟。这感觉就像是进入了一段全新的关系。"他的妻子莎伦幸福地点头表示赞同。

然而，哪怕当下的关系很好，也需要记住，让爱起效始终是一个持续的过程。当你做对的那一刻，你们中的一个人就会改变！小说家厄休拉·勒古恩（Ursula Le Guin）提醒我们："爱不会像一块石头一样待在原地。它必须像制作面包一样，自始至终创造，不断更新。"EFT 背后的目的，正是为伴侣提供一种完成这项翻新工作的方法。

20 年来的研究告诉我们，我们已经帮助了许多不同类型的伴侣"制造"爱情：新婚和结婚多年的伴侣、还算幸福的伴侣和极度痛苦的伴侣、传统和新时代的伴侣、受过高等教育和蓝领阶层的伴侣、沉默寡言和热情奔放的伴侣。我们发现，EFT 不仅有助于治愈受伤的关系，还能创造出治愈性的关系。充满爱的关系提供的情感支持和联结，能够为抑郁和焦虑的伴侣提供很大的帮助。

如果必须总结从伴侣们身上学到的经验，我会列出以下这些。

- 当我们呼唤伴侣的时候，我们需要伴侣的靠近来为我们提供安全的避风港，这种需求是不容置疑的。
- 情感饥饿是真实存在的。感受到被遗弃、被拒绝或被抛弃，会引起身体和情感上的痛苦与恐慌。
- 当情感联结的基本需求没有得到满足时，几乎没有办法能够缓解我们的痛苦。
- 情感的平衡、安宁以及充满活力的喜悦是爱给予的奖赏。

感性的迷恋只是一种令人失望的安慰奖。

- 爱情和性并没有某种完美的表现。执着于表现的好坏只会走向死胡同。当下的情感投入才是最重要的。

- 在关系中，没有简单的因果影响，一切并非线性关系，而是伴侣共同创造的互动循环。我们把彼此拉入了联结或分离的循环与螺旋中。

- 情绪明确地告诉我们需要什么，只要我们能够聆听并将其作为指引。

- 我们都会有恐慌的时候。我们可能会失去平衡，被焦虑所掌控，陷入麻木或逃避的模式。应对的秘诀就是不要停留在里面，因为你的爱人很难在这种情况下触及你。

- 情感联结的关键时刻是当一个人向另一个人伸出手，而另一个人有所回应的时候。这么做需要勇气，但能够神奇地带来改变。

- 宽恕伤害是很重要的，而且只有当伴侣双方都能够了解自己的伤痛之处，也知道爱人与自己紧密相连并能感受到自己的伤痛时，宽恕才会发生。

- 在爱情中，持久的热恋是完全有可能的。飘忽不定的迷恋只是前奏；协调的、充满爱的联结才是真正的交响乐。

- 忽视会扼杀爱，因为爱需要关注。了解自己的依恋需求，并对爱人的需求做出回应，可以让伴侣紧密相连，直至"死亡将我们分开"。

- 所有关于爱的老生常谈——当人们感到被爱时，他们更自由，更有活力，更有力量——比我们想象的更符合实际。

虽然明白这些道理，但每当我与所爱之人失去联结时，仍要重新学习这些功课。我仍要面对那一瞬间的选择：指责、试图控制、忽视、报复、封闭自己并拒绝对方，还是深呼吸、关注自己和爱人的情绪、冒险、靠近、倾诉、拥抱。

更广的人际范围

当伴侣因为牢固而安全的纽带团结在一起时，增强的不仅是彼此的情感联结。爱的回应就像落入池塘的石块，会产生逐渐扩散的涟漪。一段充满爱的关系会增加我们对他人的关心和同情，在家庭和社区之中都是如此。

在早期对依恋的研究中，玛丽·安斯沃思发现，与母亲有安全情感联结的孩子，早在 3 岁时就对他人有更多的同理心。当我们不用担心与所爱之人的关系是否安全，自然会有更多的精力关心他人。而且，我们也会以更积极的角度看待他人，更愿意与他们进行情感交流。感觉到被爱和安全，能够让我们成为更善良、更宽容的人。

心理学家菲尔·谢弗和马里奥·米库林瑟的研究表明，哪怕仅仅是短暂回想被关心的时刻，也能立即降低个体对与自己不同的人的敌意。这也支持了冥想的方法：通过思考一个人如何被他人所爱，来增强同情心。

恋人之爱与家人之爱

几十年来，我们一直都知道幸福的家庭源于伴侣间幸福的关系。当我们感到压力过大，不断与伴侣争吵时，也会影响我们与孩子的关系。毫无疑问，父母的冲突对孩子是有害的。当我们感到沮丧和焦虑时，我们教养孩子的方式也会受到影响，大多数时候，我们会变得更严厉、更反复无常。但这还不仅仅是一个管教问题。当我们在一段不幸福的关系中挣扎时，我们的情感通常是不稳定的，也难以敞开心扉，真正倾听、理解孩子。因为我们没有真正关心孩子的情绪，孩子错过了我们的支持和引导。艾丽斯告诉我："我正在变成一个易怒、苛刻的人。我和弗兰克现在的状况让我筋疲力尽，没有精力去照顾孩子。当我最小的孩子因为害怕上学而哭泣的时候，我对他大吼大叫。这件事让我非常难过。我变成了一个脾气暴躁的讨厌鬼，而弗兰克对每个人都很疏远。为了家里的所有人，我们必须解决这个问题。"

婚姻中高强度的冲突往往会使孩子产生情绪与行为问题（例如抑郁症）。但冲突并不是影响孩子的唯一因素，伴侣之间的情感疏离也常常导致他们对孩子的疏远。罗切斯特大学的心理学家梅利莎·斯特奇-阿普尔（Melissa Sturge-Apple）证实，这种情况在父亲和孩子之间尤其明显。她在研究中发现，当男人回避妻子时，通常也会疏远孩子。

如果从积极的方面思考，当我们感到伴侣之间有安全的情感联结时，我们往往更容易成为好父母，能够为我们的孩子提供避风港和安全基地。这样一来，孩子能学习以积极的方式处理自己的情绪，并与他人产生联结。大量的科学研究证明，安全型依恋的孩子更幸福，社交能力更强，在面对压力时也更有韧性。你能够为孩子做的最好的事情之一，就是和伴侣共同建立一段充满爱的关系，这不是感情用事，而是基于科学的事实。

但多年来，心理治疗师一直告诉我们，如果想成为真正的好父母，我们必须要有一个安全、充满爱的童年，或者必须要有一个咨询师来帮助我们处理缺乏爱的童年经历。我的经验是，即使童年给我们留下了很多情绪上的困难，而且我们并没有去找过心理医生，创造一段更好的婚姻关系也能够让我们成为更好的父母。弗吉尼亚大学的心理学家德博拉·科恩（Deborah Cohen）赞同这一点。她发现，那些对亲密关系感到焦虑和不安全的女性，如果嫁给了可以回应她们的需求，并能提供安全情感联结的男性，就能以积极的、充满爱的态度对待孩子。如果我们能够好好地爱伴侣，就是在帮助彼此成为好的父母。

当你在关系中拥有安全的情感联结时，你就能把这种特质传递下去，不仅传给你的孩子，也会传给你孩子未来的伴侣。艾奥瓦州立大学的心理学家兰德·康格（Rand Conger）和同事们对193 个有青春期孩子的家庭进行了长达 4 年的观察，发现父母相互的温暖和支持程度以及他们教养孩子的质量，能够预测孩子 5 年后的伴侣关系。能够相互给予更多温暖和支持的父母，他们的孩子也会对伴侣提供更多的温暖和支持，拥有更幸福的伴侣关系。当我们好好地爱我们的伴侣时，我们也在为我们的孩子和他们的伴侣绘制一张充满爱的关系蓝图。

良好的伴侣关系不仅能够满足个人的喜好，对社会也是有益的。更好的伴侣关系意味着更好的家庭关系；更好、更充满爱的家庭关系意味着更美好、更有回应性的社会。

社会

充满爱的家庭是人道主义社会的基础单元。正如诗人罗伯托·索萨（Roberto Sosa）所写的："相爱的人是被祝福着的，因为他们的爱是支撑着海洋中心的沙粒。"与他人交往并回应他人的圈子会不断拓展，这不仅局限于我们身边的亲人，甚至也不局限于他们未来构建的家庭。圈子的范围会持续扩展，促进形成更具关怀性的社区，并最终创造一个更有爱心的世界。

理解我们对爱的渴望以及爱的运作方式是至关重要的，因为只有这样，我们才能塑造一个能够满足这些渴望，并反映人性最好一面的世界。人类生来就渴望与他人建立联结。我们的天性是与少数几个珍视的人建立亲密的联结，但是，在获得了有归属感的经验之后，我们开始与他人建立联结，包括朋友、同事、整个族群。当我们处于充满爱的最佳状态时，我们会为他人提供支持和关怀，因为我们知道他人和我们一样，都是人类，都有脆弱之处。事实上，我们会在团体中感到喜乐，因为团体能带我们走出自己的小世界，使我们成为更大整体的一部分。

我生长在第二次世界大战后一个并不富裕的英国小镇，在那里，每个人都能清晰地感受到"大家必须团结一致才能生存"。每个人都会来我父亲的酒馆——包括牧师、海军准将、卖报纸的人、法官、医生、小店店员和家庭主妇。上了年纪的村民们会在一个角落里坐一整晚，一边打牌一边谈论政治。那些在一个个城镇之间漂泊的流浪者，在继续启程前，可以得到住宿、啤酒以及一大盘我母亲做的培根和煎蛋。那些因无法承受战争记忆而崩溃的士兵，会被带到后面的一个房间里，有人会抱住他们，给他们慰藉。因为亲人离世而哀痛的人会得到一个拥抱、一杯威士忌，也许我的祖母还会献上一首轻快的、跑调的钢琴曲。当然，也会有争吵与意见不合、偏见、残暴的行为。但最终，大家都会重新站在一起，因为我们知道彼此相互需要。在大多数时候，我们之中总会有富有同情心的人。

　　与某人联结、同在的感觉与关注那个人的感受是密不可分的。我们可以从很多地方学习对他人的同理心和同情。但我认为，我们首先需要在父母或爱人温柔的拥抱中认识并感受它。在这之后，我们可以在不断扩大的圈子里积极地、有意识地，把它传递给更广的世界。

　　事实上，数百年来，诗人们都向我们保证，如果我们彼此能够更加相爱，就会过得更好，而且我们也应当这样做。通常，这类信息是以一套道德准则或抽象观念的形式传播的。问题在于，观念似乎不会产生很大的作用，除非我们感觉到被触动，感觉到自己确实与另一个人产生了联结。在此基础上，我们才能真正体会到他人的痛苦与悲伤，就像这些发生在自己身上一样。

　　和许多人一样，我发现自己会给救助基金会捐一点儿钱，希望能够帮助地震或其他灾害的受害者。但是，要面对巨大的、压倒性的问题，或者完全陌生的人群，是一件很困难的事。对我来说，通过国际救援机构"加拿大计划"（Plan Canada）的养父母方案，每个月给两个印度小女孩的家庭捐更多的钱，是更容易，也更有满足感的。我有孩子们的照片，知道她们以及她们生活的村庄的名字。我知道其中一个家庭现在有了一只山羊，另一个家庭第一次用上了干净的水。我希望能够去看看他们。每隔几个月我都会收到寄来的照片，看着站在孩子们身旁、神情坚毅的母亲，我产生了一种与她们联结的感觉。现代科技让这种联结成为可能，允许像我这样身处世界另一边的人，也能够表达关心，并与远方的人建立联结。

　　在渥太华郊外的小山坡上，一条美丽的小河边，坐落着一个由许多小木屋聚集而成的风景如画的小社区。3 年前,一个名为"韦克菲尔德奶奶"(Wakefield Grannies)的组织在此成立。它始于一位名叫罗丝·莱特瓦巴(Rose Letwaba)的南非护士周日早晨在河边的教堂里做的演讲。在演讲中,她谈到了生活在约翰内斯堡贫民窟里的祖母们,她们抚养着自己的孙辈——一群患艾滋病的孤儿。她们的生活非常贫困,甚至连孩子们的牙刷都需要被锁起来,因为牙刷对她们来说太过珍贵。十几位"韦克菲尔德奶奶"聚集起来,每个人都与一位南非的祖母取得联系,并开始给那个家庭捐款。在加拿大和美国,已经有 150 对祖母完成了配对。

美国登山家及护士葛瑞格·摩顿森(Greg Mortenson)所写的《三杯茶》(*Three Cups of Tea*)中,讲述了自己经历的"情感联结转化为爱心行动"的故事。1993 年,摩顿森在试图攀登世界第二高峰时,在巴基斯坦的山区迷了路。最后,他跌跌撞撞地来到了一个名为科尔飞(Korphe)的小村庄。村民们救了他的命,并与他建立起一种特殊的联结。村长哈吉·阿里(Haji Ali)用科尔飞语解释道:"第一次与某个人喝茶时,你是陌生人;第二次与他喝茶时,你是客人;第三次时,你就是家人了。"

摩顿森成了村民的家人。摩顿森对妹妹克丽斯塔(Christa)的回忆加深了他对村民们的感情。他的妹妹克丽斯塔在与癫痫的长期斗争后离开了人世。他在科尔飞孩童的脸上仿佛看到了妹妹,他们的生活就像妹妹的一样,是一场艰难的抗争。他提出要去村里的学校看看,然后被带到了一个地方,在那里,82 个孩子跪在结了霜的地上,用树枝在泥土上划出乘法表。科尔飞的学校没有房子。而且,因为村子负担不起每天 1 美元的工资,大多数时候也没有老师。

摩顿森说："我的心都碎了。"他转向阿里村长，对他说："我会建一所学校，我保证。"在随后的 12 年里，摩顿森和他创办的中亚协会（Central Asia Institute）在巴基斯坦和阿富汗的山区建立了超过 55 所学校，其中许多是专门为女孩开设的。摩顿森指出，用制造一枚导弹的成本，我们可以建造数百所能够提供均衡教育的学校。这是一种不同的战争，反抗助长极端主义的"我们和他们"之间的永恒隔离。这是一个凸显了共情和联结力量的回应。

这些故事给了我希望，让我相信，我们可以学会爱，可以与我们的伴侣和家人一起培养爱，然后带着从中学到的同理心和勇气，想办法把爱带到世界的每个角落，并对更多的人产生影响。作家朱迪思·坎贝尔（Judith Campbell）建议："当你的心说话时，请记好笔记。"这些故事都开始于人们敞开心扉，发自内心地去回应他人的困境。这些故事讲述了情感回应和人际联结的力量，也就是如何把我们的世界变得更加美好。

书中提出的关于爱以及爱的运作机制的观点与托马斯·默顿（Thomas Merton）的思想不谋而合。默顿是一位特拉普派修士兼作家，他认为："同理心最终应建立于对所有生物相互依存的敏锐意识之上，即所有生物都是彼此的一部分，都相互关联。"在我看来，人类这个物种如果想要在这个脆弱的蓝绿色星球上生存下去，就必须学会跨越分离的假象，抓住"人与人是相互依赖的"这一真理。我们可以在最亲密的关系中学到如何去做。

要结束一本关于爱以及爱的运作机制的书真的很难。这本书中详细介绍了关于爱的新科学，以及它如何帮助伴侣建立安全、持久的情感联结。但我们永远无法完全理解爱。我们知道得越多，就会发现我们不知道的也越多。正如诗人卡明斯（E. E. Cummings）所言："一个美妙的答案，总会引出一个更美妙的问题。"

致谢

首先，我要感谢过去25年里我曾有幸合作过的所有伴侣。你们使我着迷、使我被深深吸引，也使我得到成长。在伴侣治疗这段关于分离和重聚的戏剧般的旅程中，我和你们一起探讨爱和心碎的意义，并找到方法重建深入的、滋养型的情感联结。

其次，我要感谢渥太华夫妻与家庭研究所（Ottawa Couple and Family Institute）和EFT国际中心（International Center for Excellence in EFT）的同事们，特别是艾莉森·李博士（Dr. Alison Lee）和盖尔·帕尔默（Gail Palmer）。没有他们，研究所和中心就不会存在；有了他们，我才能够建立一个EFT专业领域的大家庭。

我也要感谢我在渥太华大学心理学院的所有优秀的研究生，他们全身心地投入对伴侣治疗结果和改变过程的研究，和我一起观看数以千计的咨询录像，他们的热情和投入丝毫不逊于我。

我要感谢我在渥太华大学心理学院的同事们，他们与我合作，并鼎力支持我，尤其是瓦莱丽·惠芬博士（Dr. Valerie Whiffen）。我还要感谢和我一起教授EFT的同事们，他们选择用这种方法帮助世界各地的伴侣，包括位于圣迭戈的阿兰特大学的斯科特·伍利博士（Dr. Scott Woolley）、吉姆·弗罗博士（Dr. Jim Furrow）、布伦特·布拉德利博士（Dr. Brent Bradley）、马丁·诺思博士（Dr. Martin North）、道格·蒂利博士（Dr. Doug Tilley）、韦罗妮卡·卡洛斯博士（Dr. Veronica Kallos）、约兰达·冯·霍考夫（Yolanda von Hockauf）、利安娜·坎贝尔博士（Dr. Leanne Campbell）、朱迪·马基嫩博士（Dr. Judy Makinen）和将 EFT 最重要的著作翻译成中文的刘婷（Ting Liu）。特别要感谢莱斯利·格林伯格博士，他和我在英属哥伦比亚大学一起制定了 EFT 的第一个版本。

我还要特别感谢我在社会心理学领域的同事们，尤其是菲尔·谢弗博士（Dr. Phil Shaver）、马里奥·米库林瑟博士（Dr. Mario Mikulincer），以及其他将依恋理论应用于成人关系的前辈，感谢他们容忍一个疯狂的临床医生与他们相处。在过去的 15 年里，他们进行了大量的研究，形成了丰富的观点——我在伴侣咨询中运用了这些知识，给一些伴侣的生活带来了改变。我还要感谢我宝贵的同事约翰·戈特曼（John Gottman），感谢他与我进行的所有辩论和研讨，以及他多年来对我的肯定和鼓励。

我还要感谢 Little, Brown 出版社的编辑特蕾西·贝哈尔（Tracy Behar），感谢她对我以及本书不减的热情和惊人的信心；感谢我的经纪人米丽娅姆·阿特舒勒（Miriam Altshuler），感谢她的专业精神和专业指引；感谢自由编辑阿纳斯塔西娅·图菲西斯（Anastasia Toufexis），她认真地读完了这本书的初稿，让读者不必再花同样的工夫去阅读。

我必须要感谢我的三个孩子，蒂姆、埃玛和萨拉，感谢他们忍受我对这本书的痴迷，也要感谢渥太华所有信任我的朋友。作为一名研究人员、教师、作家和治疗师，我最幸运的是找到了自己真正想做的事情。但让我真正了解到爱和关系的自然是我自己的家庭。所以我最想要感谢的，也是一直想要感谢的人，正是我了不起的伴侣约翰·帕尔默·道格拉斯（John Palmer Douglas），他是我的避风港、我的安全基地、我的灵感源泉。

术语表

杏仁核（amygdala） 位于中脑的一个杏仁状区域，与快速的情绪反应有关，尤其是处理与恐惧相关的信息。它在"战斗或逃跑"反应中起着关键的作用。如果你看到一辆突然驶来的汽车，而你立刻跑出车道，在这个过程中，正是杏仁核救了你的命。

A. R. E. 一种对话的首字母缩写，这种对话正面回答了一个问题：你会在我身边吗？依恋理论和研究表明：可接近性（Accessibility，我能靠近你吗？你会关注我吗？）、回应性（Responsiveness，我能期待你回应并关心我的感受吗？）和情感投入（Engagement，你会重视我，把我放在第一位，并陪在我身边吗？）是拥有安全情感联结的伴侣的特征。

依恋信号（attachment cue） 任何可以启动依恋系统的信号——来自内心的感受、所爱之人或某个情境——都会唤起与依恋相关的情绪或需要他人的感觉。我们对伴侣的关心所产生的突然怀疑、来自伴侣的一句轻蔑的话、某种情境带来的威胁，都会将我们的注意力聚焦于"伴侣是否可以亲近，能否提供情感回应"的问题上。

依恋对象（attachment figure） 我们爱的人或在情感上有所

依赖的人被我们视为安全的避风港和抚慰的来源。通常是父母、兄弟姐妹、恋人或一生的朋友。

依恋创伤（attachment injury） 在某个迫切需要依恋对象的关键时刻，感觉被对方背叛或抛弃。如果创伤没有被处理或得到很好的治疗，就会破坏伴侣间的信任和联结，引发或加重痛苦和不安全感。

依恋抗议（attachment protest） 一种意识到自己将要与依恋对象分离时的反应。它通常是情感和身体上对分离的第一反应。抗议是向依恋对象发出痛苦信号的自然反应，目的是让依恋对象回应自己，常表现出来的特征是愤怒和焦虑。

相互依赖（codependent） 这个术语用于描述个体（通常是在无意间）助长爱人非适应性行为的情况。例如，酗酒者的伴侣想要对方戒酒，却不能坚持立场。这意味着，这位伴侣对关系的依赖使其无法正面阻止酗酒者。

接触安慰（contact comfort） 心理学研究者哈里·哈洛用这个短语来描述幼猴在与"柔软的"绒布妈妈身体接触时的反应。在哈洛看来，接触安慰对于帮助婴儿缓解压力和焦虑至关重要。在他的研究中，比起提供食物的妈妈，幼猴会更偏好提供接触安慰的妈妈。由此他得出结论，对于灵长类动物而言，接触安慰是一种基本的需求。

对话（conversation） 在这本书中，对话是为了让双方都能更好地理解关系而精心设计的。书中的 7 种转变关系的对话阐明了伴侣之间是如何互动的，而非仅仅关注对话的内容。

皮质醇（cortisol） 是肾上腺分泌的一种重要的压力激素，可以调动身体各个部分（特别是杏仁核）来应对紧急情况。他人敌意或批评的反应会引起皮质醇的大量分泌。持续或过量分泌皮质醇会损害身体，尤其会影响心脏和免疫系统。也有证据表明，皮质醇会破坏大脑海马体的神经元，损害记忆和学习能力，并使人容易对危险线索进行过度概括的解读。例如，我们都知道深夜黑暗的街道潜藏着危险，但在长期的压力下，我们可能会逐渐认为所有的街道，甚至在傍晚时分，都是有危险的。

魔鬼式对话（demon dialogues） 指三种会形成自动循环的互动模式，它们会使安全的情感联结越来越难以维系。这些模式包括："揪出坏蛋"（相互指责，批评对方）；"抗议之舞"（其中一方因为没有得到安全的情感联结而抗议，另一个人自我防御和退缩，这个过程也被称为"要求 - 退缩"循环）；"冻结与逃离"（双方都为了自我保护而选择退缩）。

2Ds 这个术语用于指代两种在关系中普遍存在的敏感点或伤痛之处，即情感联结"被剥夺"（deprived）或情感需求没有得到满足以及认为自己不值得被爱、感觉"被遗弃"（deserted）或被拒绝。两者都会引起孤独和脆弱的感受。

情绪（emotion） 源自拉丁语"emovere"，意思是"动"。情绪是一种生理过程，它引导我们注意到环境中的重要线索并做出对应的反应。最好将情绪理解为一个过程，包括以下这些步骤：对重要事物的快速感知；身体的反应；尝试理解感知到的线索的意义；做出行动。情绪大多通过声音和表情表达，也能迅速向他人传递信号。在本书中，情绪与"感受"这两个词可以互换使用。

有效的依赖（effective dependency） 一种积极的安全依恋状态，使我们能够倾听、理解自己对他人的依恋需求，并顺利地寻求支持和安慰。这种状态能够促进人与人之间的情感联结，帮助我们处理压力，勇敢探索和面对生活中的挑战。

"博得"的安全感（earned security） 这是指我们对情感依恋的期望和反应会随着我们在关系中获得的经验而不断修正。即使过往的经历是负面的（例如与父母的关系不好），如果拥有能够以充满爱的方式回应我们的伴侣，我们也可以在当下的关系中"博得"安全感。

被绊住的（enmeshed） 指一种过度紧密的关系，这种关系会阻碍个体功能和自主性的发挥。在过去，成员之间缺乏界限（而不是缺乏安全、积极的联结）常常被认为是家庭或夫妻关系不和的主要原因。健康被定义为能够与他人分离，保持客观，控制情绪，而且不会让所爱之人影响自己做出的决定。

抓手（handles） 指一些描述性的画面、词语或句子，能够从中捕捉并提炼出个体内心最深处的感受和脆弱。一旦我们找到了抓手，就可以用它们打开心门，探索自己的内心世界。

镜像神经元（mirror neurons） 指当同情心被唤起时，大脑中激活的神经细胞，且这些细胞与我们正在观察的大脑中激活的细胞位于相同的位置。这似乎正是模仿行为的生理基础，让我们拥有参与他人行为的能力。这些神经元帮助我们感知他人的意图，让我们能够真正体会到他人的感受。我们会了解他人的想法，对他们的状态产生共鸣。科学家们指出，镜像神经元系统越活跃的人，同理心也越强。

催产素（oxytocin） 是一种神经递质，与母婴之间、性伴侣之间的情感联结有关。催产素被称为"拥抱激素"，在大脑的下丘脑区域合成，且只存在于哺乳动物体内。它在哺乳（帮助乳汁分泌）、分娩（帮助子宫收缩）和性愉悦的过程中都起着重要作用。

它可以增加与依恋对象的亲密接触和其他依恋行为，也能使人际互动在总体上变得更为积极。催产素的水平越高，我们就越想接近他人，与他人建立联结。催产素还可以抑制攻击性和防御性的行为，减少皮质醇等压力激素的分泌。肌肤间的接触、抚摸和温暖会刺激催产素的产生。

原始恐慌（primal panic） 这种感觉通常会因为与重要的依恋对象分离而产生。这种恐慌的感觉促使我们呼唤、寻找和联结为我们提供保护和安全感的所爱之人。这个术语是情绪理论家雅克·潘克塞普创造的，他认为，原始恐慌是大脑中一个特定的焦虑系统，这个系统在哺乳动物中特别发达。他将其称作"祖先神经编码"，它会促使我们的大脑在分离时释放皮质醇等压力激素，在与所爱之人再次密切接触时释放镇静激素催产素。

共振（resonance） 物理学中的一个术语，指两个物体间的共振，让它们能够瞬间同步发出信号，以相同的速度运动。这种反应能维持很长时间。在人际关系中，当我们全身心地感受彼此时，就会产生共鸣。接着两个人的情绪状态会相互靠近，因为处在相同的频道，所以也能够真正地体会到对方的感受。正是这种共鸣，能够在人群中引起情绪的波动。例如，婚礼上宣读誓言后，幸福的伴侣向彼此靠近的时刻；在军人的葬礼上，最后道别的号角被吹响的时刻。

陌生情境（strange situation） 这是玛丽·安斯沃思和约翰·鲍尔比为了研究母婴之间的依恋关系而设计的一个著名且关键的实验。实验涉及将儿童置于一个陌生环境中，与母亲分开，让儿童感到不确定和焦虑，并在母亲回来时记录儿童的情绪反应。

共生关系（symbiosis） 在心理学理论中，这是指一个人的思想和情绪都与另一个人完全融合的状态。例如，人们原本认为婴儿会感觉自己是母亲身体的一部分，而长大成人被认为是一个变得越来越独立和自主的过程，无法分离则可能引发精神疾病。例如，精神分裂症曾被认为是共生关系的结果，即患者与另一个人（通常是母亲）的过度融合导致了疾病。这种观点属于"依赖和亲密会损害心理健康"的思想流派。最近的一些理论质疑了这一观念的正确性。

同步状态（synchrony） 彼此能够在情感上协调一致、互相回应的状态。

未分化的（undifferentiated） 家庭治疗中常用的一个概念，表示一个人不能区分感受和理性想法，在人际关系中总是根据关系被动做出反应，而不能独立做出选择。未分化代表个体过于依赖从他人身上获得自我价值感。如果治疗师认为缺少分化是某一段痛苦关系的问题所在，可以通过帮助双方建立清晰的界限，并让每一方都能独立做出决定来改善关系。

血管升压素（vasopressin） 大脑中产生的一种激素，与催产素密切相关，且作用效果相似。血管升压素可能引发动物对特定伴侣的偏好，并让动物产生积极保护伴侣，不让其他追求者靠近的倾向。血管升压素还可能引发更多的父母照顾行为。

参考文献

总体

Blum, Deborah. *Love at Goon Park: Harry Harlow and the science of affection.* Berkley Books, 2002.

Coontz, Stephanie. *Marriage, a History: From obedience to intimacy or how love conquered marriage.* Viking Press, 2005.

Ekman, Paul. *Emotions Revealed.* Henry Holt, 2003.

Goleman, Daniel. *Emotional Intelligence: The new science of human relationships.* Bantam Press, 2006.

Gottman, John. *The Seven Principles for Making Marriage Work.* Crown Publishers, 1999.

Karen, Robert. *Becoming Attached.* Oxford University Press, 1998.

Johnson, Susan. *The Practice of Emotionally Focused Couples Therapy: Creating connection.* Brunner/Routledge, 2004.

Lewis, Thomas, Fari, Amini, and Richard Lannon. *A General Theory of Love.* Vintage Books, 2000.

Mikulincer, Mario, and Phil Shaver. *Attachment in Adulthood: Structure, dynamics and change.* Guilford Press, 2007.

Siegel, Daniel, and Mary Hartzell. *Parenting from the Inside Out.* Putnam, 2003.

第一部分

第 1 章

Barich, Rachel, and Denise Bielby. Rethinking marriage: Change and stability in expectations 1967–1994. *Journal of Family Issues*, 1996, vol. 17, pp. 139–169.

Bowlby, John. *Attachment and Loss, Volume 1: Attachment.* Basic Books, 1969.

Bowlby, John. *Attachment and Loss, Volume 2: Separation.* Basic Books, 1973.

Bowlby, John. *Attachment and Loss, Volume 3: Loss.* New York. Basic Books, 1981.

Buss, David, Todd Shackelford, Lee Kirkpatrick, and Randy Larsen. A half century of mate preferences: The cultural evolution of values. *Journal of Marriage and the Family*, 2001, vol. 63, pp. 491–503.

Campbell, A., P.E., Converse, and W. L. Rodgers. *The Quality of American Life.* Russell, Sage Publications, 1976.

Coan, James, Hillary Schaefer, and Richard, Davidson. Lending a hand. *Psychological Science*, 2006, vol. 17, pp. 1–8.

Coyne, James, Michael J., Rohrbaugh, Varda, Shoham, John Sonnega, John M., Nicklas, and James Cranford. Prognostic importance of marital quality for survival of congestive heart failure. *The American Journal of Cardiology*, 2001, vol. 88, pp. 526–529.

Dimsdale, Joel E. *Survivors, Victims and Perpetrators: Essays on the Nazi Holocaust.* Hemisphere, 1980.

Eisenberger, Naomi I., Matthew D. Lieberman, and Kipling Williams. Why rejection hurts: a common neural alarm system for physical and social pain. *Trends in Cognitive Science*, 2004, vol. 8, pp. 294–300.

Feeney, Brooke C. The dependency paradox in close relationships: accepting dependence promotes independence. *Journal of Personality and Social Psychology*, 2007, vol. 92, pp. 268–285.

Finegold, Brie. Confiding in No One. *Scientific American Mind*, 2006, vol. 17, p. 11.

Hawkley, Louise, Christopher M. Masi, Jarett, Berry, and John Cacioppo. Loneliness is a unique predictor of age-related differences in systolic blood pressure. *Journal of Psychology and Aging*, 2006, vol. 21, pp. 152–164.

House, James, Karl R., Landis, and Debra Umberson. Social relationships and health. *Science*, 1988, vol. 241, pp. 540–545.

Kiecolt-Glaser, Janice K., Timothy J., Loving, J. K. Stowell, William B., Malarkey, Stanley Lemeshow, Stephanie Dickinson, and Ronald Glaser. Hostile marital interactions, pro-inflammatory cytokine production and wound healing. *Archives of General Psychiatry*, 2005, vol. 62, pp. 1377–1384.

Kiecolt-Glaser, Janice K., William B., Malarkey, Marie-Anne, Chee, Tamara, Newtron, John T., Cacioppo, Hsiao-Yin, Mao, and Ronald Glaser. Negative behavior during marital conflict is associated with immunological down-regulation. *Psychosomatic Medicine*, 1993, vol. 55, pp. 395–409.

Kiecolt-Glaser, Janice K., Tamara Newton, John T., Cacioppo, Robert C., MacCallum, and Ronald Glaser. Marital conflict and endocrine function: are men really more physiologically affected than women? *Journal of Consulting and Clinical Psychology*, 1996, vol. 64, pp. 324–332.

Levy, David. Primary affect hunger. *American Journal of Psychiatry*, 1937, vol. 94, pp. 643–652.

Medalie, Jack H., and Uri Goldbourt. Angina pectoris among 10,000 men. *American Journal of Medicine*, 1976, vol. 60, pp. 910–921.

Mikulincer, Mario. Attachment style and the mental representation of the self. *Journal of Personality and Social Psychology*, 1995, vol. 69, pp. 1203–1215.

Mikulincer, Mario. Adult attachment style and information processing: Individual differences in curiosity and cognitive closure. *Journal of Personality and Social Psychology*, 1997, vol. 72, pp. 1217–1230.

Mikulincer, Mario. Adult attachment style and individual differences in functional versus dysfunctional experiences of anger. *Journal of Personality and Social Psychology*, 1998, vol. 74, pp. 513–524.

Mikulincer, Mario, Victor, Florian, and Aron Weller. Attachment styles, coping strategies, and post-traumatic psychological distress: the impact of the Gulf War in Israel. *Journal of Personality and Social Psychology*, 1993, vol. 64, pp. 817–826.

Morell, Marie A., and Robin F. Apple. Affect expression, marital satisfaction and stress reactivity among premenopausal women during a conflictual marital discussion. *Psychology of Women Quarterly*, 1990, vol. 14, pp. 387–402.

O'Leary, K. D., J. L., Christian, and N.R. Mendell. A closer look at the link between marital discord and depressive symptomatology. *Journal of Social and Clinical Psychology*, 1994, vol. 13, pp. 33–41.

Ortho-Gomer, Kristina, Sarah Wamala, Myriam, Horsten, Karen, Schenck-Gustafsson, Neil, Schneiderman, and Murray Mittleman. Marital stress worsens prognosis in women with coronary heart disease. *Journal of American Medical Association*, 2000, vol. 284, pp. 3008–3014.

Putnam, Robert D. *Bowling Alone: The collapse and revival of American community*. Simon & Schuster, 2000.

Roberts, Brent W., and Richard W. Robins. Broad dispositions: the intersection of personality and major life goals. *Personality and Social Psychology Bulletin*, 2000, vol. 26, pp. 1284–1296.

Simpson, Jeffrey, William Rholes, and Julia. Nelligan. Support seeking and support giving within couples in an anxiety provoking situation: The role of attachment styles. *Journal of Personality and Social Psychology*, 1992, vol. 62, pp. 434–446.

Twenge, Jean. The age of anxiety? Birth cohort change in anxiety and neuroticism. *Journal of Personality and Social Psychology*, 2000, vol. 79, pp. 1007–1021.

Uchino, Bert, John, Cacioppo, and Janice Kiecolt-Glaser. The relationship between social support and psychological processes. *Psychological Bulletin*, 1996, vol. 119, pp. 488–531.

Yalom, Marilyn. *A History of the Wife*. HarperCollins, 2001.

第 2 章

Gottman, John. *What Predicts Divorce?* Lawrence Erlbaum Associates, 1994.

Huston, Ted, John Caughlin, Renate Houts, Shanna Smith, and Laura George. The connubial crucible: Newlywed years as predictors of marital delight, distress and divorce. *Journal of Personality and Social Psychology*, 2001, vol. 80, pp. 237–252.

LeDoux, Joseph. *The Emotional Brain: The mysterious underpinnings of emotional life.* Simon and Schuster, 1996.

Panksepp, Jaak. *Affective Neuroscience. The foundations of human and animal emotions.* Oxford University Press, 1998.

第二部分

第 5 章

Davila, Joanne, Dorli Burge, and Constance Hammen. Does attachment style change? *Journal of Personality and Social Psychology*, 1997, vol. 73, pp. 826–838.

LeDoux, Joseph. *The Emotional Brain: The mysterious underpinnings of emotional life.* Simon and Schuster, 1996.

第 7 章

Carter, Sue. Neuroendocrine perspectives on social attachment and love. *Psychoneuroendocrinology*, 1998, vol. 23, pp. 779–818.

di Pelligrino, Guiseppe, Luciano Faduga, L. Leonardo, Fogassi, Vittorio, Gallese, and Giacomo Rizzolatti. Understanding motor events: A neurophysiological study. *Experimental Brain Research*, 1992, vol. 91, pp. 176–180.

Gallese, Vittorio. The shared manifold hypothesis: From mirror neurons to empathy. *Journal of Consciousness Studies*, 2001, vol. 8, pp. 33–50.

Insel, Thomas. A neurological basis of social attachment. *American Journal of Psychiatry*, 1997, vol. 154, pp. 725–735.

Johnson, Sue, and Leslie Greenberg. Relating process to outcome in marital therapy. *Journal of Marital and Family Therapy*, 1988, vol. 14, pp. 175–183.

Kosfeld, Michael, Marcus, Heinrichs, Paul, Zak, Urs, Fischbacher, and Ernst Fehr. Oxytocin increases trust in humans. *Nature*, 2005, vol. 435, pp. 673–676.

Stern, Daniel. *The Present Moment in Psychotherapy and Everyday Life.* Norton, 2004.

Uvnas-Moberg, Kerstin. Oxytocin may mediate the benefits of positive social interaction and emotions. *Psychoneuroendocrinology*, 1998, vol. 23, pp. 819–835.

Valera, Francisco, Jean-Phillippe, Lachaux, Eugenio, Rodriguez, and Jacques Martinerie. The Brainweb: Phase synchronization and large scale integration. *Nature Reviews. Neuroscience*, 2001, vol. 2, pp. 229–239.

第 8 章

Herman, Judith. *Trauma and Recovery.* Basic Books, 1992.

Simpson, Jeffrey, and William Rholes. Stress and secure base relationships in adulthood. In *Attachment Processes in Adulthood*, Kim Bartholomew and Dan Perlman (editors), Jessica Kingley Publisher, 1994, pp. 181–204.

第 9 章

Davis, Deborah, Phillip Shaver, and Michael Vernon. Attachment style and subjective motivations for sex. *Personality and Social Psychology Bulletin*, 2004, vol. 30, pp. 1076–1090.

Field, Tiffany. *Touch.* MIT Press, 2003.

Gillath, Omri, and Dory Schachner. How do sexuality and attachment interrelate? In *Dynamics of Romantic Love: Attachment, caregiving and sex*, Mario Mikulincer and Gail Goodman (editors), Guilford Press, 2006, pp. 337–355.

Harlow, Harry. *Learning to Love.* Jason Aronson, 1978.

Hazan, Cindy, D., Zeifman, and K. Middleton. Adult romantic attachment, affection and sex. Paper presented at the International

Conference on Personal Relationships, Groningen, Netherlands, 1994.

McCarthy, Barry, and Emily McCarthy. *Rekindling Desire*. Brunner/ Routledge, 2003.

Michael, R., J. Gagnon, E., Laumann, and G. Kolata. *Sex in America: A definitive survey*. Little, Brown and Company, 1994.

Montague, Ashley. *Touching*. Harper Row, 1978.

Simpson, Jeffry, and S. Gangestad. Individual differences in sociosexuality: Evidence for convergent and discriminant validity. *Journal of Personality and Social Psychology*, 1991, vol. 60, pp. 870–883.

Stern, Daniel. *The Present Moment in Psychotherapy and Everyday Life*. Norton, 2004.

第 10 章

Johnson, Susan, and Leslie Greenberg. The differential effects of experiential and problem solving interventions in resolving marital conflict. *Journal of Consulting and Clinical Psychology*, 1985, vol. 53, pp. 175–184.

Main, Mary. Metacognitive knowledge, metacognitive monitoring and singular (coherent) vs. multiple (incoherent) models of attachment. In *Attachment Across the Life Cycle*, Colin Murray Parkes, Joan Stevenson-Hinde, and Peter Marris (editors), Routledge, 1991, pp. 127–159.

Schor, Juliet. *The Overworked American*. Basic Books, 1992.

第三部分

第 11 章

Fraley, R., D., Fazzari, G., Bonanno, and S. Dekel. Attachment and psychological adaptation in high exposure survivors of the September 11th attack on the World Trade Center. *Personality and Social Psychology Bulletin*, 2006, vol. 32, pp. 538–551.

Johnson, Susan. *Emotionally Focused Couples Therapy with*

Trauma Survivors: Strengthening attachment bonds. Guilford Press. 2002.

Matsakis, Aphrodite. *Trust After Trauma: A guide to relationships for survivors and those who love them.* New Harbinger Press, 1997.

Matsakis, Aphrodite. *In Harm's Way: Help for the wives of military men, police, EMTs and Firefighters.* New Harbinger Press, 2005.

Resnick, Heidi, Dean Kilpatrick, Bonnie, Dansky, Benjamin Saunders, and Connie Best. Prevalence of civilian trauma and posttraumatic stress disorder in a representative national sample of women. *Journal of Consulting and Clinical Psychology,* 1993, vol. 61, pp. 984–991.

Shay, Jonathan. *Odysseus in America: Combat trauma and the trials of homecoming.* Scribner, 2002.

第 12 章

Cohn, Deborah, Daniel, Silver, Carolyn, Cowan, Philip Cowan, and Jane Pearson. Working models of childhood attachment and couple relationships. *Journal of Family Issues,* 1992, vol. 13, pp. 432–449.

Conger, Rand, Ming Cui, Chalandra Bryant, and Glen Elden. Competence in early adult relationships: A developmental perspective on family influences. *Journal of Personality and Social Psychology,* 2000, vol. 79, pp. 224–237.

Mason, Bill, and Sally Mendoza. Generic aspects of primate attachments: Parents, offspring and mates. *Psychoneuroendocrinology,* 1998, vol. 23, pp. 765–778.

Mikulincer, Mario, Phillip Shaver, Omri, Gillath, and Rachel Nitzberg. Attachment, caregiving and altruism: Boosting attachment security increases compassion and helping. *Journal of Personality and Social Psychology,* 2005, vol. 89, pp. 817–839.

Mortenson, Greg, and David Oliver Relin. *Three Cups of Tea.* Penguin, 2006.

Simpson, Jeffry, Andrew, Collins, SiSi, Tran, and Katherine Haydon. Attachment and the experience and expression of emotions in romantic relationships: A developmental perspective. *Journal of Personality and Social Psychology*, 2007, vol. 92, pp. 355–367.

Sturge-Apple, Melissa, Patrick Davis, and Mark Cummings. Impact of hostility and withdrawal in interparental conflict on parental emotional unavailability and children's adjustment difficulties. *Child Development*, 2006, vol. 77, pp. 1623–1641.